모터스포츠는
어떻게
움직이는가

모터스포츠는 어떻게 움직이는가

초판 1쇄 발행 | 2013년 5월 21일

지은이 | 사단법인한국자동차경주협회
펴낸곳 | 사단법인한국자동차경주협회
협회장 | 변동식

주소 | 서울시 마포구 상암동 1605 누리꿈스퀘어 비즈니스타워 20층

전화 | 02-424-2951 팩스 | 02-424-2953
등록 | 제307-2009-22호 (2009년 3월 31일)

Copyright ⓒ 사단법인한국자동차경주협회, 2013, Printed in Seoul, Korea

무단전재와 복제를 금합니다.

ISBN 978-89-962546-5-2 93500
책값은 뒤표지에 있습니다.
잘못된 책은 구입한 곳에서 바꾸어 드립니다.

이 책은 '도서출판별다섯'이 유통을 대행합니다.
주소 | 서울시 성북구 돈암동 609-1
주문 전화 | 0505-322-0857
팩스 | 0505-322-0858

자동차 경주 오피셜의 세계

모터스포츠는 어떻게 움직이는가

HOW MOTORSPORT WORKS

|(사)한국자동차경주협회 지음|

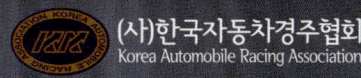
(사)한국자동차경주협회
Korea Automobile Racing Association

발간사

모터스포츠를 사랑하는 당신을 위한 책

자동차 경주장은 현세에 재림한 〈벤허〉의 콜로세움이다. 채찍질을 하면서 전차를 몰던 전사는 드라이버로, 갈기를 휘날리며 달리던 말은 자동차로 바뀌었지만 한 시대 문화의 정수를 한데 녹여내는 용광로 역할을 한다는 점에서 본질은 같다. 달리고픈 속도의 갈망, 이를 지켜보며 열광하는 군중의 심리는 로마 시대의 모습 그대로다.

자동차 경주, 즉 모터스포츠는 단 100여년 만에 현 인류의 삶과 욕구를 대표하는 존재가 되었다. 올림픽, 월드컵과 함께 세계 3대 스포츠로 손꼽히는 포뮬러 1 그랑프리를 비롯하여 숱한 경기들이 지금 이 순간에도 지구촌 전역에서 펼쳐지고 있다.

레이싱 서킷은 현존하는 스포츠 경기장 가운데 가장 큰 규모를 가지고 있다. 평균 길이 5km가 넘는 자동차 경주 트랙을 둘러싼 관람석은 로마 시민들이 원형 경기장에 모여 일체감을 느끼던 공공 오락시설의 기능을 대신한다.

우리 대한민국에서도 2010년 이후 매년 단일 스포츠 경기 최다 관중 동원의 주인공은 모터스포츠였다. 규모가 큰 자동차 경주에는 3,000명이 넘는 경기 관계자와 10만 관중이 동시에 모인다. 도대체 이 거대한 스포츠 공룡은 어떻게 움직일까?

대부분 관중은 20여대 남짓한 레이싱 카와 이를 다루는 파일럿, 혹은 민첩한 몸놀

림으로 타이어를 갈아 끼우는 피트 크루에 시선을 고정한다. 하지만 천분의 일초를 다투는 레이싱 이벤트가 한 치의 오차 없이 돌아가도록 만드는 진짜 주역은 바로 오피셜official이다.

이들은 자동차 경주의 심판원이자 운영자다. 큰 경기에는 1,000여명에 가까운 오피셜이 투입되기도 한다. 놀랍게도 대부분 오피셜은 대가를 바라지 않는 순수 자원봉사자들이다. 이들의 헌신적인 참여는 모터스포츠를 지탱하는 가장 중요한 기둥이다.

자동차 생산 5대 강국인 우리나라에도 오피셜 문화가 제법 깊게 뿌리내려 있다. (사)한국자동차경주협회에 등록된 오피셜은 연간 800여 명이며 잠시 활동하지 않으나 과거 경기 경험을 갖춘 잠재적 인력은 그보다 몇 배에 이른다. 그러나 아쉽게도 몸집이 크게 불어난 우리 모터스포츠의 규모를 감당하기에는 오피셜의 규모가 작고 체계적인 운영 시스템도 모터스포츠의 선진국에게 배울 점이 남아 있다.

〈모터스포츠는 어떻게 움직이는가〉는 100만 관중 시대를 준비하는 (사)한국자동차경주협회에서 우수한 오피셜 인력을 육성하자는 취지에서 기획했다. 심판원들이 알아야 할 모터스포츠 규정에서부터 경기장 안에서의 구체적인 역할과 직무 윤리에 이르기까지, 그 동안 산발적으로 유통되던 지식과 정보를 집대성한 결과물이 바로 이 책이다. 오피셜에 초점을 맞춘 교육서지만 모터스포츠의 역사와 개념, 경기의 형식과 종류에 대한 설명에 이르기까지 누구나 쉽게 접근할 수 있는 내용도 함께 담았다. 팬들을 위한 자동차 경주 입문서의 역할까지 기대하고 있어서다.

무엇보다 이 책은 국내에 모터스포츠가 태동한지 25주년을 넘겨 처음 발간된 오피셜 도서라는 점만으로도 매우 큰 가치를 갖는다. 오피셜, 혹은 마샬로 불리는 아주 특별한 인적 자원의 개념을 규정하고 모터스포츠의 본질에 관한 논의의 기회를 제공하여, 궁극적으로 레이스의 질을 높이는 지식 인프라를 구축하고자 하는 것이 이 책의 진정한 목표다.

오피셜은 '무언의 지배자' 다. 밋밋하다 싶을 만큼 안전하고 깨끗하게 끝난 경기가 오피셜들에게 주어지는 가장 크고 조용한 보상이다. 이들은 화려한 스포트라이트를 받지도, 커다란 보수를 받지도 못한다. 오늘도 자동차 경주장 어디에선가 묵묵히 땀을 흘리고 있을 오피셜 모두가 이 책의 진정한 주인일 것이다. 이들 모두에게 영광을 바친다.

(사)한국자동차경주협회

회장 변동식

머리말

보이지 않는 영웅들을 위하여

　모터스포츠 경기장에 가서 직접 경기를 즐기다가, 혹은 TV로 중계를 보다가 주황색 옷을 입고 트랙으로 뛰어들어 사고를 처리하는 사람들, 혹은 차량들이 지나갈 때 코스 옆에서 노란색이나 녹색, 파란색 깃발을 흔드는 사람들을 본 적이 있으신가요? 그 사람들이 바로 모터스포츠에서 눈에 뜨이지 않는, 그러나 없어서는 안 되는 중요한 일을 맡고 있는 오피셜입니다. 모든 스포츠 경기에서 가장 빛나는 존재는 각본 없는 드라마를 만들어가는 주인공인 선수들입니다. 그러나 스포츠를 공정하고 안전하게 진행하기 위해서는 이를 뒷받침해 줄 수많은 사람들이 필요합니다. 모터스포츠에서 그 일을 맡고 있는 사람들이 바로 오피셜입니다.

　오피셜은 경기를 운영하고 진행해 나가며, 심판의 권한을 가지고 경기의 결과에 영향을 미치는 중요한 일을 맡고 있습니다. 모터스포츠 경기를 성공적으로 치르기 위해서, 더 나아가서 모터스포츠 전체를 발전시키기 위해서는 지식과 경험, 그리고 윤리 의식과 팀워크를 가진 충분한 수의 오피셜이 필요합니다.

　오피셜은 스포츠의 본질인 즐거움을 누리고, 단순히 지켜보는 존재가 아니라 경기에 참여하고 경기를 함께 만들어가는 주역으로 활동하는 자부심을 누릴 수 있는 기회이기도 합니다. 선수로서 포뮬러 1 그랑프리에서 참가할 기회는 전 세계에 몇 십 명밖에 주어지지 않지만 오피셜로서 포뮬러 1에 참가할 수 있는 기회는 그보다도 훨씬 넓습니다. 오피셜은 나이, 성별, 직업을 넘어서 모터스포츠 경기에 주역으로 참가할 수 있는 멋진 기회입니다.

그 동안 대한민국의 모터스포츠는 그 누구도 따라올 수 없는 열정과 헌신을 가지고 노력해 온 분들의 덕택으로 짧은 기간 동안 많은 성장을 거듭했습니다. 그에 따라서 더욱 많은 오피셜, 더욱 좋은 오피셜에 대한 요구도 계속해서 늘어 왔습니다. 그러나 모터스포츠와 오피셜에 관심을 가지고 참여하려는 분들에게 길잡이가 되고, 모터스포츠와 오피셜을 좀 더 깊이 있게 이해하는 데에 도움이 될 수 있는 자료가 부족하다는 현실은 대한민국 모터스포츠계가 안고 있던 커다란 숙제 가운데 하나였습니다. 이러한 아쉬움과 바람이 모여서 이 책이 세상에 빛을 보게 되었습니다.

이 책은 크게 3부로 이루어져 있습니다. 제1부는 모터스포츠 전반에 대한 기본 이해와 개념 정립을 돕는 내용으로 구성했고, 제2부는 모터스포츠에서 오피셜이 갖는 의미, 그리고 모든 오피셜이 알아야 할 기본적인 지식과 이해를 제공하는데 초점을 맞췄습니다. 마지막으로 제3부에서는 오피셜의 직무를 각 분야별로 나눠서 이들 각각이 가지는 의미와 역할, 그리고 오피셜 업무를 수행하기 위해서 꼭 알아야 할 기본 지식들을 소개했습니다. 그러나 어떤 분야의 오피셜로 활동하든 모터스포츠 전반에 대해서, 그리고 모든 분야의 오피셜들이 저마다 어떤 일을 하고, 각 분야가 서로 어떤 관계를 맺고 있는지를 이해하는 것은 대단히 중요합니다. 따라서 관심 있는 특정한 분야만이 아니라 전체 내용을 한 번씩은 꼼꼼하게 읽어보시기를 권해드립니다.

많은 분들의 수고와 성원이 없었다면 이 책은 세상에 나올 수 없었을 것입니다. 무엇보다도 이 프로젝트를 계획하고 여러 가지 지원을 아끼지 않은 (사)한국자동차경주협회의 모든 관계자 분들께 감사의 말씀을 드립니다. 그리고 바쁜 시간을 내서 지금까지 땀 흘려 쌓은 경험과 지식, 노하우를 공개해 준 필진 여러분들의 산고가 없었다면 이 책은 시작조차 할 수 없었을 것입니다. 글만으로는 부족한 내용에 대해서 이해를 돕는 데 필요한 사진과 삽화를 제공해 주신 분들께도 그 모든 노고에 이 자리를 빌어 감사 말씀을 드립니다.

어떤 일을 끝마칠 때면 언제나, 기쁨보다는 '좀 더 잘 할 수 있었을 텐데' 라는 후회가 더 많이 들게 됩니다. 이 책을 펴내면서 최선의 결과를 만들어 보고자 노력했지만 이번에도 아쉬움을 피할 수는 없습니다. 그저 '이 세상에 완전한 것은 없다, 다만 완전해지기 위해 노력하는 것만이 있을 뿐이다' 라는 말로 변명을 해 보려고 합니다. 이 책에 대해서 앞으로 많은 의견과 질책을 기다립니다. 이 책에 잘못된 것이 있거나 부족한 점이 있다면 그 모두는 각 분야에서 오피셜로 활약한 분들이 만들어주신 소중한 원고를 제대로 받아내지 못한 대표 필자의 부족함 때문입니다. 다만 그러한 의견과 질책이 앞으로 더욱 발전된 결과물의 밑거름이 될 것이라는 믿음을 가져 봅니다.

모터스포츠의 오피셜은 '보이지 않는 영웅 unsung hero' 이라는 별명을 가지고 있습니다. 부디 이 책이 대한민국 모터스포츠의 앞날을 이끌어 줄 새로운 숨은 영웅들을 만드는 데 자그마한 도움이 될 수 있기를 바랍니다. 그럴 수만 있다면 이 책은 '보이지 않는 멘토 unsung mentor' 로서 세상에 나온 소임을 다 했다고, 감히 자부할 수 있을 것입니다.

대표 필자 겸 편집자
황덕창

일러두기

1. 외래어 표기는 국립국어원의 표준 외래어 표기법을 따르는 것을 원칙으로 했다. 그러나 이미 모터스포츠에서 정착되어 있어 표준 표기법을 썼을 때 모터스포츠 현장에서는 오히려 심하게 어색하다고 판단되는 일부 용어는 예외로 했다. 외래어를 한국어로 완벽하게 옮기는 것은 발음 구조의 차이 때문에 불가능하며, 경기에 따라서, 사람에 따라서도 쓰는 용어나 용어를 발음하는 법에도 약간씩 차이가 있으므로 책의 표기와 실제 현장에서 쓰이는 용어에 차이가 있을 수 있다는 점에 유의해야 한다.

2. 이 책의 영문 표기는 전 세계 모터스포츠를 관할하는 국제자동차연맹(FIA)의 관례를 기준으로 했으므로 영국식 표기법을 쓰고 있다.
예 : organization(미국식) → organisation(영국식)

3. 이 책에서 설명하는 내용은 대부분의 모터스포츠에서 공통으로 통용되는 사항을 중심으로 하고 있다. 모터스포츠는 그 종목이 다양하고 나라별로, 상황별로 다양하게 변형되고 응용되는 경기가 많으므로 여기서 설명하는 내용이 반드시 모든 경기에 그대로 적용되는 것은 아니다. 오피셜로 경기에 참가할 때에는 항상 그 경기의 규정과 경기 주최측에서 제공하는 각종 정보를 읽고, 오피셜 브리핑과 선임 오피셜의 지시를 통해서 필요한 정보를 얻고 이해해야 한다.

4. 책의 끝에는 본문 안에서 설명된 용어들을 찾아볼 수 있는 찾아보기가 있으며 그 뒤의 용어 모음은 중복을 막고 서로 다른 설명이 나오는 것을 피하기 위해서 찾아보기에 없는 내용을 위주로 구성되어 있다. 궁금한 용어가 있을 때에는 먼저 찾아보기를 살펴본 뒤에 없을 경우 용어 모음에서 찾아보는 것이 좋다.

HOW ***MOTORSPORT*** *WORKS*

차례

발간사 – 모터스포츠를 사랑하는 당신을 위한 책 · · · · · · · · · · · · · · · · · 4
머리말 – 보이지 않는 영웅들을 위하여 · 7

제1부 모터스포츠의 이해 · 16

제1장 모터스포츠란? · 19
1.1 모터스포츠의 정의 · 19
1.2 모터스포츠의 의미 · 20

제2장 모터스포츠의 종류 · 24
2.1 모터스포츠를 분류하는 방식 · 24
2.2 널리 열리는 모터스포츠의 종류 · 26

제3장 모터스포츠의 조직 · 36
3.1 관할 기구 · 37
3.2 프로모터 · 38
3.3 주최자 · 39
3.4 참가자 · 40
3.5 오피셜 · 40
3.6 그밖에 · 41

제4장 모터스포츠의 규정 · 42
4.1 규정의 목적과 기능 · 42
4.2 모터스포츠 규정의 종류와 관계 · 46
4.3 경기 규정과 기술 규정 · 50
4.4 규정의 변경 · 55

제5장 모터스포츠의 경기장 · 59
- 5.1 서킷 경기장 · 60
- 5.2 랠리/힐클라임 코스 · 62
- 5.3 서킷 경기장의 주요 시설 · 63

제6장 모터스포츠의 역사 · 66
- 6.1 세계의 모터스포츠 · 66
- 6.2 한국의 모터스포츠 · 74

제2부 모터스포츠 오피셜의 이해 · 86

제7장 오피셜이란? · 89
- 7.1 오피셜의 직무 윤리 · 90

제8장 오피셜의 직무 · 98
- 8.1 오피셜의 근무 절차 · 98
- 8.2 근무 중 오피셜의 행동 자세 · 102

제9장 오피셜의 업무 분야 · 105
- 9.1 레이스 컨트롤 · 105
- 9.2 트랙사이드 · 110
- 9.3 그밖에 · 114

제10장 오피셜의 안전 · 116
- 10.1 모터스포츠에서 벌어질 수 있는 위험한 사고들 · 117
- 10.2 위험을 일으키는 요인 · 119
- 10.3 위험을 피하기 위한 대책 · 120

제3부 분야별 오피셜의 이해 · 124

제11장 레이스 컨트롤 · 127
- 11.1 인원 구성과 역할 · 127
- 11.2 레이스 컨트롤 안에서 주의할 사항 · 131
- 11.3 무선 통신과 보고 방법 · 133
- 11.4 무전기 사용법 · 136
- 11.5 폐쇄회로 TV · 139

제12장 사무국 · · · · · · 140
12.1 사무국의 구성 · · · · · · 141
12.2 사무국 오피셜의 직무 자세 · · · · · · 145
12.3 사무국에서 자주 쓰이는 용어 · · · · · · 146
12.4 사전 준비 · · · · · · 147
12.5 서류 관리 · · · · · · 149
12.6 경기 중의 각종 보고서 · · · · · · 150
12.7 통신 및 기록 · · · · · · 152
12.8 경기 일정에 따른 사무국 업무 예시(국내 경기의 경우) · · · · · · 153

제13장 트랙사이드 · · · · · · 157
13.1 트랙사이드 오피셜의 임무 · · · · · · 158
13.2 트랙사이드 오피셜의 조직 체계 · · · · · · 161
13.3 경기 기간 중 업무 준비 · · · · · · 162
13.4 트랙사이드 오피셜의 장비 · · · · · · 164
13.5 트랙사이드 오피셜의 근무지 · · · · · · 169
13.6 깃발 신호 · · · · · · 173
13.7 수신호 · · · · · · 179
13.8 사고가 벌어졌을 때의 행동 요령 · · · · · · 181
13.9 트랙에서 자주 벌어지는 사건들 · · · · · · 184
13.10 보고 · · · · · · 186

제14장 이머전시 · · · · · · 188
14.1 사고의 이해 · · · · · · 189
14.2 이머전시 팀의 운용 목적 · · · · · · 190
14.3 이머전시 팀의 구성 · · · · · · 192
14.4 이머전시 코디네이터 · · · · · · 194
14.5 소방 팀 · · · · · · 195
14.6 의료 팀 · · · · · · 198
14.7 구난 팀 · · · · · · 202
14.8 경기 중에 벌어질 수 있는 여러 가지 사고들 · · · · · · 205

제15장 피트/그리드 · 209
- 15.1 피트, 그리고 그리드란? · 209
- 15.2 피트의 구조 · 211
- 15.3 그리드의 구조 · 214
- 15.4 피트/그리드의 안전 · 215
- 15.5 피트의 운영 규정 · 217
- 15.6 그리드의 운영 규정 · 220
- 15.7 피트/그리드 오피셜의 역할과 의무 · 227
- 15.8 피트/그리드 오피셜이 숙지해야 할 내용들 · 231
- 15.9 피트/그리드 오피셜의 장비 · 231

제16장 패독 · 233
- 16.1 패독이란? · 233
- 16.2 패독 오피셜의 직무 · 234

제17장 기술 · 237
- 17.1 기술 오피셜이 하는 일 · 237
- 17.2 기술 오피셜 팀의 조직 · 239
- 17.3 기술 오피셜의 직무 태도 · 240
- 17.4 경기 전 준비 · 242
- 17.5 경기 기간 동안의 업무 · 243
- 17.6 차량 검사에 대한 이해 · 249
- 17.7 차량을 다루는 방법 · 251
- 17.8 주요한 차량 검사와 유의할 점 · 253
- 17.9 피트/트랙 감시 · 263
- 17.10 문서/보고서 · 264

부록 · 267
찾아보기 · 268
모터스포츠 용어 모음 · 273

제1부
모터스포츠의 이해

Understanding Motorsport

HOW MOTORSPORT WORKS

Chapter 1

모터스포츠란?
WHAT IS MOTORSPORT?

1.1 모터스포츠의 정의

'모터스포츠 motorsport'는 자체 동력을 가진 운송 수단을 써서 경쟁을 하는 스포츠를 통틀어서 일컫는 말이다. 운송 수단을 움직이는 동력이 오로지 사람이나 동물의 힘이라면, 예를 들어 자전거 경주나 마차 경주와 같은 것들은 모터스포츠로 간주하지 않는다. 또한 외부에서 얻은 운동에너지를 추진력으로 하여 운송 수단을 움직이는 경우, 예를 들어 자체 동력 없이 바람의 힘으로만 움직이는 요트 경기와 같은 것들은 모터스포츠로 간주하지 않는다. 그러나 태양열 자동차와 같이 외부에서 받은, 운동에너지가 아닌 다른 형태의 에너지를 변환하여 운송 수단 안에 있는 동력 장치의 에너지원으로 활용하는 경우에는 모터스포츠로 간주한다.

넓은 의미의 모터스포츠
모터스포츠를 넓은 의미로 해석할 때에는 동력을 가진 운송 수단을 쓰는 스포츠는 그 종류에 관계없이 모두 포함된다. 곧, 자동차와 모터사이클은 물론 보트, 비행기와 같은 수단을 활용한 스포츠도 모두 넓은 의미의 모터스포츠에 포함된다.

좁은 의미의 모터스포츠

모터스포츠를 좁은 의미로 해석할 때에는 육상 운송 수단, 곧 지면의 지지를 계속 받으면서 달리도록 설계된 운송 수단을 쓰는 스포츠만을 모터스포츠로 간주한다. 자동차와 모터사이클을 활용한 스포츠가 여기에 해당되며, 앞으로 이 책에서 '모터스포츠' 라는 용어는 특별히 명시하지 않은 경우에는 좁은 의미의 모터스포츠 가운데서도 자동차[1]를 활용한 스포츠만을 뜻한다.

그러나 모터스포츠의 범위를 이와 같이 좁혀도 여기에 속하는 자동차의 종류는 매우 광범위하다. 초보를 위한 가장 간단한 구조의 고카트에서부터 일반 도로용 자동차, 스포츠카, 그리고 포뮬러 1이나 르망 프로토타입과 같이 오로지 모터스포츠를 위해 만들어진 자동차, 심지어는 잔디 깎기 차량이나 설상차, 소형에서 대형 트레일러에 이르는 트럭, 그리고 중장비를 위한 경기까지도 있다.

1.2 모터스포츠의 의미

스포츠의 관점에서

모든 스포츠는 사람들이 가진 경쟁에 대한 욕구를 건강한 방법으로 충족시켜 주며, 모터스포츠 역시도 예외는 아니다. 자전거 또는 경마와 같이 인간이 자신의 몸만으

---

[1] 2013년 FIA 포뮬러 1 기술 규정 1.2조에서는 '자동차(automobile)' 를 다음과 같이 정의하고 있다. '모두가 한 줄로 늘어서 있지는 않은 최소 네 개의 바퀴로 달리며, 적어도 두 개는 조향에, 적어도 두 개는 추진에 쓰이는 육상용 운송 수단.' 또한 1.3조에서는 '육상용 운송 수단'을 이렇게 정의하고 있다. '자체 수단으로 추진을 하며, 지속적으로 지표면의 실제 지지를 받으면서 움직이고, 추진과 조향은 운송 수단에 타고 있는 드라이버의 통제를 받는 이동장치.'

로 낼 수 있는 속도를 넘어선 빠른 속도에 대한 쾌감을 안겨주는 것 역시도 모터스포츠가 가지는 중요한 의미다. 사람이 만든 기계가 낼 수 있는 극한의 속도, 그리고 그 기계를 조종하는 사람들의 실력 경쟁은 모터스포츠에 참가하는 사람들은 물론 이를 보는 관중들도 대리 만족시켜 준다.

그러나 경쟁과 속도 말고도 사람들을 열광시키는 모터스포츠의 또 한 가지 중요한 요소는 '소리'다. 보통의 자동차보다 크고 공격적이며 웅장한 엔진음은 사람들의 야성을 자극하여 이들을 열광하게 만드는 데 빼놓을 수 없는 요소다.

모터스포츠는 전 세계에서 높은 인기를 끌고 있다. 2010년 포뮬러 1은 187개 나라에서 TV로 중계되어 5억 2,700만 명이 시청한 것으로 나타났다.[2] 한편 미국에서는 단일 경기로 가장 많은 관중을 동원하는 10개 이벤트 가운데 1위(인디 500, 30만 명)부터 6위(브리스톨/탈라데가 나스카 레이스, 16만 명)까지를 모터스포츠가 차지하고 있다.[3]

자동차 산업의 관점에서

모터스포츠는 자동차를 활용하는 스포츠인 만큼 자동차 발전과 밀접한 관계를 맺어왔다. 무엇보다도 모터스포츠는 새롭게 개발된 자동차 관련 기술을 실제 시장에 적용하기 전에 미리 시험해 보는 좋은 환경을 제공한다. 모터스포츠는 자동차의 성능을 극한까지 끌어내서 경쟁하는 스포츠인 만큼 새로운 기술이 가진 효율성과 안전성을 시험하고 문제점을 발견하기에 적합하다. 또한 24시간 동안 레이스가 벌어지는 르망 24시, 약 2주 동안에 걸쳐서 사막을 횡단하는 다카르 랠리와 같이 극한의 조건에서 벌어지는 경기는 자동차 기술의 한계를 시험하기에 가장 좋은 환경이라고 할

---

[2] "Thrilling 2010 season boosts Formula One TV audiences," Formula1.com, 21 January 2011.
[3] Jay Busbee, "The Most-attended Sporting Events in the Country? Races, Baby," From the Marbles, Yahoo! Sports, 25 May 2010.

수 있다. 이러한 시험의 대상은 자동차 자체만이 아니라 타이어, 연료, 엔진오일을 비롯한 관련 소모품들도 포함된다.

반대로 모터스포츠의 경기력 향상을 위해서 개발되었던 기술들이 일반 자동차로 이전되어 자동차 산업의 기술발달에 공헌해 온 사례들도 있다. 후사경, 가변 타이밍 엔진 밸브, 패들 시프트 반자동 기어박스, 듀얼 클러치 시스템과 같은 기술들은 포뮬러 1과 르망 24시를 비롯한 모터스포츠에서 개발 또는 발전되어 일반 자동차로 이전되었다. 그밖에도 모터스포츠는 튜닝과 모터스포츠용 고성능 부품 산업을 비롯한 관련 기술 산업을 일으키고 발전시키는 데에도 크게 공헌한다.

모터스포츠는 자동차 산업 바깥에도 영향을 미친다. 포뮬러 1의 빠른 피트 스톱에서 아이디어를 얻은 영국 런던의 그레이트 오몬드 아동 병원에서는 맥클라렌 및 페라리 팀과 협력하여 응급 환자가 병원에 도착해서 실제 치료를 받는 시간을 획기적으로 단축하는 방법을 개발했다. 그 결과 기술적인 문제를 절반으로 줄이고 환자 인계 과정에서 벌어지는 실수 역시도 대폭 줄어든 것으로 나타났다.

자동차 문화의 관점에서

모터스포츠는 자동차 문화의 발전에도 이바지하고 있다. 일부에서는 모터스포츠가 이른바 '폭주족'을 조장한다는 잘못된 인식을 가지고 있다. 그러나 많은 스포츠들이 인간이 가진 폭력성을 대리 만족시켜 주는 효과를 가지고 있는 것과 마찬가지로 모터스포츠는 사람들이 가진 폭주에 대한 욕구를 대신 해소해 주는 효과를 가지고 있다. 또한 일반인들도 참여할 수 있는 아마추어 경기는 일반 도로에서 각종 도로 교통 법규 때문에 참아왔던 속도와 경쟁에 대한 욕구를 해소할 수 있는 좋은 기회를 제공한다. 모터스포츠가 발달한 선진국의 도로 교통 문화가 그렇지 않은 나라의 도로 교통 문화보다 앞서 있다는 점에서도 모터스포츠의 발전은 자동차 문화와 함께 발전한다는 사실을 알 수 있다.

오랜 모터스포츠 역사를 가진 나라들에서는 새로운 기술로 무장한 최신 자동차만이 아니라 생산된지 수십 년이 지난 클래식 카가 참여하는 스포츠 역시도 발달해 왔다. 이는 자동차 문화의 역사성을 구축하는 데에 크게 기여하고 있으며, 자동차를 계속해서 보수 관리해서 오랫동안 좋은 상태를 유지하면서 활용하는 문화를 발전시킨다.

전 세계 모터스포츠를 관할하는 국제기구인 국제자동차연맹FIA에서는 지속적으로 도로 교통안전에 대한 활동을 펼쳐 왔으며 특히 2011년부터는 교통사고를 줄이고 안전한 도로 문화를 정착시키기 위한 국제연합UN의 'Decade of Action for Road Safety 2011-2020' 10개년 계획에 적극 협력하여 'Action for Road Safety' 캠페인을 활발하게 펼치고 있다.[4]

---

4 FIA의 'Action for Load Safety'에 대한 자세한 내용은 http://www.actionforroadsafety.org/에서 찾아볼 수 있다.

Chapter 2
모터스포츠의 종류
CATEGORIES OF MOTORSPORT

전 세계에서는 지금 이 시간에도 다양한 모터스포츠 경기가 열리고 있다. 포뮬러 1과 같은 세계 최고 수준의 프로페셔널 경기에서 아마추어들이 즐기는 소규모 경기까지, 모터스포츠라는 이름으로 열리는 경기의 종류들은 수백 가지가 넘는다.

2.1 모터스포츠를 분류하는 방식

수백 가지가 넘는 종류의 모터스포츠를 분류하는 방식은 여러 가지가 있겠지만 주로 다음과 같은 방식들로 분류할 수 있다.

경쟁의 결과를 결정하는 방식에 따라
경쟁의 결과를 결정하는 방식은 크게 다음과 같이 분류할 수 있다.

- **레이스** race 참가자들이 동시에 출발해서 가장 먼저 결승선을 통과하는 순서대로 경쟁의 결과를 결정한다. 포뮬러 1, 나스카, 월드 투어링 카 챔피언십을 비롯한 경기들이 여기에 속한다.

- **타임 트라이얼** time trial 참가자들이 동시에 출발하지 않으며, 정해 놓은 구간을 얼마나 빨리 달렸는지, 시간 기록에 따라서 결과를 결정한다. 랠리 경기는 대표적인 타임 트라이얼 방식의 경기이며 서킷에서 열리는 타임 트라이얼 경기도 있다. 레이스에서 출발 순위를 정하기 위해 치르는 예선도 보통 타임 트라이얼 방식으로 진행된다.

- **레귤러리티** regularity 타임 트라이얼과 비슷하지만 참가자가 미리 설정한 기록에 얼마나 근접한 결과를 내는지로 경쟁의 결과를 결정하는 경기다. 예를 들어서 세 명의 선수가 똑같이 목표 기록을 1분으로 설정했을 때, 실제 경기에서 선수 A는 0.57′00, 선수 B는 0.59′00, 선수 C는 1.00′05를 기록했다면, 가장 빠른 기록 순서로 순위를 매길 경우에는 A – B – C 순서지만 레귤러리티에서는 목표 기록과 편차가 작을수록 순위가 높으므로 C (0.5초) – B (1초) – A (3초) 순서가 된다.

도로의 포장 여부에 따라서

경기가 열리는 도로가 포장도로라면 온로드 on-road 경기, 비포장도로라면 오프로드 off-road 경기로 부른다. 레이스는 온로드 경기, 랠리는 오프로드 경기라고 생각하기 쉽지만 랠리크로스와 같이 오프로드에서 열리는 레이스도 있으며, 온로드에서 열리는 랠리도 있다.

2.2 널리 열리는 모터스포츠의 종류

전 세계에서는 셀 수 없이 많은 종류의 모터스포츠 경기가 열리고 있지만 각국에서 널리 열리는 경기들에는 다음과 같은 종류들이 있다.

포뮬러 레이스

원래 포뮬러formula라는 단어는 '규정, 규칙'을 뜻한다. 따라서 포뮬러 카는 정해놓은 규칙에 따라 만든 자동차를 뜻한다. 그러나 지금은 1인승의 오픈 휠 자동차open-wheel car, 곧 휠과 타이어가 차체 바깥으로 완전히 나와 있는 모습을 가진, 일반 도로 주행용이 아닌 자동차 경기 전용으로 제작된 차량을 통틀어 이르는 말이다. 이 말은 제2차 세계대전 뒤에 FIA에서 공식적으로 채택하면서 정착되었으며, 이러한 포뮬러 카가 참여하는 레이스를 포뮬러 레이스라고 부른다.

세계 최고의 자동차 경주 챔피언십으로 꼽히는 포뮬러 1은 대표적인 포뮬러 레이스이며, 그 하위로는 유럽 대륙을 중심으로 GP2, 포뮬러 3와 같은 경기들이 열리고 있다. 미국의 대표적인 포뮬러 챔피언십으로는 인디애나폴리스 500으로 유명한 인디카 시리즈IndyCar Series가 있다.

한편 젊은 드라이버들을 육성하는 것을 주된 목적으로 하는 포뮬러 경기들도 있다. 대부분의 나라에서는 투어링 카나 스포츠카 경기에 참가하기 위해서는 일반 도로용 운전면허를 필수로 하고 있으며, 도로 교통 관련 법규에 따라서 운전면허를 딸 수 있는 나이에 미치지 못한 청소년기의 선수들은 카트를 거쳐서 포뮬러 경기에 참가한다. 르노 월드 시리즈를 비롯하여 포뮬러 BMW, 포뮬러 포드와 같이 전 세계의 유명 자동차 회사들이 젊은 드라이버들을 길러낼 목적으로 운영하는 포뮬러 시리즈에서는 저렴한 비용으로 경기를 운영할 수 있도록 같은 모델의 차체와 엔진을 쓰도록 하고 있다. 드라이버의 육성을 주된 목적으로 하는 경기를 스콜라십scholarship이라고 부른다.

투어링 카 레이스

투어링 카 touring car 란 경주 전용으로 만든 자동차가 아닌, 일반 도로에서 흔히 볼 수 있는 자동차를 뜻하며 이런 자동차들이 참가하는 레이스 경기를 통틀어 투어링 카 레이스라고 부른다. 자동차 경기는 일반 도로보다 사고의 위험성이 높은 것은 물론 사고가 났을 경우 큰 부상을 입을 위험이 훨씬 높기 때문에 투어링 카 레이스에 참여하는 자동차는 일반 도로용 자동차를 기반으로 하여 안전에 필요한 각종 장치들(롤케이지, 경기용 좌석과 안전벨트 등)을 설치하며 경기의 흥미를 높이기 위해서 제한된 범위에서 차량 개조도 허용된다.

투어링 카 레이스는 오로지 모터스포츠를 위해서 만든 포뮬러 카에 비해서는 성능이 떨어진다고 볼 수 있으나, 모터스포츠 팬의 관점에서는 자신들이 가지고 있는 자동차와 같은 모델의 차량들이 경기를 펼치기 때문에 더 많이 몰입할 수도 있다는 장점을 가진다. FIA에서 주최하는 월드 투어링 카 챔피언십 WTCC, 독일의 DTM, 영국의 BTCC, 호주의 V8슈퍼카 챔피언십과 같은 경기들이 이 범주에 속하며 우리나라의 모터스포츠도 투어링 카 레이스를 위주로 경기가 개최되고 있다.

프로덕션 카 레이스

프로덕션 카 production car 는 대량생산되는 자동차를 뜻하는 것으로서 투어링 카의 일종이라고 볼 수 있으나 안전을 위한 최소한의 장치들을 제외하고는 개조를 하지 않거나 규정에 따라서 극히 제한된 범위의 개조만을 하는 자동차를 뜻한다. 개조가 허용되지 않거나 극히 제한되기 때문에 성능은 투어링 카에 비해서 떨어지지만 차량을 만들고 유지하는 데 드는 비용이 저렴하므로 참여의 폭이 넓다는 장점이 있다. 프로덕션 카 레이스는 투어링 카 레이스의 하위 경기로서 투어링 카 레이스의 입문 단계에 있는 선수들, 또는 아마추어 선수들이 참가하는 것이 보통이다.

스포츠카 레이스

일반 자동차에 비해 성능에 주안점을 맞춘 고성능 차량들이 참가하는 레이스를 스포츠카 레이스라고 부른다. 스포츠카 레이스에 참가하는 자동차는 크게 두 가지로 구분된다.

- **그랜드 투어러** grand tourer 고성능의 대형 스포츠카로서 장거리 주행에 적합한 내구성과 내부 시설을 갖춘 차량을 뜻한다. 보통은 2도어 쿠페 또는 2+2(2인용 뒷좌석이 있으나 비좁은 공간 때문에 활용성은 부족한 좌석 배치) 형태로 제작되며, 경기에 참가하는 차량은 추가 안전 설비와 함께 규정에 따라서 제한된 범위의 개조가 허용된다. 보통 이러한 차량들이 참가하는 경기에는 그랜드 투어링, 또는 GT라는 이름이 붙는다. FIA에서 직접 주최하는 GT 챔피언십, 일본의 슈퍼 GT와 같은 경기들이 대표적이며, 르망 24시에도 GT 등급이 있다.

- **스포츠 프로토타입** sports prototype 포뮬러 카처럼 자동차 경주 전용으로 만들어졌지만 1~2인승 좌석을 갖추고 휠과 타이어가 차체 바깥으로 튀어나오지 않은 차량을 뜻하며, 단순히 프로토타입이라고도 부른다. 르망 24시 경기에서 최고 등급에 해당되는 LMP1, LMP2 등급의 차량은 프로토타입의 대표적인 본보기다.

스톡 카 레이스

주로 아메리카 대륙 위주로 발전한 스톡 카 stock car 는 경주 전용으로 제작되었으나 외관은 일반 도로 주행용 자동차를 닮은 차량이다. 보통은 참가 팀에서 자동차의 기본 구조를 사들인 다음에 자동차 회사와 스폰서 계약을 맺고 그 회사에서 원하는 자동차 모델의 차체 외형을 씌우는 방식으로 차량을 제작한다. 따라서 겉모습은 투어링 카와 비슷할 수 있으나 차량의 제작 과정이나 내부 구조는 전혀 다르다. 스톡 카는 포뮬러 카 또는 스포츠 프로토타입과 투어링 카를 절충시킨 형태라고 할 수 있다.

이러한 차량들이 참가하는 스톡 카 레이스 중 가장 인기 있는 시리즈는 미국의 나스카 NASCAR로서 전 세계 스톡 카 레이스의 대표 격이라 할 수 있다. 한국에서도 슈퍼 레이스의 최고 등급인 슈퍼 6000이 스톡 카 레이스로 운영되고 있다.

원메이크 레이스

원메이크 레이스 one-make racing 란 같은 제조사에서 만든 거의 비슷한, 또는 한 가지 모델의 자동차만이 참가할 수 있는 레이스를 뜻한다. 원메이크 레이스는 참가 차량 사이의 성능이 거의 비슷하므로 드라이버의 기량을 가늠하기에는 좋다는 장점이 있으며, 비용이 저렴한 편이므로 아마추어 또는 프로페셔널 초보 단계의 선수들을 위한 경기로 많이 열린다. 그러나 자동차끼리의 기술 경쟁이 별로 없다는 점, 같은 차량들만 나오므로 볼거리의 다양성이 부족하다는 단점도 있다.

자동차 회사에서는 제품의 홍보를 목적으로 대회 전체를 원메이크 레이스 형태로 개최하기도 하며, 여러 종목의 레이스로 구성되어 있는 자동차 경기 대회 가운데 일부 레이스가 원메이크로 이루어지는 사례도 많이 있다. 세계적으로 유명한 원메이크 레이스로는 포르쉐 카레라 컵, 페라리 챌린지와 같은 경기가 있으며 2013년을 기준으로 한국에서는 현대기아자동차가 주최하는 KSF Korean Speed Festival가 원메이크로 열리는 대회다. 슈퍼레이스에서도 쉐보레 크루즈 모델의 원메이크 레이스가 열린다.

내구 레이스

내구 레이스 endurance racing 는 보통의 레이스보다 오랜 시간 동안 계속되는 경기로서, 이와 반대되는 개념으로 짧은 거리를 달리는 레이스는 스프린트 레이스 sprint racing 라고 한다. 내구 레이스와 스프린트 레이스를 구분하는 절대 기준은 없으나, 보통 3시간 이상 지속되는 경기를 내구 레이스로 보고 있다. FIA의 서킷용 일반 규정에서는 순위 결정 기준을 4시간 미만의 경기와 4시간 이상 경기에 대해서 다르게 적용하고 있으므로 이를 스프린트와 내구 레이스를 구분하는 기준으로 삼을 수도 있다.

　세계적으로 가장 유명한 내구 레이스는 프랑스에서 열리는 르망 24시로, 경기의 이름처럼 24시간 동안을 달려서 서킷을 가장 많이 돈 차량이 우승을 차지한다. 내구 레이스는 차량 성능만이 아니라 오랜 시간 고장이나 큰 성능 저하 없이 달릴 수 있는 내구성이 아주 중요한 요소가 되며, 한 명의 선수가 장시간 운전을 하면 위험하므로 차량 한 대를 선수 두 명 또는 세 명이 교대로 운전한다.

드래그 레이스

드래그 레이스 drag racing 는 육상 종목 가운데 단거리 달리기와 비슷한 경기로, 보통은 직선 도로의 한 지점에서 1대 1 대결 방식으로 동시에 출발해서 먼저 결승점에 들어오는 선수가 승리를 거두게 된다. 따라서 차량의 가속력, 정확하고 빠른 기어 변속, 그리고 이러한 성능을 최대한 끌어내는 선수의 기량이 중요하다.

　경기 방식이 간단하고 승패가 단시간에 결정되며 경기장의 규모도 작으므로 아마추어, 또는 초보 선수들에게 인기가 높다. 드래그 레이스의 길이는 1/8마일(200m), 1/4마일(400m), 1/2마일(800m), 1마일(1,600m)과 같이 마일 단위인 경우가 대부분이며, 1대 1 대결 방식으로 열리므로 토너먼트 형식으로 경기를 진행한다.

카트 레이스

자동차 경기 전용 또는 레저용으로 제작된 1인승 오픈 휠 차량으로서, 기본 개념은 포뮬러 카와 비슷하다고 볼 수 있으나 차량의 크기와 엔진 및 각 부분의 성능은 그보다 훨씬 소형화된 형태의, 자동차로서 가장 기본적인 간단한 구조만을 가진 차량을 카트 kart, 또는 고카트 go-kart 라고 부르며 이들이 참가하는 레이스를 카트 레이스 kart racing 라고 부른다. 카트는 보통 수십에서 수백 cc의 소형 엔진을 쓰며 기어는 없거나 있더라도 2단에 그친다. 카트도 엔진의 성능 또는 기어 유무에 따라서 여러 등급으로 나뉜다.

카트 레이스는 차량의 구조가 가장 간단하고 초보자들도 쉽게 적응할 수 있는 경기로서, 모터스포츠에 입문하는 선수들, 특히 나이 어린 선수들의 입문 코스로서 널리 활용되고 있다. 포뮬러 1 선수들은 물론 다양한 종류의 최고 수준 경기에서 활동하는 선수들은 거의가 어린 나이에 카트를 시작으로 선수 생활을 시작해서 주니어 수준의 포뮬러를 거쳐서 정상급 무대에 진출하는 것이 가장 보편화된 코스다.

랠리

랠리 rallying 는 주로 일반 도로 또는 일반 도로와 전용 도로를 혼합한 구간에서 벌어지는 타임 트라이얼 방식의 경기로, 일반 시판용 차량을 기반으로 경기에 맞게 개조된 자동차가 참가한다. 폐곡선 형태의 경기 코스를 여러 바퀴 도는 서킷 레이스와는 달리, 랠리는 스페셜 스테이지 special stage 라는 구간을 여러 곳 정해 놓고, 이 구간을 주행한 시간 기록을 합산해서 가장 기록이 좋은 순서대로 순위를 정한다. 하나의 스페셜 스테이지를 마치고 다음 스페셜 스테이지로 갈 때까지의 구간을 로드 섹션 road section 이라고 하며, 이 구간을 주행할 때에는 도로 교통 법규를 준수해야 한다. 랠리의 스페셜 스테이지는 보통은 비포장도로지만 포장도로에서만 치르는 랠리도 있으며, 이런 종류의 랠리를 타막 랠리 tarmac rallying 라고 부른다.

랠리에 참가하는 자동차는 경기용으로 개조되었기 때문에 일반 도로에서 주행할 수 없다. 그러나 로드 섹션에서 주행할 때에는 일반 자동차와 함께 주행해야 하므로 경찰 또는 정부 기관과 협조하여 특별 도로 주행 허가와 임시 번호판을 발급 받는다.

세계 최고 수준의 랠리인 FIA의 월드 랠리 챔피언십 World Rally Championship, WRC 을 비롯해서 전 세계에서 각종 국제 또는 국내 랠리 대회가 열리고 있다. 랠리 중에서도 수천 킬로미터에 이르는 아주 긴 거리를 며칠 또는 몇 주에 걸쳐서 달리는 경기를 랠리 레이드 rally raid 또는 크로스컨트리 랠리 cross-country rallying라고 한다. 스페셜 스테이지만 4천 킬로미터가 넘는 구간에서 2주일에 걸쳐서 진행되는 다카르 랠리 Dakar Rally는 가장 유명한 크로스컨트리 랠리 경기다.

오프로드 레이스

오프로드 레이스 off-road racing는 이름처럼 비포장도로 트랙에서 열리는 레이스다. 랠리와는 달리 참가 차량들이 동시에 출발해서 먼저 결승점을 통과하는 순서대로 순위가 결정되는 레이스의 형식으로 운영된다. 경기장은 서킷의 형태일 수도 있으나 랠리처럼 출발점과 결승점이 다를 수도 있다. 보통 비포장도로에 맞게 개조된 투어링 카, 또는 SUV와 같이 보통 자동차보다는 비포장도로에 좀 더 적합한 구조를 가진 차량들이 참가한다.

힐클라임

힐클라임 hillclimbing은 '언덕 오르기' 라는 이름이 뜻하는 바와 같이 주로 오르막길로 이루어진 코스에서 타임 트라이얼 방식으로 진행되는 경기이며, 낮은 지점에서 시작한 뒤 오르막 코스를 주행해서 높은 지점에서 끝난다. 기록에 남아 있는 최초의 힐클라임 경기는 1897년 1월 31일에 프랑스 니스 근방에서 열렸으며, 가장 오랜 역사를 가진 경기 방식 가운데 하나다.

힐클라임 경기는 포장이든 비포장이든 관계없이 열릴 수 있으며, 포장도로인 경우에는 포뮬러 카도 참가하는 경기도 있다. 미국의 파익스 피크에서 열리는 힐클라임 대회는 20 킬로미터 가까운 경기 구간을 달려서 해발 1,440 미터 지점까지 오르는 경기로 1916년에 처음 개최된 뒤로 월드 랠리 챔피언들도 종종 참가할 정도로 세계적으로 인기가 높다.

드리프트

드리프트 drifting 는 자동차 주행 기술 가운데 하나로, 급격하게 방향을 전환함으로써 차량 뒷바퀴가 마찰력을 잃고 도로 위에서 미끄러지면서 차량 앞쪽보다 뒤쪽을 순간적으로 훨씬 빠르게 회전하도록 하는 것이다. 보통은 각도가 아주 예리한 커브에서 차량을 빠르게 회전시키기 위해서 쓰는 기술로 랠리와 같은 오프로드 경기에서 종종 볼 수 있으나, 아예 드리프트 자체를 목적으로 하는 경기도 개최되고 있다.

드리프트 경기는 보통 각도가 예리한 커브가 잇달아 배치된, 비교적 거리가 짧은 트랙에서 1:1 레이스 대결을 펼치는 토너먼트 형태로 개최되며, 드리프트 기술로 코너를 돌면서 먼저 결승점에 들어오는 선수가 승리하는 방식이 기본이지만 시간 기록에 더해서 얼마나 좋은 기술로 드리프트를 했는가를 심사위원들이 평가한 점수를 합산해서 승자를 결정하는 방식을 채택하기도 한다.

짐카나

짐카나 gymkhana 는 코스에 장애물을 여러 개 세워놓고 이를 좌우로 피하면서 타임 트라이얼 방식, 또는 드래그 레이스처럼 1:1 대결로 승패를 가리는 경기다. 장애물은 러버콘, 타이어, 드럼통을 비롯해서 경기에 따라서 다양하며, 마치 스키 경기의 회전 종목처럼 좌회전과 우회전을 번갈아 하면서 장애물을 피해 지그재그로 주행해야 한다. 장애물은 보통 일직선으로 세워 두지만 꼭 그래야 하는 것은 아니며 경기에 따라서 코스를 다양하게 정할 수 있다.

보통 1단 또는 2단 기어만 쓰고 속도보다는 차량을 정확하게 제어할 수 있는 능력을 중요하게 생각하기 때문에 아마추어 드라이버들이 비교적 안전하게 모터스포츠에 입문하여 기술을 익힐 수 있는 종목 가운데 하나로 인기가 있다. 슬라럼 slalom 이라고도 부른다.

스노우 레이스

스노우 레이스 snow racing, 또는 아이스 레이스 ice racing 는 이름처럼 눈밭이나 얼음판 위에 조성된 코스에서 진행되는 레이스 경기다. 트랙이 미끄럽기 때문에 참가하는 차량은 타이어의 접지면에 촘촘하게 징을 박은 스터드 타이어 stud tyre 를 장착한다. 스터드 타이어를 쓰더라도 일반 트랙보다 훨씬 미끄러운 조건에서 경기를 하므로 드리프트가 중요한 주행 기술 중에 하나며, 다른 레이스보다 속도를 내기는 힘들지만 눈보라를 일으키면서 달리는 차량의 모습이 장관을 이루는 경기다.

주로 미국 북부, 캐나다 또는 북유럽과 같이 날씨가 추워서 얼음이 두텁고 단단하게 얼거나 눈이 잘 녹지 않는 곳에서 열리며 한국에서도 다른 모터스포츠가 열리지 않는 겨울철에 이벤트 경기로 열린다.

히스토릭 대회

히스토릭 대회 historic event 는 만들어진 지 오래된 차량들, 또는 현역 경기의 규정이나 경쟁력과는 더 이상 맞지 않는 은퇴한 차량들이 참가할 수 있는 경기로 그 방식은 레이스, 랠리, 힐클라임을 비롯해서 다양하며, 단순히 퍼레이드 형태의 주행을 하기도 한다. 보통은 규정에서 정한 기준 시기 이전에 만들어진 차량만 참가 자격이 있다. 예를 들어 호주에서는 만들어진 지 25년 이상 된 차량을 히스토릭 차량으로 분류한다.

치열한 경쟁보다는 자동차와 모터스포츠의 역사를 기념하는 축제의 성격이 더 강하며, 자동차 문화와 모터스포츠가 발달한 선진국은 히스토릭 대회 역시도 발달되어 있다. 영국의 굿우드 페스티벌 오브 스피드 Goodwood Festival of Speed 는 세계적으로 가장 유명한 히스토릭 힐클라임 대회로, 만들어진 지 100년 이상 된 초기 시대의 차량에서부터 현대의 슈퍼카는 물론 포뮬러 1 차량까지도 함께 어울리는 이벤트다. FIA에서도 1966년부터 1985년 사이에 만들어진 포뮬러 1 차량만이 참가할 수 있는 히스토릭 포뮬러 1 챔피언십을 비롯한 다양한 히스토릭 경기를 주최하고 있다.

대체에너지 경기

최근 들어서 지구 온난화와 에너지 절약과 같은 문제가 전 세계의 주요한 관심사가 되면서 자동차 산업계에서도 전기에너지, 수소에너지, 태양열에너지와 같은 대체에너지를 활용하려는 연구 개발이 속도를 내고 있다. 이에 따라 대체에너지를 쓰는 자동차가 경쟁하는 경기들도 점점 늘어나고 있는 추세다. 1985년 스위스에서는 세계 최초의 태양열에너지 자동차 경기인 투르 드 솔 Tour de Sol 이 개최되었으며 세계 각국에서 다양한 종류의 태양열 자동차 경기가 열리고 있다.

전기 자동차 역시도 그 개발이 활발해짐에 따라서 2012년 르망 24시에서는 최고 클래스에 독일 아우디와 일본 도요타가 하이브리드 자동차를 참가시켜 아우디가 우승을 차지했으며, FIA에서는 완전 전기 자동차 형식의 포뮬러 카를 대상으로 한 포뮬러 E를 2014년에 출범시킬 계획을 가지고 있다.

Chapter 3
모터스포츠의 조직
ORGANISATIONS OF MOTORSPORT

    모든 스포츠는 경기를 구성하기 위해 필요한 조직을 가지고 있다. 경기에 참가하여 경쟁을 펼치는 참가자는 물론 경기를 원활하고 공정하게, 그리고 안전하게 진행하기 위한 주체가 있으며, 경기에 필요한 규칙을 만들고 분쟁이 생길 경우에 이를 해소하기 위한 조치를 시행할 주체도 필요하다. 특히 프로페셔널 스포츠에서는 경기 주최와 운영에 필요한 자금을 투자하고 그에 따라 열리는 경기에서 다양한 방법으로 이익을 창출하는 상업적인 주체가 필요하다.

    이러한 주체들의 관할권은 크게는 세계 전체를 관할하는 단체에서부터 하나의 국가, 지역을 관할하는 단체, 경기의 세부 범주에 따라 만들어진 단체, 혹은 개인까지 다양하며 이러한 주체들은 서로가 수직, 또는 수평 관계를 맺고 있다. 모터스포츠 역시도 전 세계에 다양한 목적을 가진 크고 작은 조직들이 존재하며 이들 조직은 서로 여러 가지 관계를 맺으면서 각자의 권한을 행사하고 의무를 지켜 나간다.

3.1 관할 기구

국제자동차연맹

국제자동차연맹 Fédération Internationale de l'automobile, FIA 은 전 세계 모터스포츠를 관할하는 기구이며 세계 각국을 선도해 나가는 모터스포츠 관련 단체들의 연합체다. 또한 UN 경제사회이사회와 국제올림픽위원회 IOC 의 협력기구다.

1904년에 창립되었으며 본부를 파리에 두고 있는 비영리기구인 FIA는 2012년 현재 다섯 개 대륙 134개 국가에 걸쳐서 232개의 자동차 및 모터스포츠 단체를 산하에 두고 있다. FIA의 회원 단체들은 수백 만 운전자와 그 가족들을 대표하고 있다.

FIA는 세계 모터스포츠의 관할 기구다. FIA 포뮬러 1 월드 챔피언십, FIA 월드 랠리 챔피언십 WRC, 그리고 FIA 월드 투어링 카 챔피언십 WTCC 을 비롯한 전 세계 모든 4륜 모터스포츠의 규정을 관리하고 있다.

그러나 FIA의 활동 범위는 단지 모터스포츠에만 머무르는 것은 아니다. FIA는 전 세계에 걸쳐서 운전자 단체와 자동차 활용의 권리를 보호하기 위해서 최선을 다 하고 있으며, 이들의 권익을 보호하기 위한 캠페인과 활동을 펼치고 있다. FIA는 도로 교통 안전, 이동, 환경과 소비자 법률을 비롯한 이슈에 대해서 UN은 물론 유럽연합 EU, 그리고 다른 국제기구를 상대로 운전자의 권익을 활발하게 홍보하고 있다.

(사)한국자동차경주협회

(사)한국자동차경주협회 Korea Automobile Racing Association, KARA 는 FIA가 국가 당 1개 단체에만 독점적으로 부여하는 ASN Authority Sporting National 의 대한민국 내 권한을 가지고 우리나라의 모든 4륜 모터스포츠를 관장하는 기구다.

KARA는 국내 자동차 경주의 양적, 질적 성장을 위해서 각종 규정을 제정하고 선수와 심판원(오피셜)의 자격을 부여하는 일을 한다. 또한 올림픽 정신에 부합하는 비영리, 비정치, 비종교의 이념을 바탕으로 국내 모터스포츠 발전을 최우선으로 하며, 전 세계 FIA 회원 국가 상호간의 국제 교류 협력단체로서 그 임무도 수행하고 있다. 그리고 국내에서 열리는 각종 국내 및 국제 모터스포츠 대회[5]를 공인하며 명실상부한 국내 모터스포츠 중심기구로서 임무를 수행해 나가고 있다. ASN의 업무에는 다음과 같은 것들이 포함된다.

- 모터스포츠 관련 부품의 인증
- 안전 및 친환경 공익 캠페인
- 자동차 경주 관련 규칙, 규정 제정
- 모터스포츠 발전을 위한 제반 활동
- 국내 및 국제 자동차 경주 대회의 공인
- 자동차 경주장(서킷)의 공인 및 검수
- 오피셜 양성 및 라이선스 발급
- 선수 라이선스 발급
- 경기 중 벌어진 상황에 관하여 제기된 항소에 대한 심사 및 판정

3.2 프로모터

프로모터 promoter 는 모터스포츠의 경기, 또는 챔피언십을 계획하는 주체다. 프로모터는 경기를 개최하기 위한 자금을 확보하고, FIA 또는 ASN을 통해서 경기 또는 챔

---

[5] 모터스포츠에서 '대회'와 '경기'는 섞여서 쓰일 수도 있지만 명확하게 구분될 수도 있다. 명확하게 구분될 경우에 경기(competition)는 일정한 기준과 절차에 따라서 각 범주별로 묶는 스포츠로서 의미가 강하다면, 대회(meeting)는 하나의 이벤트로서 개최되는 행사로서 의미가 강하다. 한 종류의 경기는 여러 대회에 걸쳐서 열릴 수 있고, 하나의 대회는 여러 경기를 묶어서 개최될 수 있다. 예를 들어 포뮬러 1은 해마다 세계 각지에서 열리는 그랑프리 대회로 구성된다. 그리고 각 그랑프리 대회는 포뮬러 1 경기는 물론 이와 함께 열리는 다양한 서포트 경기로 구성되어 있다.

피언십 개최를 신청한다. 그리고 경기를 운영하는 주체인 주최자와 협력하여 경기를 준비해 나가고 스폰서십, 방송 중계권, 입장 수입, 기념상품을 비롯하여 경기를 통해서 얻을 수 있는 수입, 그리고 대회 운영에 필요한 각종 지출을 관리하며 이를 통해서 이윤을 창출한다.

챔피언십의 프로모터와 챔피언십을 구성하는 각 경기의 프로모터는 다를 수 있으며, 국제대회는 챔피언십 전체를 관할하는 프로모터와 각 나라에서 열리는 경기를 관할하는 그 나라의 프로모터가 별도로 있는 것이 보통이다. 예를 들어 포뮬러 1에서는 포뮬러 원 매니지먼트 Fomula One Management, FOM 가 전체 챔피언십에 대한 프로모터 구실을 하며, 포뮬러 1의 각 경기는 그 경기가 열리는 나라의 프로모터가 FOM과 개최에 관한 협상을 한 뒤에 FIA를 통해서 경기 개최를 정식 신청하게 된다.

3.3 주최자

프로모터가 모터스포츠의 경기 또는 챔피언십에 대한 상업적인 권한을 보유하고 있다면 주최자 organiser 는 경기를 진행하기 위한 조직을 구성하고 이를 운영해 나가는 주체라고 할 수 있다. 주최자는 프로모터와 협력해서 경기 운영 조직을 구성하고 경기 진행에 관련된 각종 계획을 세워 이에 따라서 경기를 운영해 나간다. 경기 진행 조직에는 오피셜 뿐만이 아니라 경기장의 각종 구역을 통제하는 안전 요원과 자원 봉사자, 그리고 통역이나 안내, 매체 지원, 경기 관계자들 또는 관중들에게 각종 편의를 제공하기 위한 지원 인력들이 망라된다. 같은 주체가 프로모터와 주최자를 겸하는 경우도 있다.

3.4 참가자

참가자 competitor 는 경기에 실제로 참가하여 경쟁을 벌이는 이들을 뜻한다. 참가자는 단순히 경기 차량을 운전하는 선수만을 뜻하는 것은 아니며, 선수가 소속되어 있는 팀과 이를 구성하고 있는 각종 인력들, 곧 팀을 운영하고 지휘하는 감독, 차량을 정비하고 유지 관리하는 미캐닉 mechanic, 그밖에 여러 지원 인력들이 포함된다. 참가자는 경기 또는 챔피언십의 주최자에게 참가 신청서와 참가비를 제출함으로써 참가를 신청하게 되며, 주최자는 참가에 필요한 요건을 갖추고 있는지를 검토하여 승인 여부를 결정한다.

3.5 오피셜

오피셜 official 은 모터스포츠에서 심판원의 자격을 가지고 경기를 실제로 운영하고 진행하는 주체다. 오피셜은 다양한 분야로 나뉘어서 각자 직무를 수행하며, 명령과 보고 체계를 가진다. 경기에 따라서 주최자나 프로모터가 오피셜을 조직하는 경우도 있으며, 관할 기구가 직접 조직하기도 한다. 하나의 대회가 여러 경기로 구성되어 있고 각 경기의 운영 주체가 다를 때에는 오피셜 조직을 별개로 가지는 경우도 있으며, 일부 조직은 공유하고 일부 조직은 별개로 운영할 수도 있다.

관할 기구는 주최자나 프로모터가 제안한 오피셜 조직을 심의하고 만약 안전하고 공정한 경기를 운영하는 데 문제가 있다고 판단했을 때에는 그 이유를 제시하여 전부 또는 일부에 대해서 개편 또는 교체를 요구할 권한이 있다.

3.6 그밖에

경기장을 통제하기 위한 보안 요원, 관중의 안내, 경기장 주변의 교통정리, 통역을 비롯한 각종 업무를 수행할 유급 직원 또는 자원 봉사자를 비롯하여 경기장 안팎에 지원 인력을 둘 수 있다.

Chapter 4
모터스포츠의 규정
REGULATIONS OF MOTORSPORT

모든 스포츠는 엄격하게 만들어지고 적용되는 규정을 필요로 한다. 규정은 경기가 진행되는 방식과 절차를 정의하고, 경기가 공정하게, 그리고 위험을 최소화하고 안전하게 치러질 수 있도록 여러 가지 제한 사항을 정의한다. 또한 규정을 어겼을 때 적용되는 벌칙이나 제재 역시도 포함되어 있다.

4.1 규정의 목적과 기능

모터스포츠의 규정은 다음과 같은 목적과 기능을 가진다.

경기의 정의
모터스포츠는 광범위한 형식의 경기를 포괄하고 있다. 여기에는 포뮬러 1과 같이 폐쇄된 포장도로에서 참가 차량들이 서로 경쟁하면서 달리는 서킷 레이스, 월드 랠리 챔피언십WRC과 같이 일정한 시간 간격을 두고 차량이 한 대씩 달리면서 시간 기록을 겨루는 랠리, 직선 도로에서 1:1로 동시에 출발해서 결승점에 먼저 도달하는 차량이 승리하는 드래그 레이스를 비롯한 다양한 형식의 경기가 있다. 그리고 전 세계에는 수없이 많은 종류의 자동차가 있으며, 오로지 모터스포츠를 위해서 만드는 자동차도 있다. 그러나 모든 자동차들이 한 경기에 같이 참가할 수 있는 것은 아니다. 예를 들어서 배기량 1,000cc의 경차와 배기량 6,000cc의 슈퍼카는 그 격차로 볼 때 애초에 경쟁 자체가 불가능하다.

따라서 어떤 경기와 챔피언십을 개최하기 위해서는 이 경기 또는 챔피언십은 어떤 방식으로 치러지는지, 어떤 차량이 참가할 자격이 있는지, 어떤 선수가 참가할 자격이 있는지와 같은 사항들을 정의할 필요가 있다. 이렇게 경기의 종류와 성격, 참가 자격을 정의하는 것은 모터스포츠 규정이 가지는 가장 기본적인 기능이라 할 수 있다.

공정한 경기

모든 스포츠는 스포츠맨십을 바탕으로 매너를 가지고 진행되어야 하며, 경기를 운영하는 사람들은 특정한 팀이나 선수에 치우치지 않는 공정한 판단을 해야 한다. 만약 경기가 편파적으로 진행된다면 스포츠가 가지는 경쟁의 의미를 스스로 부정하는 결과가 된다.

모터스포츠의 규정에서는 선수나 팀이 해도 좋은 것과 해서는 안 되는 것을 정하고 이를 어길 경우에 벌칙을 부과해서 불이익을 준다. 예를 들어서, 뒤쫓아 오는 차량이 앞선 차량을 앞지를 때, 코너에서 트랙을 벗어나서 지름길로 갔다면 (숏컷, short-cut) 부정한 앞지르기 전술로 간주하여 벌칙을 부과한다.[6] 또한 경기에 참가하는 모든 관계자들에게 스포츠맨십에 바탕을 둔 공정한 경기를 할 것을 의무로 규정하고 있다.

---

6 숏컷을 한 차량이 우연한 실수, 또는 위험한 상황을 피하려다가 그렇게 되었다면 앞질렀던 차량에게 곧바로 다시 자리를 내어주면 면책되는 것이 관례다.

흥미로운 경기

스포츠, 특히 프로페셔널 스포츠는 사람들의 흥미를 자극하고 경기를 보는 사람들을 열광시킬 수 있어야 한다. 따라서 스포츠의 규정도 더욱 흥미 있는 경기를 만들고 인기를 끌어올리는 데에 도움이 될 수 있도록 여러 가지 방안을 마련하게 된다.

예를 들어서, 서킷에서 벌어지는 모터스포츠 경기 가운데는 레이스가 진행되는 도중에 반드시 한 번 이상은 피트로 들어와서 타이어를 바꾸도록 규정에서 의무화하는 경기가 있다. 피트 스톱을 통해서 역전이 일어나는 경우가 자주 있으며, 피트에서 조금이라도 시간을 아끼기 위해서 최대한 빨리 타이어를 교체하거나 연료를 넣으려는 피트 크루들의 모습, 그리고 트랙을 주행하고 있는 차량과 피트에서 트랙으로 복귀하는 차량이 서로 앞서기 위해서 치열하게 벌이는 경쟁 역시도 관중들과 TV 시청자들에게 긴장감과 흥미를 자아내기 때문이다.

안전한 경기

빠른 속도로 달리는 무거운 자동차를 활용하는 모터스포츠는 본질적으로 위험할 수밖에 없다. 이러한 위험은 반드시 트랙에서만 일어나는 것은 아니며 자동차가 다른 자동차와 부딪치거나, 혹은 자동차가 방호벽과 같은 시설물에 충돌했을 때에만 일어나는 것도 아니다. 그리고 이러한 사고로 피해를 볼 수 있는 사람들은 단지 경기에 참여하는 선수만이 아니라 팀 관계자, 오피셜, 관중, 그밖에 경기장과 그 주변에 있는 모든 사람들이 포함된다.

모터스포츠에서 사건과 사고가 자주 일어나고, 이에 따른 인명 피해나 재산 피해가 자주 일어난다면 '모터스포츠는 위험한 것'이라는 인식이 강해지고 사람들은 모터스포츠에 참여하거나 관중으로 보는 것을 꺼리게 된다. 따라서 모터스포츠는 여러 가지 관점에서 경기를 더욱 안전하게 만들기 위한 방법들을 마련할 필요성이 생기게 된다.

그러나 모터스포츠는 '경쟁'이라는 스포츠의 본질을 유지해야 하므로 사고와 같은 위험성은 어느 정도는 불가피하다. 따라서 모터스포츠의 규정에서는 불필요한 사고와 위험성을 미리 줄이기 위한 사전 예방 방안, 그리고 위험한 상황이 발생했을 때 입게 될 피해를 최소화하고 문제를 최대한 빠르고 원활하게 처리해서 정상적인 경기를 계속할 수 있도록 하는 사후 대처 방안으로 안전성 확보를 도모한다.

비용의 제한

자동차라는 값비싼 장비를 활용하는 모터스포츠는 기본적으로 많은 비용이 들어갈 수밖에 없는 구조를 가지고 있다. 또한 좋은 성적을 내고 싶은 팀이나 선수들은 최대한 투자를 해서 차량의 성능을 향상시키고 싶어 한다. 이를 제한하지 않으면 자금력이 풍부한 팀은 무제한으로 돈을 쓰게 되며, 자금력이 부족한 팀과 격차가 점점 벌어진다. 격차가 너무 심해져서 경쟁 자체가 불가능한 상황이 되면 자금력이 없는 팀은 물론이고, 모터스포츠 전체가 대중들에게 매력을 잃게 된다. 따라서 지나치게 많은 비용이 들어가는 부분에 대해 적절한 규제를 할 필요성이 생긴다.

1990년대의 포뮬러 1에서는 돈이 많은 팀들은 한 경기에 여러 개의 엔진을 쓰는 것이 보통이었다. 심지어는 예선용 엔진과 레이스용 엔진을 아예 따로 개발해서 쓰는 팀들도 있었다. 그러나 이러한 포뮬러 1의 구조로 자금력이 떨어지는 팀들은 물론이고 대형 자동차 회사의 뒷받침을 받는 팀들까지도 자금을 감당하지 못해서 철수하는 일이 속출했고, FIA에서는 팀이 소모하는 비용을 줄이기 위해서 여러 가지 제한을 두었다. 2013년 현재 포뮬러 1에서는 한 시즌에 엔진을 여덟 개까지만 쓸 수 있으며, 그 이상을 쓰게 되면 엔진을 바꿀 때마다 벌칙을 받게 된다.

차량 성능의 제한

모터스포츠는 사람의 스포츠이면서도 기계의 스포츠다. 아무리 좋은 자동차를 가졌다고 해도 드라이버의 기량이 그에 미치지 못하면 좋은 성적을 기대하기 힘들다. 반대로 아무리 뛰어난 드라이버라고 해도 자동차의 성능이 부족하다면 제 실력을 내기는 쉽지 않다.

만약에 모터스포츠의 결과가 자동차의 성능에 좌우되고 드라이버의 기량이 큰 영향을 미치지 못한다면 모터스포츠는 대중들에게 비인간적으로 비치며 스포츠로서 매력을 주지 못하게 될 것이다. 그러나 모터스포츠는 자동차 기술의 발전에 이바지하고, 새로운 기술이 시장에 적용되기 전에 먼저 그 기능과 안전성을 시험해 보는 테스트 환경의 구실 역시도 해야만 한다. 따라서 모터스포츠의 결과는 기계의 성능과 사람의 기량이 어느 정도의 균형을 가지고 있어야 한다.

또한 차량의 성능에 제한을 두지 않는다면 속도가 지나치게 빨라져서 드라이버가 차량을 제대로 통제할 수 없는 지경에까지 이를 수 있다. 이렇게 되면 사고가 일어날 위험성이 커지고 사고가 일어났을 때 그 피해도 커지게 되므로 적절한 수준에서 차량의 성능을 통제할 필요가 있다.

이러한 이유들로 모터스포츠의 규정은 차량의 성능을 적절한 수준에서 제한하고, 새로운 기술이 등장했을 때에는 이를 어느 범위까지 허용할지 규제해야 한다.

4.2 모터스포츠 규정의 종류와 관계

모터스포츠의 규정은 적용 범위와 우선순위에 따라서 크게 다음과 같은 단계로 나눌 수 있으며 각각은 수평 또는 수직 관계를 맺으면서 모터스포츠 경기를 관장한다.

국제 스포츠 규칙

국제 스포츠 규칙 International Sporting Code 은 FIA에서 제정하는 규칙으로 전 세계 모든 모터스포츠 규정의 기반이 되는 원칙을 정하고 있으며, FIA에서 공인하는 모든 모터

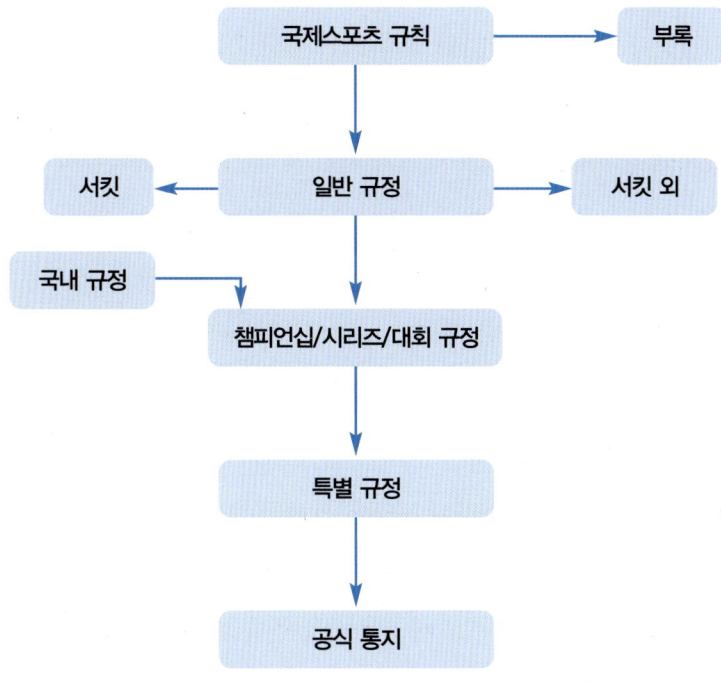

스포츠 경기는 반드시 이 국제 스포츠 규칙을 바탕으로 규정을 만들어야 한다. 여기에는 모터스포츠에 관련된 주요한 개념과 용어의 정리, 모든 모터스포츠에 공통으로 통용되는 원칙과 규정, 그리고 경기를 구성하기 위한 조직은 어떻게 만들어야 하며 이러한 조직은 어떤 사람들로 구성되어 있어야 하는지를 정의하고 있다.

국제 스포츠 규칙에는 여러 가지 부록이 있으며, 이 부록에서는 모터스포츠 경기장이 갖춰야 할 최소 요건, 드라이버의 라이선스 발급, 금지 약물을 비롯해서 더욱 자세한 내용들을 규정하고 있다. 특히 부록 J는 전 세계 모터스포츠 기술 규정의 기반이 되며, 여기에는 차량의 등급을 분류하는 방법, 각 등급별로 차량에 대해 적용되는 제원과 개조 범위의 제한을 규정하고 있다.

일반 규정

서킷 경기장에서 벌어지는 경기와 랠리 또는 힐클라임과 같이 서킷이 아닌 경기 장소에서 벌어지는 경기는 그 특성이나 진행 방식이 큰 차이를 가진다. FIA에서는 국제 스포츠 규칙을 바탕으로 서킷 경기와 서킷 외 경기에 대해서 각각 공통으로 적용될 수 있는 내용을 규정한 일반 규정 General Prescriptions 을 두고 있다. 여기서는 편의상 국제 스포츠 규칙과 일반 규정을 합쳐서 '국제 스포츠 규칙'으로 부르기로 한다.[7]

국내 규정

FIA로부터 한 나라의 모터스포츠에 대한 관할권을 위임 받은 각국의 ASN은 국제 스포츠 규칙을 바탕으로 각 나라의 사정에 맞는 국내 규정을 만들 수 있다. 이 규정은 해당되는 나라에서 국내 모터스포츠 경기의 기반이 되는 내용을 담고 있으며, 국제 스포츠 규칙의 내용 가운데 그 나라의 사정에 따라서 변경해야 할 사항, 그 나라에 맞게 좀 더 자세하게 또는 명확하게 할 필요가 있는 사항들을 담고 있다.

챔피언십/시리즈/대회 규정

각 챔피언십 또는 시리즈(챔피언십이나 시리즈에 속하지 않은 단일 대회라면 대회) 규정은 국제 경기인 경우에는 국제 스포츠 규칙을 바탕으로, 그리고 국내 경기이며 그 나라의 ASN이 국내 규정을 가지고 있을 경우에는 국제 스포츠 규칙과 국내 규정을 바탕으로 규정을 제정한다. 이 규정에는 챔피언십이나 시리즈 또는 대회의 성격, 참가 자격이 있는 선수와 차량을 정의하고, 경기의 진행 절차, 각종 벌칙, 한 경기의 순위 결정이나 챔피언십 또는 시리즈의 순위 결정 방법과 같은 내용들을 담고 있다.

---

[7] 실제로는 서킷 이외 장소에서 벌어지는 경기를 위한 일반 규정은 2013년 규정을 기준으로 보면 서킷에서 벌어지는 경기를 위한 일반 규정 가운데 서킷 이외 장소에서 벌어지는 경기에서 적용될 수 있는 것과 그렇지 않은 것을 구분하는 기능만 하고 있다.

특별 규정

보통 챔피언십이나 시리즈 규정은 하나 또는 그보다 많은 시즌 동안 유효하다. 그러나 챔피언십이나 시리즈의 시즌이 진행되는 동안 규정에 변경이 필요한 상황이 생길 수 있다. 또한 챔피언십이나 시리즈의 특정한 경기에 대해서만 유효한 내용을 규정할 필요도 있다. 이럴 때에는 특별 규정을 통해서 이와 같은 내용을 담을 수 있다. 특별 규정은 시리즈 또는 챔피언십에 속한 특정한 대회가 열리기 전에 발표되어 팀이나 선수, 그밖에 관계자들이 이에 맞추어 준비를 할 수 있도록 한다.

공식 통지

규정으로 제정할 수 없는 더욱 자세한 내용을 공식적으로 알릴 필요가 있을 때, 규정에서 명확하지 않다고 판단되는 부분을 더욱 명확하게 할 필요가 있을 때, 또는 대회가 진행되는 도중에 일어난 변화(예를 들어서 기상 상태, 경기장 상황, 그밖에 여러 조건의 변화)에 대응하거나 대회 도중에 주최자와 팀, 선수 사이에 합의에 따른 경기 운영이나 진행의 변화를 공식 발표하는 것을 말한다. 공식 통지는 대회 전에 발표될 수도 있으나 대회 도중에 발표될 수도 있다. 예를 들어서, 예선에서는 기상 상태에 별 문제가 없었으나 레이스에서는 많은 비가 내려서 차량이 슬릭 타이어(마른 날씨용으로 만들어진, 타이어 접지면에 아무 무늬도 없는 타이어로 드라이 타이어 라고도 한다)로 경기를 하기에 위험하다고 판단하면 레이스 전에 공식 통지를 통해서 반드시 웨트 타이어(비가 오는 날씨용으로 만들어진, 접지면에 배수를 위한 무늬가 파인 타이어로 레인 타이어라고도 한다)만을 쓰도록 할 수 있다.

규정 적용에 관한 우선 순위

국제 스포츠 규칙에서 공식 통지에 이르는 규정들의 수직 관계에서 상위로 올라갈수록 일반법의 성격을 띠며, 하위로 내려갈수록 특별법의 성격을 띤다. 모터스포츠 규정만이 아니라 법률에서는 '특별법 우선 원칙'이 적용된다. 곧, 같은 사항에 일반법에 규정된 것과 특별법에 규정된 내용이 다르다면 특별법이 적용된다. 따라서 모터스포츠에서도 상위 규정에 있는 내용을 하위 규정에서 명시적으로 다르게 규정하고 있다면 이는 상위 규정의 정신을 위반하지 않는 한도 안에서 하위 규정에 명시된 내용이 우선권을 가진다.

예를 들어, 2012년 FIA의 서킷 경기용 일반 규정 23.B 조항에서는 어떤 차량이 그 경기에서 완주를 했는지(곧, 순위 계산에 들어갈 수 있는지)를 판단하는 자격 기준을 경기 시간이 4시간보다 짧은 경우에는 경기가 끝났을 때 우승자가 달렸던 거리의 90% 이상, 4시간 또는 그보다 길 경우에는 우승자가 달렸던 거리의 70% 이상을 완료한 차량으로 규정하고 있다. 그러나 챔피언십 혹은 시리즈 규정에서는 이를 다르게, 예를 들면 반드시 경기 종료를 알리는 체커기를 받으면서 결승선을 통과한 차량만 완주한 것으로 간주하도록 규정하는 사례도 있다.

이렇게 하위 규정에서 상위 규정의 내용을 변경하는 것은 반드시 상위 규정의 목적과 정신을 존중하는 한도 안에서 이루어져야 하며, 만약 그렇지 않다면 FIA 또는 ASN에서는 이 규정의 공인을 거부할 수 있는 권한을 가진다.

4.3 경기 규정과 기술 규정

앞에서 본 수직적인 분류와 다르게 모터스포츠의 규정을 분류하는 또 한 가지 방법은 경기 규정과 기술 규정이다. 대부분의 시리즈/챔피언십은 경기 규정과 기술 규정이 별도의 문서 형태로 존재하지만 소규모 경기에서는 두 가지 규정이 한 문서에 통합되어 있는 경우도 있다.

규정의 종류	제정/변경의 주체	규정하는 내용
국제 스포츠 규칙	FIA	모든 모터스포츠에 공통으로 적용되며 모든 규정을 만들 때 그 바탕이 되는 원칙.
일반 규정	FIA	서킷에서 열리는 경기와 서킷이 아닌 장소에서 열리는 경기 각각에 대해서 공통으로 적용되는 원칙.
국내 규정	ASN	국내에서 열리는 경기에 공통으로 적용되는 원칙.
챔피언십/시리즈/대회 규정	주최자	각 챔피언십이나 시리즈와 그에 속하는 대회, 또는 챔피언십이나 시리즈에 속하지 않는 대회를 운영하기 위해서 필요한 사항들.
특별 규정	주최자	챔피언십/시리즈에 속한 특정한 대회에 적용할 변경 또는 추가 사항이나 챔피언십/시리즈가 진행되는 도중에 규정을 변경해야 할 필요가 있는 사항들.
공식 통지	주최자 레이스 컨트롤	• 규정으로 제정할 수 없지만 공식적으로 알릴 필요가 있는 자세한 내용. • 규정의 내용 가운데 더 명확하게 해서 공식적으로 알릴 필요가 있는 사항. • 대회 진행 도중에 변화하는 상황 때문에, 또는 대회 도중 주최자와 팀, 선수간 합의를 통해서 경기 운영이나 진행에서 변경되는 사항.

경기 규정

경기 규정 sporting regulations 은 FIA의 국제 스포츠 규칙을 바탕으로 경기를 원활하고 안전하게, 그리고 공정하게 진행하고 운영하기 위한 각종 사항들을 정한 규정이다. 여기에는 다음과 같은 내용들이 포함된다.

- **경기/챔피언십의 구성** 하나의 경기, 하나의 챔피언십 또는 시리즈가 개최되고 진행되는 방식을 정의하고 이를 운영하기 위한 조직의 구성을 정의한다. 예를 들어서 이 챔피언십이 서킷 레이스인지 랠리인지, 서킷 레이스라면 한 경기의 레이스는 몇 바퀴 또는 몇 km 동안 진행되는지, 그리고 경기를 운영하기 위해서는 어떤 종류의 오피셜들이 필요한지를 규정한다.

- **경기의 일정** 하나의 경기는 보통 서킷 레이스에서는 연습주행과 예선, 그리고 결승 레이스로 구성되지만 경기에 따라서 이러한 구성은 다를 수 있다. 예를 들어서 한 경기에서 레이스를 두 번 또는 세 번으로 나눠서 치를 수 있으며 이에 따라서 예선도 두세 번으로 나눌 수 있다. 경기 규정에서는 하나의 경기를 구성하고 있는 트랙 주행 일정, 또는 트랙 바깥에서 벌어지는 행사의 일정(예를 들면 기자회견, 드라이버 브리핑, 회의)에는 어떤 것들이 있는지를 정하고 이러한 일정들이 각각 어느 요일, 어느 시각에 얼마나 오랫동안 진행되는가를 명시한다.

- **경기 진행 절차** 경기를 치르는 동안에 각각의 일정을 진행하기 위해서는 순서와 절차가 필요하다. 예를 들어서, 레이스를 시작하기 전에 차량을 트랙으로 언제 내보낼지, 차량이 서 있는 상태에서 레이스를 시작할 지(스탠딩 스타트), 아니면 천천히 달리다가 레이스를 시작할 지(롤링 스타트)와 같은 절차들을 정할 필요가 있다. 경기 규정에서는 이러한 진행 절차, 절차가 진행되는 단계를 알리는 신호, 그리고 각 절차의 단계마다 경기에 참가하는 사람들이 해야 할 일들을 정한다.

- **타이어 및 소모품, 부품 사용** 모터스포츠에서는 타이어와 연료, 윤활유, 냉각수를 비롯한 각종 소모품을 쓰게 되며, 엔진이나 트랜스미션과 같은 부품도 교체할 필요가 생기게 된다. 그러나 이를 무제한으로 허용하면 비용이 지나치게 많이 들게

되고 부정행위가 쉽게 일어날 수 있다. 따라서 경기 규정에서는 이러한 제품을 한 경기 또는 한 시즌에 몇 개까지 쓸 수 있는지, 또는 얼마나 오랫동안 써야 하는지와 같은 제한을 둔다. 예를 들어서 2012년 포뮬러 1 규정에서는 한 경기에서 차량 한 대가 쓸 수 있는 마른 날씨용 타이어를 최대 11세트(1세트는 타이어 4개로 구성되어 있다)로 제한하고 있으며, 기어박스 하나를 적어도 다섯 경기 동안 쓰도록 의무화하고 있다.

- **경기 중 준수해야 할 사항** 경기가 진행되는 동안에 팀이나 선수, 그밖에 관계자들이 안전하고 공정한 경기, 스포츠맨십에 바탕을 둔 신사적인 경기를 위해서 지켜야 할 상황들을 정한다.

- **안전** 큰 위험성을 안고 있는 모터스포츠에서는 위험을 최소화하고 경기에 관계한 사람들의 생명이나 신체, 재산을 보호하기 위해서 경기 규정에서는 여러 가지 제한 사항을 두고 있다. 또한 경기장에 설치되어야 할 안전시설, 예를 들어 경기장에 설치할 방호벽이나 소화기에 관한 필요조건을 정하기도 한다.

- **위반 시 벌칙** 경기 규정, 또는 기술 규정을 위반했을 때 이를 보고하고 심사하는 절차, 팀이나 선수에게 부과할 수 있는 벌칙의 종류, 그리고 이러한 벌칙이나 경기 결과에 대해서 이의가 있는 당사자가 항의하는 절차를 정한다.

- **순위/시상** 경기가 끝났을 때 각 참가자들의 순위를 결정하는 방법을 정하고, 이에 따라서 참가자에 수여하는 상의 종류, 그리고 그 상을 시상하는 방법을 정한다. 또한 각 경기의 결과를 바탕으로 챔피언십이나 시리즈 전체의 순위를 정하는 방법도 정한다.

기술 규정

기술 규정 technical regulations은 FIA의 국제 스포츠 규칙 부록 J를 바탕으로 차량과 드라이버의 개인 장비, 그리고 팀의 장비에 대한 제원과 성능 제한, 그리고 안전에 관련된 요구사항을 정한다. 여기에는 다음과 같은 내용이 포함된다.

- **허용되는 차량과 제원** 어떤 경기나 챔피언십/시리즈든 자격 있는 차량을 먼저 정해야 한다. 다시 말해서, 어떤 차량이 특정한 챔피언십/시리즈에 출전하고 싶을 때, 이 차량이 참가할 자격이 있는지를 판단할 수 있는 기준이 있어야 하며 이는 기술 규정에서 정한다. 또한 같은 모델의 차량이라고 해도 엔진의 배기량이 다르거나 트랜스미션이 자동인지 수동인지와 같은 차이가 있을 수 있으므로 이와 관련되어 경기에서 허용되는 각종 제원도 정하게 된다.

- **허용되는 개조 범위** 모터스포츠에 참가하는 차량들은 대부분이 일반 시판용 차량을 모터스포츠에 맞게 개조한다. 또한 모터스포츠 전용으로 만든 차량이라고 해도 엔진이나 기어박스와 같은 부품들은 일반 차량용을 바탕으로 개조한 제품을 쓰는 경우가 많다. 이러한 개조에 대한 허용 범위를 정하지 않으면 비용이 지나치게 많이 들며, 개조 비용에 따라서 차량 성능의 격차가 너무 심해진다. 따라서 기술 규정에서는 허용하는 개조와 허용하지 않는 개조를 정하고, 허용하는 개조라고 해도 어느 정도까지 허용할지 그 한계를 정하게 된다.

- **안전장치** 모터스포츠의 위험성을 줄이고, 사고가 났을 때 입는 피해를 최소화하기 위해서 차량의 안전 설비와 드라이버의 개인 장비에 대한 규정을 마련할 필요가 있다. 예를 들어 기술 규정에서는 차량이 사고로 뒤집어졌을 때 드라이버를 보호할 수 있는 롤 케이지 구조물을 의무화하거나 드라이버의 복장에 불이 붙었

을 때 쉽게 타지 않는 소재를 의무로 하는 경우가 많다.

- **연료와 소모품 제원** 차량이 쓰는 연료, 윤활유, 타이어와 같은 소모품들은 차량의 성능에 중요한 영향을 미친다. 참가자들은 연료의 성능을 높이기 위한 첨가제를 섞거나 타이어의 치수나 재질을 바꿔서 이득을 보려 할 수 있다. 따라서 기술 규정에서는 이러한 소모품들 가운데 허용되는 제원을 정할 필요가 있다.

- **차량 검사 방법** 차량이 기술 규정을 준수하고 있는지 여부를 검사할 때 어떤 방법과 절차로, 또는 어떤 도구나 장비를 써서 검사를 할지, 검사에 통과했는지를 판단하는 기준은 무엇인지, 통과하지 못한 차량은 어떻게 처리할지, 사고에 연루되어 파손된 차량은 어떻게 검사할지를 기술 규정에서 정한다.

4.4 규정의 변경

모터스포츠의 규정은 거의 해마다 바뀐다. 때때로 변경된 규정을 제대로 알지 못하고 바뀌기 전 규정에 따라서 잘못된 판단 또는 행동을 하는가 하면 팀 또는 선수와 오피셜 사이 혹은 오피셜과 오피셜 사이에서도 의견 충돌이 벌어지기도 한다.

될 수 있으면 규정을 변경하지 않고 안정되게 유지하는 것이 좋지만 해마다 규정 변경은 불가피하다. 그 이유는 다음과 같다.

새로운 기술

자동차 산업은 끊임없이 새로운 기술을 개발한다. 이러한 기술이 성능의 향상을 가져온다면 모터스포츠는 이를 적극 받아들인다. 그러나 이러한 기술을 무제한으로 허용하게 되면 막대한 비용이 들어가며, 자금력이 풍부한 팀과 그렇지 않은 팀 사이의 격차가 심해진다. 이렇게 되면 모터스포츠의 성적은 선수와 팀의 인간적인 기량이 아닌, 얼마나 많은 돈을 차량에 투자했는가에 좌우될 수 있으며, 이는 스포츠의 본질을 해치는 결과가 된다. 따라서 새로운 기술이 모터스포츠에 나타났거나 나타날 것으로 전망되면 이를 받아들일지 아니면 금지해야 할지 여부, 받아들인다면 어느 정도로 이를 제한할지를 판단하여 규정에 반영해야 한다.

안전 향상

본질적으로 위험성을 안고 있는 모터스포츠에서 안전은 가장 중요한 요소 가운데 하나다. 모터스포츠의 규정에서는 위험한 상황을 줄이기 위하여 여러 가지 제한을 두고 있으며, 사고가 일어났을 때에도 피해를 최소화하기 위한 다양한 안전장치를 의무로 하고 있다. 그러나 실제 경기에서 사고가 일어났을 때에는 예상하지 못했던 결과가 일어날 수 있으며, 이러한 사례가 일어난 뒤에는 같은 상황이 다시 벌어졌을 때 일어날 수 있는 위험성을 최소화하기 위하여 규정을 개정하게 된다.

2000년 포뮬러 1 이탈리아 그랑프리에서는 사고 때 차량으로부터 튕겨져 나온 휠에 소방 마샬이 맞아서 목숨을 잃는 사고가 벌어졌다. 그 후 포뮬러 1 기술 규정에서는 모든 차량의 휠마다 차체와 연결되는 케이블을 장착해서 서스펜션이 부서져도 휠이 튕겨져 나가지 않도록 의무화했다. 그러나 2001년 호주 그랑프리에서 또다시 사고로 튕겨져 나온 휠에 트랙 마샬이 목숨을 잃는 사고가 일어났고, 기술 규정은 다시 강화되어 휠마다 케이블을 두 개씩 장착하도록 하고 케이블의 소재도 강화했다.

안전을 향상시킬 수 있는 새로운 기술이나 장치, 소재가 나왔을 때에는 이를 받아들이기 위해서 규정이 개정되는 경우도 있다. 2003년부터 포뮬러 1에 도입된 HANS Head And Neck Support 장치는 사고가 났을 때 관성에너지로 드라이버의 목이 앞으로 꺾이면서 두개골 골절로 치명상을 입는 것을 막아주는 장치다. 이 장치가 포뮬러 1은 물론 모터스포츠 전반에 걸쳐서 의무화되면서 드라이버들을 치명상으로부터 보호해주는 데 큰 구실을 한 것으로 평가 받고 있다.

규정의 맹점

어떤 법이나 규정도 완벽할 수는 없으며 크고 작은 맹점을 가지고 있다. 그리고 이러한 맹점을 이용해서 이득을 보려는 시도 역시도 계속된다. 이러한 맹점들이 발견되고 특정한 팀이나 선수가 이득을 보았다면 이 맹점을 보완하기 위해서 규정을 보강할 필요가 생긴다.

포뮬러 1이 시작되었던 1950년에는 규정은 단 한 페이지였다. 그러나 선수나 팀에서는 규정이 가진 맹점을 파고들어서 이득을 보려는 시도를 계속해서 해왔고, 이렇게 발견된 맹점을 없애기 위해서 해마다 규정이 바뀌고 추가가 되면서 2012년 포뮬러 1 규정은 경기 규정 43 페이지, 기술 규정 77 페이지로 구성되어 있다. 그러나 이 규정도 여전히 맹점을 안고 있으며 2012년에도 규정의 맹점을 활용해서 이득을 보려는 여러 가지 시도들이 있었다.

변화하는 사회 환경

최근 들어서 지구 온난화와 같은 기후 변화 문제, 그리고 에너지 절약, 특히 화석 연료 절약 문제가 전 세계의 이슈로 떠오르면서 모터스포츠도 이런 흐름을 외면할 수 없는 상황이 되어 가고 있다. 따라서 모터스포츠가 환경에 미치는 나쁜 영향을 줄여 나갈 수 있도록 규정도 변화하고 있다. 더 나아가, 모터스포츠가 자동차 산업 전반에 걸친 에너지 절약이나 대체에너지 기술 발전을 선도하고 기여할 수 있도록 촉진하는 변화도 이루어지고 있다.

2009년에 처음으로 포뮬러 1에서 채택된 운동에너지 회수 시스템 KERS 은 속도를 줄이기 위해서 브레이크를 밟을 때 사라지는 자동차의 운동에너지 가운데 일부를 전기에너지로 저장했다가 추진력이 필요할 때 활용하는 장치로, 이를 통해 발전된 기술은 일반 도로용 자동차에도 적용되면서 연비 향상에 기여하고 있다. 또한 메틸알코올, 바이오알코올을 비롯한 대체 연료를 쓰거나 일부 혼합하도록 의무화 하는 경기도 점점 늘고 있다.

Chapter 5
모터스포츠의 경기장
VENUES OF MOTORSPORT

모터스포츠 경기가 개최되는 장소는 경기의 종류에 따라서 다르며 심지어는 같은 종류의 경기라고 해도 다양한 환경, 다양한 조건을 가지고 있다. 예를 들어서, 같은 포뮬러 1 경기라도 해도 개최 장소에 따라서 경기를 위해서 전용으로 건설된 상설 서킷을 쓰는 경기가 있는가 하면 일반 도로를 막고 임시 시설물을 설치한 서킷을 쓰는 경기도 있다. 한편 랠리 또는 힐클라임은 일반 도로 또는 비포장도로를 활용한 열린 곡선 형태의 구간을 사용한다.

　모터스포츠의 경기장은 대부분의 다른 스포츠에서 활용하는 경기장보다 그 규모가 큰 편으로 서킷 경기장은 도로의 길이가 짧게는 2km에서 길게는 5km가 넘으며, 일반 도로를 임시 서킷으로 활용하는 르망 24시의 코스는 그 길이가 13.629km에 이른다. 독일의 뉘르부르크링크 서킷은 전용 경기장으로 사용하는 구간과 평소에는 유료 도로였다가 필요할 경우에만 경기장으로 활용하는 구간으로 구성되어 있으며, 이 구간을 모두 결합해서 쓰면 그 길이는 25.947km에 이른다.

　모터스포츠는 자동차를 활용하는 경기이기 때문에 본질적으로 위험성을 안고 있다. 또한 경기장의 규모가 크기 때문에 선수나 관중, 오피셜 모두 한 눈에 경기장 전체의 상황을 파악하기가 어렵다. 따라서 경기를 안전하고 원활하게 운영하기 위한 여러 가지 시설을 필요로 한다.

5.1 서킷 경기장

서킷 circuit 은 다양한 종류의 레이스, 또는 타임 트라이얼 경기를 위한 경기장으로 경주가 이루어지는 도로가 닫힌곡선 모양으로 되어 있다. 곧, 이 도로를 따라서 주행하면 처음 출발했던 지점으로 돌아올 수 있으며, 이렇게 한 바퀴를 돌면 1랩 1 lap 이 되고, 1 랩을 도는 데 걸린 시간을 랩 타임 lap time 이라고 한다. 서킷에서 개최되는 레이스는 서킷의 도로를 한 바퀴 또는 여러 바퀴 돌면서 승패를 가르게 된다. 서킷의 도로는 직선과 곡선 구간이 결합되어 있으며, 그 모양은 경기장에 따라서 다양하지만 크게 두 가지로 나뉜다.

로드 코스

로드 코스 road course 는 여러 개의 직선과 곡선 구간이 결합되어 있는 모양을 가지고 있다. 로드 코스는 원래 일반 도로를 폐쇄해서 서킷으로 썼던 초기 모터스포츠에서 그 기원을 찾을 수 있기 때문에 직선과 곡선(코너)이 불규칙한 패턴으로 나타나며 각 코너는 그 반지름이나 휘어지는 방향, 각도가 제각각이다. 로드 코스를 설계할 때에는 빠른 가속, 정확한 제동과 핸들링 능력을 비롯하여 드라이버와 차량의 다양한 능력을 평가할 수 있도록 직선 구간과 코너를 다양한 형태로 배치한다. 또한 오르막과 내리막 구간이 있을 수도 있다.

관중의 관점에서 본다면 로드 코스는 한 곳에서 코스 전체를 한 눈에 보기는 어렵기 때문에 눈으로 직접 볼 수 있는 것은 경기의 일부분이라는 단점이 있다. 이를 보완하기 위해서 관중석이 많이 설치된 곳에는 중계를 볼 수 있도록 대형 스크린을 설치하기도 한다.

로드 코스는 전 세계적으로 널리 퍼져 있으며, 오로지 경기를 위한 목적으로 건설된 상설 서킷 permanent circuit과 평소에는 일반 도로로 쓰다가 경기가 있을 때에만 차량 통행을 막고 경기에 필요한 임시 시설물을 설치해서 활용하는 임시 서킷 temporary circuit, 또는 스트리트 서킷 street circuit이 있다. 일반 자동차 교통에 쓰이는 도로, 공원도로처럼 일반 교통에 쓰이지는 않는 도로, 또는 비행기 활주로와 같이 특수한 목적으로 쓰이는 도로 등, 다양한 형태의 도로들이 스트리트 서킷으로 활용된다.

오벌 트랙

오벌 트랙 oval track은 타원형의 단순한 모양을 가진 서킷을 뜻한다. 따라서 오벌 트랙은 긴 직선 구간과 반지름이 큰 코너로 구성되며 모든 코너는 같은 방향으로 휘어져 있다. 또한 코너에서도 속도가 크게 떨어지지 않게 하기 위해서 안쪽은 낮게, 바깥쪽은 높게 경사가 있으며 이를 뱅크 bank 라고 부른다. 오벌 트랙은 로드 코스에 비해서 기어 변속이나 브레이크를 밟는 횟수가 적은 편이며 이곳에서 경기에 참여하는 차량들은 대부분 시간을 최고 속도에 가깝게 달리게 된다.

관중의 관점에서 보았을 때, 오벌 트랙은 트랙 표면보다 어느 정도 높은 곳에 있으면 코스 전체를 모두 볼 수 있기 때문에 경기를 한 눈에 볼 수 있다는 장점이 있다. 그러나 경기장의 형태가 단순하기 때문에 경기가 단조로울 수 있으며 드라이버나 차량의 능력을 종합적으로 평가할 수 있다고 보기는 어렵다.

오벌 트랙은 주로 아메리카 대륙, 특히 미국에 집중되어 있다. 미국에서 가장 인기 있는 스톡 카 레이스 이벤트인 나스카는 오벌 트랙에서 열린다.

서킷 경기장은 그 규모가 다른 스포츠를 위한 경기장보다는 넓지만 랠리 코스에 비해서는 훨씬 작으며, 경기 차량들이 서킷을 여러 바퀴 돌기 때문에 관중들은 한 곳에서 계속해서 경기를 볼 수 있다는 장점이 있다. TV 중계를 할 경우에도 방송 장비를 설치해야 하는 범위가 랠리/힐클라임 코스보다 적으므로 상업적으로 가장 성공한 모터스포츠 경기들은 대부분이 서킷 레이스다.

5.2 랠리/힐클라임 코스

랠리 또는 힐클라임과 같은 경기들은 일반 도로, 또는 산림 도로를 활용하여 경기를 펼치며 그 구간은 보통 서킷이 아닌 열린 곡선의 형태를 띠고 있다. 다시 말해서 출발해서 코스를 주행했을 때 출발한 지점으로 다시 돌아오지 않는다.

힐클라임은 경기를 위한 코스로 하나의 연속된 구간만을 쓰기도 하지만 랠리는 보통 여러 구간을 스페셜 스테이지로 지정하고 하나의 스페셜 스테이지에서 다음 스페셜 스테이지로 이어지는 구간을 로드 섹션으로 지정한다. 스페셜 스테이지는 경기 구간이므로 도로교통법의 적용을 받지 않으며 안전을 위해서 일반 차량이나 사람의 통행을 차단한다. 그러나 로드 섹션은 일반 차량 또는 보행자와 함께 움직이는 구간이며, 도로교통법이 적용된다.

랠리/힐클라임 코스는 풍경이 아름다운 산이나 숲, 초원, 계곡과 같은 지형을 선택해서 자연적인 분위기를 최대한 살리는 것이 보통이다. 따라서 관중들도 자연스러운 분위기에서 경기를 즐길 수 있는 장점이 있다. 그러나 차량들이 같은 구간을 계속해서 도는 것이 아니므로 각 차량이 지나가는 것을 한 차례밖에 볼 수 없다는 문제점이 있다. 또한 구간이 서킷에 비해 훨씬 넓은 지역에 분산되어 있기 때문에 하나의 스페셜 스테이지에서 다른 스페셜 스테이지로 옮겨가는 데에도 많은 시간을 필요로 한다. TV 중계 역시도 방송 장비를 넓은 지역에 걸쳐 분산시켜야 하며 경기 진행에 따라서 장비를 다른 구간으로 옮겨야 하므로 불편하다.

랠리 경기에는 스페셜 스테이지를 마친 차량들이 정비 또는 급유 작업을 할 수 있는 구역인 서비스 파크 service park 가 마련된다. 경기마다 다르지만 보통 2~3개 스페셜 스테이지를 마쳤을 때마다 서비스 파크에 올 수 있으며, 하루의 일정이 끝났을 때에는 다음날 경기 시작 전까지 차량을 보관하고 아무도 손댈 수 없게 통제하는 파크 퍼미가 서비스 파크 안에 마련된다.

5.3 서킷 경기장의 주요 시설

경기장에 따라서 여러 가지로 차이가 있지만 서킷 경기장은 대부분 다음과 같은 시설들을 공통으로 가지고 있다.

트랙

경기가 실제로 벌어지고 차량들이 경쟁을 벌이는 도로 구역을 트랙 track 이라고 부른다. 포장도로일 때에는 트랙과 트랙 바깥을 구분하기 위해서 트랙을 따라서 도로 양편 가장자리에 흰 선을 긋고, 코너에는 안팎으로 연석 kerb 을 설치하기도 한다.

피트

피트 pit 는 출발선/결승선이 있는 곳에 트랙을 따라 나란히 마련되어 있으며, 차량이 주행할 수 있는 피트 레인 pit lane 과 차량을 보관할 수 있는 장소인 개러지 garage 로 구성되어 있다. 피트 레인의 양 끝은 트랙과 연결되어 있어서 차량은 피트에서 트랙으로 나가거나 반대로 트랙에서 피트로 들어올 수 있다. 경기에 참가하는 팀은 사무국으로부터 개러지 가운데 일정한 공간을 분배 받아서 이곳에 차량과 장비를 보관하고 팀의 직원들이 차량의 유지 보수를 비롯하여 경기에 관련된 여러 가지 업무를 볼 수 있는 공간으로 활용할 수 있다.

경기가 진행되고 있을 때 트랙을 주행하던 차량이 연료를 넣거나 타이어를 바꾸기 위해서, 또는 사고나 고장으로 문제가 생겼을 때 이를 수리하기 위해서 피트로 들어와서 팀의 개러지 앞에서 멈춰서거나 개러지 안으로 들어가는 모습을 볼 수 있다. 이렇게 차량이 주행 도중에 피트로 들어와서 작업을 마치고 다시 트랙으로 복귀하는 것을 피트 스톱 pit stop이라고 한다. 0.001초를 다투는 모터스포츠에서는 타이어를 바꾸거나 연료를 넣는 작업에서 수분의 1초에서 많게는 몇 초까지 차이가 날 수 있으며, 이 때문에 피트 스톱 과정에서 순위가 뒤바뀌는 일은 흔하게 볼 수 있다. 따라서 각 팀은 피트 스톱을 최대한 짧게 하기 위해서 특별히 잘 훈련되고 조직된 요원을 필요로 한다. 이들을 피트 크루 pit crew라고 부른다.

포스트

트랙의 곳곳에는 도로 옆에 포스트 post가 설치되어 있다. 포스트는 트랙을 주행하고 있는 드라이버들에게 깃발 또는 사인 보드로 여러 가지 신호를 제공하며, 포스트에 있는 오피셜들은 주변에서 벌어지는 사고나 드라이버의 규정 위반과 같은 각종 상황을 레이스 컨트롤에 보고하고 그에 따라 적절한 지시를 받아서 필요한 조치를 한다.

한편 결승선, 또는 출발선 옆에는 메인 포스트 main post가 있으며, 이곳에서는 다른 포스트에서는 내지 않는 특별한 종류의 신호를 낸다. 여기에는 경기의 시작 또는 종료를 뜻하는 깃발, 드라이버들에 경고 또는 벌칙이 부과되었음을 알리는 깃발, 차량에 문제가 있으므로 피트로 들어오라는 깃발 신호와 같은 것들이 포함된다.

컨트롤 타워

결승선, 또는 출발선과 가까운 곳의 피트에는 컨트롤 타워 control tower 가 있다. 이 컨트롤 타워는 레이스 컨트롤의 사무실로 쓰이며, 심사위원회, 레이스 디렉터, 경기위원장과 이들을 돕는 오피셜들이 일하는 장소이기도 하다.

패독

패독 paddock 은 피트 뒤편에 마련되어 있는 특정한 구역을 뜻한다. 이곳은 팀 관계자와 오피셜, 특별히 출입 허가를 받은 미디어 관계자나 관람객들만이 들어올 수 있으며, 팀이나 오피셜의 이동식 업무 공간이나 경기 관련 예비 차량 또는 물품을 설치 및 보관하는 장소로 쓰이기도 하고, 모든 경기 차량을 보관하기에는 개러지의 수가 부족할 때에는 패독에 추가로 임시 개러지를 가설하고 차량을 보관하기도 한다. 특별히 출입허가를 받은 관람객들을 위한 프로모션 행사가 진행되기도 한다.

관람 영역

경기장에는 경기를 보러 온 관람객들이 출입할 수 있는 영역들이 마련되어 있다. 출발선과 결승선 옆, 또는 흥미로운 장면이 자주 펼쳐지는 주요한 트랙 지점 옆에는 관람객들이 좌석에 앉아서 경기를 볼 수 있는 그랜드스탠드 grandstand 가 마련되어 있으며 그밖에 여러 지점에도 관람 시설이 마련되어 있다. 이러한 공간은 차량이 사고를 일으켰을 경우에 차량 또는 파편이 관람객들을 덮치는 일이 벌어지지 않도록 펜스와 철조망 같은 안전시설로 트랙과 분리되어 있다. 그밖에 관람객들의 편의를 위한 화장실, 식음료나 기념품 판매 장소와 같은 상업 시설도 그 주변에 마련된다.

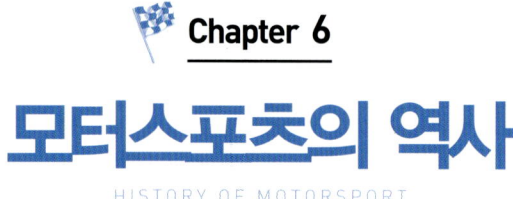

Chapter 6
모터스포츠의 역사
HISTORY OF MOTORSPORT

6.1 세계의 모터스포츠 [8]

모터스포츠의 역사는 자동차의 역사라도 해도 과언은 아니다. 첫 자동차 경주는 처음으로 성공적인 휘발유 엔진 자동차가 만들어진 직후에 시작되었다. 처음으로 조직된 레이스는 1887년 4월 28일에 개최되었다는 설이 있다. 이 경기는 파리에서 발간되었던 자전거 잡지인 〈르 벨로시페드〉의 편집장이었던 포시에르와 유럽의 자동차 회사가 주도했으며, 프랑스 파리의 뇌이이 다리에서 불로뉴 숲까지 2 킬로미터 구간에서 열렸다. 이 경기의 우승자는 드 디옹 부통 사의 조르쥬 부통으로 알려져 있다. 그가 몰았던 차량은 무게 50kg, 출력은 단 1 마력이었다고 한다. 그러나 이 경기에 실제로 참가한 사람은 조르쥬 부통 뿐이었던 것으로 알려져 있기 때문에 경쟁이라는 스포츠의 필수 요건을 갖추었다고 보기에는 어려운 점이 있다. 이 경기가 개최된 시

---

[8] 이 부분은 위키피디아의 'Auto Racing' 항목에 있는 역사 부분의 내용을 바탕으로 하고 있다(http://en.wikipedia.org/wiki/Auto_racing#History).

기는 독일의 엔지니어 카를 벤츠가 처음으로 휘발유 엔진 자동차를 만든 1885년으로부터 겨우 2년 뒤였다.

초기의 모터스포츠

역사적으로 최초의 모터스포츠 경기는 1894년 7월 23일, 프랑스 파리에서 루앙에 이르는 구간에서 벌어진 경기로 간주되고 있다. 이 경기는 파리에서 발간되었던 잡지인 〈르 프티 주르날〉이 개최했으며 잡지에서는 안전하며, 운전하기 쉬우며, 여행에 드는 비용이 저렴한 '말이 없는 마차'를 위한 경주라면서 대대적으로 홍보했다.

102명의 선수가 10 프랑의 참가비를 지불하고 경기에 참가했으며 69대의 차량이 50 킬로미터 구간에서 열린 사전 경기에 참가해서 파리에서 루앙까지 127 킬로미터 구간에서 벌어지는 메인이벤트에 참가할 선수 25명을 뽑았다. 이 경기에는 자동차를 가진 아마추어 선수들은 물론 푸조와 드 디옹 같은 프랑스의 자동차 회사까지 참가했다. 메인이벤트에서 가장 먼저 결승점을 통과한 드 디옹 자동차 회사의 창업자 줄-알베르 드 디옹은 127 킬로미터를 6시간 48분에 완주하여 평균 시속 48 킬로미터를 기록했다. 그러나 공식 우승자는 그 뒤에 들어온 푸조의 알베르 르매트르로 기록되었다. 드 디옹의 증기기관 엔진 자동차는 연료를 넣어주는 사람인 화부를 필요로 했고, 이는 경기의 목적에 부합하지 않는 것으로 간주되었기 때문이다.

미국에서는 1895년 추수감사절에 최초의 자동차 경주인 시카고 타임즈-헤럴드 레이스가 개최된다. 이 경기는 시카고 남부의 87.48 킬로미터 구간에서 개최되어 프랭크 듀이어가 다섯 명의 경쟁자를 물리치고 10시간 23분의 기록으로 우승을 차지했다.

1897년에는 프랑스 니스에 최초로 정규 경기 개최지가 마련되었고(그러나 전용 경기장은 아니었다), 이를 계기로 스프린트, 힐클라임, 드래그 레이스와 같은 다양한 형태의 경기들이 속속 등장했다.

첫 국제 대회는 〈뉴욕 헤럴드〉의 소유주였던 미국의 백만장자 제임스 고든 베넷

2세가 프랑스에서 주최한 고든 베넷 컵이었다. 베넷은 1899년에 당시 유럽의 모터스포츠를 주도하고 있던 프랑스 자동차 클럽 Automobile Club de France, AFC 에게 여러 나라의 클럽이 참여하는 대회를 해마다 개최하자는 제안을 한다. 그리고 1900년에 파리에서 리옹까지 568.86 킬로미터 구간에서 첫 대회가 개최되어 프랑스의 페르낭 샤롱이 9시간 9분의 기록으로 우승을 차지한다. 이 경기에는 프랑스 말고도 벨기에와 미국, 독일 선수가 참가했지만 모두 완주에 실패했다.

초기 모터스포츠 경기들은 주로 한 도시에서 다른 도시까지 가는 일반 도로를 활용한 레이스였고, 이는 좋은 흥행 성적을 거두었다. 그러나 1903년에 파리-마드리드 레이스 도중에 마르셀 르노(그는 프랑스의 자동차 회사 르노의 공동 설립자이기도 했다)가 사고로 목숨을 잃는 사건이 벌어졌다. 이후에도 경기 도중에 드라이버는 물론 보행자까지 목숨을 잃는 일이 속출하자 프랑스 정부는 보르도 지역의 레이스를 중지시키는 한편으로 일반 도로에서 열리는 레이스를 한때 금지하기도 했다.

1908년에는 역사상 가장 긴 거리의 레이스가 개최되었다. 이 경기는 뉴욕에서 출발하여 파리까지 이어지는 구간에서 열렸으며, 중간에 샌프란시스코에서 시애틀과 일본의 요코하마를 거쳐서 러시아 블라디보스톡까지 차량과 선수를 배로 운송했다. 169일 동안 22,000 마일(약 35,404km)에 걸친 구간에서 벌어진 이 경기에서는 미국의 조지 슈스터가 우승을 차지했다.

한편 프랑스 남부에 있는 모나코 공국에서는 1911년 1월에 몬테 카를로 랠리가 개최되었다. 이전에 개최되었던 도시간 레이스도 랠리와 비슷한 형태로 볼 수 있지만 이 경기에서 처음으로 '랠리' 라는 용어를 쓴 것으로 여기고 있다.

최초의 전용 서킷

모터스포츠는 대영제국의 식민지를 통해서 점차 바깥으로 퍼져 나갔다. 인도에서는 1905년에 서인도 자동차조합에서 주최하여 델리에서 뭄바이까지 1,300 킬로미터 구간에서 열린 경기가 최초의 모터스포츠 경기로 기록되어 있다.

1907년 영국 서레이의 브루클랜드는 세계 최초로 만들어진 모터스포츠 전용 경기장이다. 1939년까지 운영되었던 이 서킷은 한쪽 중간부가 움푹 들어간 모양의 타원형을 이루고 있었으며, 콘크리트 포장도로로 길이는 4.43 킬로미터였다. 이곳에서는 1907년 6월에 최초로 24시간 레이스가 열렸으며, 비행장으로 쓰이기도 했다. 지금은 이곳의 모터스포츠와 비행 역사를 기념하는 브루클랜드 박물관이 운영되고 있다.

미국에서는 1909년에 인디애나폴리스 모터 스피드웨이가 개장했으며, 지금도 미국에서 가장 인기 있는 모터스포츠 이벤트인 인디 500이 이곳에서 열리고 있다. 개장 당시에는 트랙을 벽돌로 포장했으며, 이를 기념하기 위해서 지금도 출발선 앞 1야드는 옛 벽돌 포장을 그대로 남겨놓고 이를 브릭야드 brickyard로 부르고 있다.

그랑프리 모터 레이스의 태동

1906년, 프랑스 자동차 클럽 ACF에서는 처음으로 그랑프리 Grand Prix라는 이름을 붙인 서킷 경기를 프랑스 르망에서 개최했다. 서킷은 삼각형 모양의 105 킬로미터 길이였으며 이틀 동안 개최된 경기에서 선수들은 날마다 이 구간을 여섯 바퀴씩, 총 12 바퀴를 돌았다. 당시 가장 성능이 좋은 차량으로 한 바퀴를 도는 데 약 1시간이 걸렸다고 한다. 또한 관중들의 안전을 위해서 여러 구간에 울타리를 설치하고 경기 차량이 시가지를 지날 때에는 속도를 줄이고 앞지르기를 하지 못 하도록 했으며, 출발/결승점에는 2천 석 규모의 그랜드스탠드와 피트 레인을 구축했다. 오늘날의 서킷 경기와 거의 비슷한 모습을 갖춘 것이다.

이 경기에는 르노, 피아트, 메르세데스를 비롯하여 프랑스, 독일, 이탈리아의 12개 자동차 회사가 참가하여 32대의 차량이 레이스를 벌였다. 이 중 10대가 완주했고 우승자는 헝가리 출신의 페렌 시스였다. 우승자의 상금은 45,000 프랑으로 이는 금 13 킬로그램에 해당되는 액수였다고 한다.

1908년에는 처음으로 프랑스 바깥에서 그랑프리 경기가 개최되었다. 미국 조지아주 서배너에서 열린 그랜드 프라이즈Grand Prize, Grand Prix는 40.434 킬로미터의 서킷을 16 바퀴 돌아서 승패를 겨뤘으며 프랑스의 루이 바그네르가 피아트 차량으로 우승을 차지했다. 한편 프랑스 바깥의 유럽 지역에서 벌어진 첫 번째 그랑프리는 1921년 이탈리아 브레시아에서 열린 이탈리아 그랑프리였다. 그 이후로는 벨기에와 영국을 비롯한 여러 유럽 국가로 개최지가 확대되었다.

그랑프리 경기는 그 시작부터 엔진 크기와 차량의 무게에 관한 엄격한 규정을 가지고 있었다. 그런데 당시에는 차량 무게 규정이 최대 상한선을 규정하고 있었다. 최소 하한선을 규정하고 있는 지금과는 정 반대인 것이다. 메르세데스-벤츠의 경주용 자동차에 붙어 있는 애칭인 실버 애로우즈Silver Arrows는 1934년에 메르세데스-벤츠가 무게를 줄이기 위해서 차량에 색칠을 하지 않으면서 은색 알루미늄 합금 차체가 그대로 드러났기 때문에 붙은 것이었다. 1927년부터는 그랑프리 경기가 급속도로 늘어나면서 1927년에는 다섯 경기였던 것이 1934년에는 18 경기까지 늘어났다.

국제자동차연맹의 탄생

자동차 산업과 모터스포츠의 발전에 따라서 유럽 각국에서는 자동차 클럽이 생겨났고, 이러한 추세 속에서 국제적인 연합 조직을 만들 필요성도 계속 커졌다. 1904년 6월 20일에 국제공인자동차클럽연합Association Internationale des Automobile Clubs Reconnus, AIACR이 파리에서 창립되었다. 이후 AIACR은 국제자동차연맹Fédération Internationale de l'Automobile, FIA으로 이름을 바꾸고 1922년에는 그랑프리 레이스와 그밖에 다른 국제 경기에 관한 업무를 자율적 권한을 가진 조직인 국제스포츠위원회Commission Sportive Internationale, CSI에 위임했다. CSI는 뒤에 국제자동차스포츠연맹Fédération Internationale du Sport Automobile, FISA로 이름이 바뀌었다. 1993년에 FIA 조직이 개편되면서 FISA는 해체되었고 이에 따라서 다시 FIA가 모터스포츠를 직접 관할하게 되었다.

제2차 세계대전 직전의 모터스포츠

1933년 모나코 그랑프리에서는 오늘날 볼 수 있는 것과 같이, 랩 타임 기록에 따른 예선 제도가 처음으로 도입되었다(이전에는 제비뽑기로 그리드 순서를 결정했다). 이 당시에는 각 나라를 상징하는 색깔을 자동차에 입혔다. 이는 규정으로 의무화된 것은 아니지만 관례로서 정착되었다. 영국은 녹색, 프랑스는 파란색, 이탈리아는 빨간색, 벨기에는 노란색, 그리고 독일은 흰색을 썼다.

1920년대까지 그랑프리 경기는 주로 프랑스 자동차들의 독무대였으나 그 이후로는 알파 로메오, 마세라티와 같은 이탈리아 차량들이 경쟁력을 가지고 프랑스 차량을 이기는 일들이 자주 벌어졌다. 1930년대에 들어서는 나치가 독일에서 득세하면서 메르세데스와 아우토 우니온 Auto Union, 지금의 아우디의 그랑프리 레이스 팀을 정책적으로 육성했다. 이 두 회사는 1935년부터 1939년까지 단 세 차례를 제외하고 모든 그랑프리 경기를 우승할 정도로 막강한 실력을 과시했다.

1923년 5월 26일에는 르망 24시 경주가 처음으로 개최되었다. 이는 24시간 동안 경기를 진행해서 가장 많은 거리를 달린 선수가 우승하는 방식으로서 지금까지도 세계에서 가장 유명한 내구 레이스로 손꼽히고 있다.

월드 챔피언십의 탄생

그랑프리 레이스는 1906년부터 시작되었고, 일종의 국가 대항전과도 같은 성격을 가졌지만 아직 월드 챔피언십이라는 개념으로 발전한 것은 아니었다. 개별 경기를 묶어서 하나의 월드 챔피언십을 만드는 개념이 논의되기 시작한 것은 1923년 AIACR 정기 총회에서였다. 1923년 이탈리아 몬차에서는 처음으로 유럽 그랑프리가 개최되었고, 1925년에 첫 월드 챔피언십이 열렸다. 이 챔피언십은 미국의 인디 500과 벨기에, 프랑스, 이탈리아 그랑프리, 이렇게 네 경기로 구성되어 있었으나 자동차 회사의 순위를 가리는 매뉴팩처러 챔피언십 Manufacturers' Championship만을 운영했다.

또한 각 경기의 포인트도 지금과는 반대로 순위가 높을수록 더 적은 포인트를 얻음으로써 포인트가 가장 적은 회사가 우승을 차지하는 방식으로 계산되었다. 첫 매뉴팩처러 챔피언십의 우승 회사는 이탈리아의 알파 로메오였다. 드라이버 챔피언십이 처음으로 선보인 것은 1935년 유럽 챔피언십으로 1939년에 제2차 세계대전이 벌어지기 전까지 해마다 개최되었다.

포뮬러 1, 그리고 나스카의 탄생

미국의 윌리엄스 프랜스 주니어는 지금까지도 미국에서 가장 인기 있는 모터스포츠 챔피언십이며 전미미식축구리그NFL 다음으로 미국에서 인기 있는 스포츠 시리즈인 나스카NASCAR 챔피언십을 조직, 1949년 6월 19일 플로리다 데이토나 비치에서 첫 경기를 개최했다. 이후 여러 차례의 개선과 발전을 거쳐서 1960년대 중반까지는 지금과 같이 일반 차량의 모습을 가진 전용 경주용 자동차인 스톡 카 레이스로서 그 형태를 확립한다.

한편 세계대전 동안 모터스포츠가 거의 중단되다시피 한 유럽에서는 전쟁 뒤에 다시금 스포츠카 경주가 부활하고 있었다. 1946년, 당시 FIA로부터 모터스포츠에 관한 관할권을 위임 받고 있었던 CSI에서는 포뮬러 1이라는 개념을 처음으로 정의했다. 이는 전 세계 최고 수준의 1인승 레이스 경주라는 개념을 가지고 1948년부터 효력을 갖게 되었다. 처음에는 포뮬러 A, 포뮬러 I, 그리고 포뮬러 1라는 이름이 혼용되었으며, 이들은 각각 하위 개념인 포뮬러 B, 포뮬러 II, 그리고 포뮬러 2에 대응되었다. 1950년에 500cc 엔진의 포뮬러 카가 국제적으로 포뮬러 3이라는 이름으로 확정되면서 그 상위의 개념들도 각각 포뮬러 1, 포뮬러 2로 확정되었다.

초기의 포뮬러 1 규정은 세계대전 이전의 규정에 바탕을 두고 있었으며, 과급 엔진에 대해서는 1.5 리터를, 자연흡기 엔진에 대해서는 4.5 리터 배기량을 허용했다. 새로운 규정으로 열린 첫 대회는 1946년 9월 1일에 이탈리아 토리노에서 열린 토리노 그랑프리였으나, 아직 포뮬러 1 월드 챔피언십이라는 정식 이름을 갖지는 못했다.

그러던 중 1949년에 모터사이클 월드 챔피언십이 개최되면서 FIA는 이에 대한 대응으로 1950년, 드디어 포뮬러 1 규정에 바탕을 둔 포뮬러 1 월드 챔피언십을 정식으로 발족시킨다. 첫 월드 챔피언십은 여섯 차례의 유럽 경기, 그리고 미국의 인디 500으로 구성되었으며 페라리, 알파 로메오, 마세라티와 같은 이탈리아 자동차 회사들이 챔피언십을 압도했다. 포뮬러 1의 첫 월드 챔피언의 영광을 차지한 드라이버는 이탈리아 출신의 쥬세페 파리나로서, 영국, 스위스, 그리고 이탈리아 그랑프리에서 우승을 차지함으로써 30 포인트를 획득, 27 포인트의 후안 마뉴엘 판지오(아르헨티나)를 물리쳤다. 최초의 포뮬러 1은 지금과 마찬가지로 높은 순위를 차지한 드라이버에게 더 많은 포인트를 주는 시스템을 채택했으며 1위부터 5위까지 각각 8, 6, 4, 3, 2 포인트를 수여하고 레이스에서 가장 빠른 랩 타임을 기록한 드라이버에게도 1 포인트를 주었다.

제2차 세계대전 이후 모터스포츠의 발전

미국에서는 나스카, 유럽에서는 포뮬러 1이 가장 인기 있는 모터스포츠 시리즈로서 그 위상을 다져 나가는 한편으로 다양한 형태의 모터스포츠도 세계 각지에서 발전해 나갔다. 1966년부터 북미 지역에서 개최된 스포츠카 챔피언십인 캐나디안-아메리칸 시리즈 Can-Am Series 는 미국 이외에도 유럽의 유명 팀들과 드라이버들도 참가했으며 그 가운데에는 브루스 맥클라렌, 잭 브라밤, 마리오 안드레티, 재키 스튜어트를 비롯한 당시의 정상급 포뮬러 1 드라이버들도 포함되어 있었다. 한편 2차 대전 이후 유럽에서는 스포츠카 경기가 확대 추세를 보여 1953년 FIA는 이에 관련된 월드 챔피언십 대회를 공인했다.

1980년대에는 포뮬러 1의 상업적인 권리 및 수익 배분을 비롯한 여러 가지 문제를 둘러싸고 FIA로부터 권한을 위임 받은 FISA와 F1 팀들의 연합체인 FOCA 사이에 주도권 전쟁이 벌어졌다. 결국 이 다툼은 FOCA의 승리로 끝나면서 FIA 체제의 변화로까지 이어졌다. 1981년, FIA와 포뮬러 1 팀들, 그리고 FOCA를 이끌고 있던 버니 에클레스톤의 포뮬러 원 어드미니스트레이션 Formula One Administration, FOA 사이에는 포뮬러 1의 운영과 상업적 권한, 수익 배분과 같이 경기의 조직과 운영의 주요한 뼈대를 이루는 문제에 대하여 합의한 콩코드 협정 Concorde Agreement 이 체결되었으며, 이에 따라서 포뮬러 1의 상업적인 권한은 FOA에 위임되어 명실상부한 F1 프로모터가 되었다. 지금까지도 포뮬러 1의 운영은 이 콩코드 협정(이후 몇 차례 개정되었다)에 기반을 두고 있다.

  1990년대에는 F1 역사상 가장 많은 인기를 누려 왔던 드라이버 가운데 한 명인 아일톤 세나가 1994년 산 마리노 그랑프리에서 사고로 목숨을 잃으면서 전 세계 모터스포츠 팬들이 큰 충격을 받았으며, 이를 계기로 FIA에서는 모터스포츠의 안전을 대폭 향상시키기 위한 다양한 방안들을 모색하였다. 이 사건 이후로 아직까지는 F1에서 드라이버가 경기 중 사고로 목숨을 잃은 사례는 없다.

6.2 한국의 모터스포츠

태동기(1987~1993)

우리나라에서 초보적인 형태이나마 자동차 경주가 처음으로 시도된 것은 1980년대 중후반에 접어들어서다. 서구의 모터스포츠가 19세기에 시작된 데 견주면 100여년의 차이다.

  국내 자동차 경주의 원년은 1987년이다. 이전에도 자동차를 이용하여 속도를 즐기는 행사가 있었으나 명확한 규정이나 운영 시스템을 갖추고 있지 않았기 때문에 진정한 의미의 모터스포츠와는 거리가 있었다. 예를 들어, 1983년 9월 12일 서울 잠실

(현 롯데월드 부지)에서 동호인 22명이 스프린트 레이스 형태의 행사를 가졌으나 규정에 근거하여 기록을 남기는 스포츠라기보다는 자동차 관련 이벤트의 일종이었다.

대한민국 최초의 자동차 경주가 열린 시점에 대해서는 두 가지 엇갈린 견해가 있다. 1987년 3월 19일 강원도 용평을 무대로 한 랠리 형태의 이벤트인 제1회 한국자동차경주대회를 최초의 자동차 경주로 보는 견해와, 같은 해 5월 31일 인천 영종도 북부에서 치러진 제2회 한국자동차경주대회를 명실상부한 최초의 경주로 보는 견해가 그것이다.

먼저 3월에 열린 강원도 용평 대회는 원릉·인제·남면·운두령·진부·횡계 등을 거쳐 용평 스키장에 도착하는 150km 구간에서 일종의 랠리 형태로 기획되었다. 그러나 경기 도중 차량이 움직일 수 없을 정도로 폭설이 내려 경기 규정이나 제한 시간 등이 지켜지지 않은 채 결승점을 통과한 차례에 따라서 임의대로 순위가 정해졌다. 이 때문에 이 대회를 정식 경기로 인정할 수 있는가에 대한 논란이 있는 것이다. 당시 첫 번째로 결승점을 주파한 이는 박권춘(현대 프레스토)이었다.

이어 5월에 열린 영종도 경기는 1.6km 비포장 코스를 임시로 조성해 이를 다섯 바퀴 도는 국내 최초의 스피드 레이스였다. 이 때문에 제2회 대회임에도 불구하고 앞선 3월 경기 대신 영종도 대회를 보다 온전한 의미에서 국내 최초의 자동차 경주로 보는 견해가 있는 것이다. 이 영종도 대회에는 배기량 1,500cc 이하의 국산차 17대(포니1, 엑셀, 프레스토, 르망, 프라이드 등)가 참가했으며, 프라이드로 참가한 박정룡이 우승을 차지했다.

이밖에도 1987년에는 두 차례의 이벤트가 더 열려서 새롭게 시도된 자동차 경주에 대한 관심을 입증했다. 이 해에 국제자동차연맹의 규정에 가까운 신호 깃발이 처음으로 등장했고 우승자에게 상금을 주는 프로페셔널 스포츠로서 대회 운영 방식도 시도되었다.

당시 열린 여러 경기들을 통해서 모터스포츠 동호인 모임이 여럿 형성되었으며 이들 조직은 자연스럽게 레이싱 팀으로 진화해 갔다. 이듬해인 1988년, 한국 모터스포츠가 2년차에 접어들며 그랑프리 코리아 자동차경주대회, 월드9000 자동차경주대회 등이 개최되었다. 단발성 대회가 아닌 같은 이름으로 여러 경기를 이어 나가는 시리즈의 형식이 태동한 때다.

초기 국내 모터스포츠에는 아직 차량이나 경기 규정이 명확히 정립되어 있지 않았다. 대신 참가자들 사이에 이견이 생길 경우 각 팀장의 합의를 통해 문제를 해결했다. 1988년 5월 14~15일 충남 서산에서 열린 제1회 월드9000 자동차경주대회에서는 박정룡이 예선에서 다른 참가자를 압도하는 성적을 내자 팀장 회의를 통해 결승 출발 순서를 맨 뒤로 돌린 사례도 있었다.

1988년 11월 6일에는 인천 송도비치호텔 앞 매립지에서 88 한일 카레이스라는 이름으로 해외 드라이버 초청 경기가 열렸다. 당시 일본인 드라이버 3명이 이 경기에 참가해 국내 경기에 참가한 첫 번째 외국인으로 기록되었다.

이 시점 전후로 이어진 일본과의 인연은 초창기 우리 모터스포츠에 많은 영향을 주었다. 이듬해인 1989년부터는 황운기, 윤철수, 정용호를 비롯한 국내 드라이버들이 일본 닛산 마치 레이스에 참가하는 등 한·일간에 활발한 교류가 이어졌다.

1989년에는 자동차의 제조사별로 클래스를 구분하는 원메이크 형식이 처음 시도되었다. 그 해 5월 20~21일 인천 영종도에서 열린 89챌린지컵 그랑프리 대회는 제조사별로 현대전, 기아전, 대우전, 이렇게 3개 클래스로 나누어 열렸다. 당시 독보적인 성적을 냈던 기아 프라이드 차종의 독주를 막고 자동차 메이커의 참여를 촉진하기 위한 조치였다.

국제자동차연맹 규정에 바탕을 두고 배기량으로 참가 그룹을 구분한 클래스 제도는 이듬해인 1990년에 처음 등장했다. 1990년 5월 12~13일 인천 영종도에서 열린 챌린지컵 자동차경주대회 제1전은 전년도에 시작된 원메이크 3개 종목 말고도 2,000cc 이하 차종을 대상으로 한 그룹A 부문이 신설되었다. 이 경기에는 원메이크 차량 55대, 그룹A 차량 39대가 참가했다.

1991년에는 짐카나 형식의 자동차 경주도 국내에 소개되었다. 4월 7일 부산에서 열린 제1회 슬라럼 대회가 그 주인공이다. 이 대회는 개최지인 부산의 모터스포츠 열기를 확산시키는 계기가 되며 당시로는 대규모였던 120여명의 참가자를 동원했다. 당시 남자부에 참가한 홍성렬과 여자부 원형신이 국내 첫 우승자로 기록되고 있다.

같은 해 열린 91 코리아 챌린지 안산 레이스에서는 경주차가 관중석으로 뛰어들어 안전요원과 관중을 비롯해서 10여 명이 부상을 당하는 사고가 일어나서 모터스포츠의 안전 문제에 대한 경각심을 일깨웠다.

1991년 10월 19~20일에는 충청남도 몽산포 해수욕장에서 내구 레이스 개념을 처음 시도한 몽산포 내구 레이스가 열렸다. 비포장 4km 트랙을 50 바퀴 달린 이 경기에서는 참가한 24대 가운데 단 8대만이 완주를 했다.

1992년에는 한국 모터스포츠 역사에 한 획을 긋는 소식이 전해졌다. 중앙개발(현 에버랜드)이 경기도 용인에 자동차 경주 전용 경기장을 만든다고 발표한 것이다. 이 계획이 공표되면서 국내 모터스포츠의 발전 가능성에 대한 희망이 커졌고 1992~1993년 사이에 전국적으로 20여개 자동차 경주 대회가 잇따라 열리게 되었다. 자동차 경주장이 등장한다는 소식이 드라이버와 팀의 수를 크게 늘린 원동력이 된 셈이다.

이와 같이 명실상부한 모터스포츠 경기가 처음으로 시작된 1987년부터 용인 경기장의 윤곽이 드러난 1993년까지를 국내 모터스포츠의 태동기로 볼 수 있다. 대한민국 초기 모터스포츠는 자동차 회사의 주도가 아닌, 비상업적이며 순수한 열정을 앞세운 동호인(팀) 모임에서 잉태되었다. 이는 엔진 및 섀시 제조사들의 주도로 모터스포츠를 발전시켜온 서구와 비교할 때 가장 큰 차이점이다.

성장기(1993~1998)

에버랜드 스피드웨이(당시 자연농원 모터파크)의 개장은 우리나라 모터스포츠 역사에서 가장 중대한 분기점이다. 경기도 용인 에버랜드 부지 안에 길이 2.125km 규모로 조성된 이 경기장은 국내 최초의 포장도로 서킷이었다. 경기장은 1994년 완공되었으나 기초 공사를 벌이고 있던 1992~1993년에도 비포장 상태의 트랙에서 레이스가 열렸다. 당시 경기마다 평균 200여 명의 오피셜이 참가해 이전과 비교할 수 없을 만큼 규모가 크고 체계적인 레이스 운영을 선보인 것도 의미 있는 발전이었다. 코스와 패독, 그리고 관중 공간이 분리되면서 오피셜의 배치와 업무 영역도 자리를 잡아갔다.

한편 1993년 기아자동차는 파리-다카르 랠리에 스포티지 2대를 출전시켜서 첫 국제대회 도전에 나섰다. 이전에도 해외에 살던 한국인들이 개인 자격으로 참가한 적은 있었지만 자동차 회사 차원에서 참가한 것은 1993년이 처음이었다. 당시 기아자동차는 스포티지 출시에 앞서서 차량의 성능 홍보 차원에서 랠리에 참가했으나 아깝게도 완주에는 실패했다.

그런데 1994년, 이탈리아의 드라이버 겸 튜너인 G. 미스마라가 쌍용자동차의 코란도 훼미리를 개조하여 개인자격으로 파리-다카르 랠리에 참가했다. 미스마라는 이 경기에서 8위로 완주하는 놀라운 성적을 거두었다. 이 때문에 유럽에서 코란도 훼미리 주문이 들어오는 일까지 벌어지자 쌍용자동차는 회사 차원에서 팀을 구성하고 1995년부터 1997년까지 파리-다카르 랠리에 참가해서 10위권으로 완주하는 좋은 성적을 거두었다.

1994년에는 자연농원 모터파크의 포장 공사가 마무리되었다. 그러나 법률에 따른 인허가 절차가 모두 끝나지 않아 그 해에는 정식 경기를 열지 못했고, 대신 합동 훈련의 형태로 7회의 레이스가 열렸다. 그리고 1995년, 한국 모터스포츠는 역사적인 온로드 레이스의 시대를 맞이한다. 3월 18~19일, 프로 레이스 시리즈의 탄생을 알리는 첫 서킷 대회가 열린 것이다. 이후 10여 년간 최정상 간판 대회로 자리하게 된 한국모터챔피언십 시리즈의 시작이었다.

이 대회는 1995년 원년에 7라운드 경기를 치르며 순위에 따라 득점을 부과하는 연간 종합 포인트 제도를 처음으로 선보였다. 또한 경기 조직에서도 커다란 진전을 이루었다. 주최 측인 조직위원회를 중심으로 심사위원회와 경기위원회가 구분되어 있었고, 코스, 관제, 기록, 피트, 패독, 구급위원회와 사무국이 설치되는 등 선진적인 경기 조직의 형태를 갖추었다.

레이싱 팀 역시 변화를 맞는다. 후원 기업의 참여가 활발히 이루어지면서 1995년을 기점으로 오일뱅크, 인터크루, 인터내셔널 등 대기업 또는 중견기업의 스폰서십을 바탕으로 한 프로 팀이 속속 등장했다.

온로드 경주 출범 첫 해의 종합 챔피언은 당시 최고 종목이었던 투어링A 클래스에서 최고 득점을 기록한 박정룡(당시 인터내셔널/기아 콩코드)이었다. 박정룡은 1987년 모터스포츠의 원년에도 우승의 영광을 차지한 주역으로 한국 최초의 온로드 시리즈에서도 첫 챔피언이 되는 영예를 안았다.

온로드 경주장의 탄생에 따라 모터스포츠에 대한 사회적 위상이 높아지면서 관할 기구에도 변화가 생겼다. 1996년, 국제자동차연맹은 사단법인 한국자동차경주협회에 1국가 1단체만 인정하는 ASN 자격을 부여했다. 이후로 한국자동차경주협회는 국내 모터스포츠를 주관하는 대표 기구로 자리하게 된다.

한편 1996년 시즌에도 용인에서는 일곱 차례에 걸쳐서 온로드 챔피언십 경주가 열렸다. 이와 별도로 새로운 시도였던 온로드 내구 레이스도 한 차례 열렸는데, 이 경기는 국내에서 처음으로 롤링 스타트 방식을 채택한 레이스로 기록되고 있다.

이어진 1997년에는 국내 최초로 포뮬러 경주가 도입되었다. 1,800cc급 엔진을 얹은 F1800 종목이 시즌 후반에 첫 선을 보인 것이다. F1800은 일본의 F4급 경주차를 들여와 국산화한 섀시를 사용했으며, 이듬해부터 본격적인 시리즈 대회로 자리를 잡는다. 이 종목은 2008년까지 유지되었지만 경주차가 노후화되고 참가자가 줄어들면서 결국 폐지되었다.

1998년은 한국 모터스포츠 드라이버의 세대를 가르는 분수령으로 기록되고 있다.

그 해 한국모터챔피언시리즈 최고 종목인 투어링A 챔피언은 당시 프로팀 오일뱅크 소속 윤세진이었다. 윤세진은 용인 경기장이 개장하기 전부터 활동하던 1세대가 아닌, 1995년 이후에 등장한 2세대 드라이버 가운데 최초의 종합 우승자로 기록되며 세대교체의 상징적 인물이 되었다. 윤세진은 이후 현역으로 활동한 기간 동안 누적 공식 기록으로 37승을 거두며 2012년까지 최다승 드라이버의 기록을 유지하고 있다.

1998년에는 연간 500대 이상 판매된 대량 생산 차량에 한해서만 경주차 출전 자격을 인정하던 제도가 폐지되면서 기아 슈마 2.0, 대우 라노스 1.6, 현대 액센트 1.6을 비롯, 국내에는 시판되지 않던 배기량의 모델들이 모터스포츠에 등장해 눈길을 끌었다. 이를 통해 당시 자동차 제조사들의 모터스포츠에 대한 높은 관심을 엿볼 수 있다.

국제화기(1999~2007)

자동차 경주의 인기가 높아지면서 국내 무대를 넘어 국제 이벤트를 유치하는 노력들이 이어졌고 드디어 1999년에 그 결실을 맺었다. 1999년 11월 한국 최초의 국제 자동차 경주 대회인 F3 코리아 슈퍼프리가 경남 창원에서 개최되었다. 국내 모터스포츠의 도약 발판이 된 이 경기에는 이명목, 김정수, 조경업 등 국내 선수 3명도 참가해 한국인 드라이버의 세계 진출을 위한 계기가 되었다.

2003년까지 5년간 계속된 F3 코리아 슈퍼프리는 우리 모터스포츠가 국제 무대를 배우고 익힐 수 있는 기회를 제공함으로써 이후 경기 운영 능력을 크게 성장시키는 밑거름이 되었다. 또한 젠슨 버튼, 니코 로스베르크, 루이스 해밀턴을 비롯해서 현재 F1에서 활약하고 있는 여러 선수들이 이 경기에 참가했다. 창원종합경기장 주변 도로를 임시 시설물로 막아서 만든 경주 코스는 국내 첫 시가지 서킷으로 기록되었으나 2003년 마지막 경기 이후 주요 시설을 철거해 더 이상 활용되지 못하고 있다.

1999년 2월 6~7일 강원도 평창에서는 눈길 트랙에서 경주를 펼치는 스노우 레이스가 처음으로 시도되었다. 또 같은 해 7월 25~27일에는 국내 첫 랠리 대회인 평창

랠리가 열려 온로드 시대가 펼쳐지면서 위축되어 가던 비포장도로 경기의 새로운 가능성을 타진하는 실험이 이루어졌다.

새로운 세기를 연 2000년에는 당시의 남북 화해무드를 타고 남북한을 잇는 모터스포츠 이벤트가 추진되었다. 2000년 5월 26~31일에 열린 금강산 랠리는 서울을 출발, 강원도 평창과 금강산을 잇는 총 781km의 로드 섹션과 117.7km의 스페셜 스테이지를 통해 순위를 가린 대규모 랠리였으며, 처음으로 한국의 드라이버와 팀 관계자, 오피셜들이 선박편으로 북한에 입국했다.

F3 개최 성공에 힘입어 새로운 형태의 국제대회도 시도되었다. 2000년 8월 창원시가지 서킷에서는 인터텍 인 코리아 내구 레이스가 치러졌다. 이 경기는 일본의 내구 레이스 경기인 슈퍼 다이큐를 바탕으로 하여 한국과, 일본, 중국, 말레이시아 등 4개국에서 31명이 참가했다. 특히 국내 자동차 경주 역사상 처음으로 코스에 조명 시설을 설치하고 개최한 야간경기(오후 8시 30분~10시)라는 점이 큰 화제가 되었다.

또한 같은 해에는 국내 모터스포츠 사상 최초로 수입 자동차가 온로드 투어링 카 시리즈에 출전했다. 당시 제임스딘 팀은 한국모터챔피언십 시리즈 제3전부터 투어링A 클래스에 BMW 320i 경주차를 투입했다. 수입 차량의 국내 경기 참가는 규정으로는 1999년부터 허용됐으나 비용 대비 효과가 불투명하다는 이유로 참가자들이 기피해 왔다가 2000년에야 처음으로 등장한 것이다.

국내에서 해외 대회를 유치하려는 노력과는 반대로 우리의 자동차는 해외 모터스포츠 진출을 모색해 나갔다. 2000년 현대자동차는 월드랠리챔피언십 WRC 최상위 종목인 A8 클래스에 베르나(해외 모델명 액센트) 월드 랠리카를 투입했다. WRC 우승 경험이 있는 유명 드라이버 케네스 에릭슨과 전설적인 랠리 드라이버 콜린 맥클레이의 동생 알리스테어 맥클레이 등이 선수로 기용되었고 그 해 매뉴팩처러 포인트 8점을 기록하며 메이커 팀 공식 6위를 기록했다. 이전에도 기아자동차와 쌍용자동차의 파리-다카르 랠리 참가나 드라이버 개인 자격의 해외 경기 참가가 있었지만, 현대의

WRC 참가는 2012년까지 한국 자동차 회사가 뛰어든 유일한 FIA 주관 국제 챔피언십 대회로 기록되고 있다. 현대는 2003년을 끝으로 WRC에서 철수했으나 2014년 시즌부터 i20로 다시 WRC에 복귀한다고 발표했다.

이 시기 모터스포츠에는 긍정적인 일만 있었던 것은 아니다. 2000년 10월 21~22일 포장도로 구간에서 개최되었던 랠리 경기인 제주코리아랠리가 제주도 일대에서 열렸다. 그러나 이 경기에서 국내 모터스포츠 역사상 초유의 드라이버 사망 사고가 발생했다. 모터스포츠계는 불의의 사고로 사망한 고 이기철 선수를 기리기 위해 참가번호 33번을 영구결번 했으며, 이를 계기로 모터스포츠의 안전 문제가 다시금 부각되었고 많은 자성의 목소리가 이어졌다.

2001년에는 당시 유일한 상설 포장도로 서킷인 용인 스피드웨이에서 첫 국제대회가 열렸다. 그 해 9월 21~23일, 아시아 지역을 무대로 한 국제 대회인 AFOS Asian Festival of Speed 한국 대회가 개최되었으며 오일기, 김한봉 등 한국 드라이버 7명을 비롯해서 세계 7개국에서 53명의 선수들이 출전했다.

2003년 5월 5일에는 국내 두 번째 포장도로 서킷인 태백 레이싱 파크가 개장했다. 이 경기장은 용인과 달리 모터사이클 경주까지 염두에 둔 경기장이었다. 총 길이 2.5km의 이 경기장은 국내 처음으로 3,700석 규모의 관람석과 상설 구조물 형태로 건설된 36개의 피트 개러지를 갖추었다.

같은 해 용인 서킷에서 개최된 한국모터챔피언십 시리즈에서는 F1800 종목에 출전한 일본 드라이버 사가구치 료헤이(오일뱅크)가 시리즈 최다 득점을 거두며 국내 첫 외국인 챔피언에 등극했다. 또 같은 대회의 GT2 클래스에서는 도요타 코리아의 기술 지원을 받은 황진우가 렉서스 IS200으로 이 시즌 최종전에서 1위에 올라 수입 차량 첫 우승의 주인공이 되었다.

2004년에는 충남의 아주자동차대학과 경북 가톨릭상지대학에 모터스포츠 학과가 개설되었다. 또 한라대학교에서는 레이싱 드라이버를 자동차관련학과 특기생으로 모집하고, 경기대학교에서는 모터스포츠 과목을 개설하는 등 자동차 경주를 학문의 분야로 받아들이려는 노력이 이어졌다.

2005년에는 국내 타이어 제조업체인 금호타이어가 프랑스의 국제적 내구 레이스 대회인 르망 24시 본선에 진출하는 쾌거를 거두었다. 금호타이어는 미국의 아메리칸 르망 시리즈ALMS에서 2004년에 우승을 차지한 미라클 팀과 함께 르망 24시에 참가했다. 경주차 고장으로 완주하지는 못했으나 국내 모터스포츠 역사에 한 장을 장식할 만한 도전으로 평가 받았다. 이미 금호타이어는 F3 코리아 슈퍼프리 경기에 타이어를 공급하면서 기술력을 인정 받았고, 라이벌 관계라 할 수 있는 한국타이어와 금호타이어는 국내는 물론 각종 국제대회에 경쟁적으로 진출하면서 글로벌 모터스포츠에서 이름을 알렸다.

이후 2000년대 중반에 들어선 국내 모터스포츠는 F3 대회의 중단으로 성장 동력을 잃은 데다 국내 경기 프로모터가 여러 차례 변경되는 등의 이유로 잠시의 혼란기를 거치게 된다. 그러나 2006년 전라남도가 세계 최고 권위의 대회인 포뮬러 1 한국 대회를 유치를 결정하면서 우리 모터스포츠는 본격적인 도약기에 접어들게 된다.

도약기(2007년~)

2007년, F1을 유치하기 위한 전남 영암의 국제자동차경주장이 본격적인 공사에 들어가면서 국내 모터스포츠도 새로운 전환점을 모색하기 시작한다. 특히 한국 모터스포츠 챔피언십 시리즈의 명맥을 잇는 슈퍼레이스 챔피언십이 2007년에 출범했다. 슈퍼레이스는 이듬해인 2008년 국내 첫 북미식 스톡 카 클래스인 슈퍼6000을 선보였다. 클래스의 이름처럼 배기량 6,000cc급의 엔진을 얹은 이 차는 철제 뼈대로 프레임을 만든 뒤 양산 차량 모양의 섀시를 그 위에 얹는, 지금까지 한국에서는 없었던 독특한 방식으로 만들어졌다.

스톡 카의 등장과 함께 슈퍼레이스에서는 단종된 지 5년 이상 된 구형 모델의 경기 참가를 금지하는 규정이 도입되었다. 모터스포츠의 안전을 향상하는 한편 유지 보수 비용을 줄이고 모터스포츠가 새로운 자동차 모델들의 경연장이라는 긍정적 이미지를 불어넣기 위한 조치였다. 또한 같은 해에는 배기량 3,800cc급 원메이크 종목인 제네시스 쿠페 3800 종목이 처음 소개되었다. 특히 거의가 전륜구동 일색이었던 국내의 자동차들과는 달리 후륜구동이었던 제네시스 쿠페는 더욱 박진감 있는 레이스를 선보이는 기회를 마련했다.

2009년에는 용인 에버랜드 스피드웨이가 보수 공사를 위해 장기간 문을 닫게 되면서 온로드 경주의 무대는 태백 레이싱 파크로 옮겨졌다. 슈퍼레이스의 경우에는 그 해 태백에서만 여섯 차례 경기를 치렀다.

2010년에 접어들면서 우리 모터스포츠계는 포뮬러 원 코리아 그랑프리를 중심으로 질적, 양적 도약을 꿈꾸게 된다. F1은 모터스포츠의 정점으로 불리는 세계 최고의 대회로 한국은 이 대회를 2010~2016년까지 7년 계약으로 유치했다. 첫 해인 2010년 10월 개최된 제1회 F1 코리아 그랑프리는 우리 모터스포츠 역사의 새 장을 여는 진기록들을 남겼다.

먼저 F1의 무대로 지어진 전남 영암의 코리아 인터내셔널 서킷Korea International Circuit, KIC은 길이 5.6km 규모로 국내 최초로 FIA로부터 1급 서킷으로 인증 받은 국제 경기장이 되었다. 2010년 9월 1차 완공된 이 서킷은 16만석의 관중석을 갖추어 국내 전체 스포츠 시설 가운데 최대 규모를 자랑하며 전체 부지는 축구장 10개가 들어설 수 있을 정도로 방대하다.

2010년 개최된 첫 F1 대회에서는 3일간 연 10만 명의 관중을 동원해 국내 스포츠 단일 대회 사상 최다 기록을 세웠으며 대회 기간 700명이 넘는 대규모 오피셜이 참가함으로써 경기 운영 부분에 있어서도 신기원을 이루었다.

F1의 열기를 이어 시작된 2011년과 2012 시즌은 국내 모터스포츠의 양적 확대가 가시화된 시기였다. 슈퍼레이스가 점차 프로 대회로서의 위상을 굳혀가는 가운데 현

대자동차가 후원했던 클릭 스피드 페스티벌의 뒤를 이어서 원메이크 기반의 대형 이벤트인 코리아 스피드 페스티벌 Korea Speed Festival, KSF 이 2011년 출범하게 된다. 이 대회는 프로와 아마추어 드라이버 사이의 간격을 메우는 역할을 하며 선수층 저변을 확대하는 데 큰 공헌을 하게 된다. 이와 같은 대형 모터스포츠 대회의 등장으로 2012년에는 한국자동차경주협회에 공인된 경기만 연간 33개에 이를 정도로 양적인 성장이 눈에 띄게 이루어졌다.

2013년에는 강원도 인제군에 인제오토테마파크가 들어서며 용인·태백·영암에 이어 국내 네 번째 전용 자동차 경주장이 탄생했다. 트랙 길이 4km의 중대형 규모인 인제 서킷은 수도권 관중 유입에 유리한 입지 조건으로 우리 모터스포츠의 수준을 한 차원 높일 계기로 평가되고 있다.

제2부
모터스포츠 오피셜의 이해
Understanding Motorsport Officials

HOW MOTORSPORT WORKS

Chapter 7
오피셜이란?
WHO IS AN OFFICIAL?

스포츠는 선수만으로, 혹은 팀만으로 진행될 수 있을지도 모른다. 그러나 참가하는 선수들이 경기의 결과에 승복할 수 있으려면 특정 선수나 팀과 이해관계를 가지지 않은 제3자가 공정하고 원활하게 경기를 진행하고 판정을 내려야만 한다. 이러한 일을 하는 사람들을 '심판'이라고 부른다면, 모터스포츠에서는 오피셜이 이러한 심판의 구실을 하는 사람들이라고 할 수 있다. 모터스포츠 경기를 공정하고 원활하게 치르기 위해서, 그리고 모터스포츠가 가지고 있는 위험성으로 볼 때 안전한 경기를 위해서는 충분한 숫자의 역량 있는 오피셜은 필수 불가결한 요소다.

모터스포츠의 오피셜이라고 한다면 많은 사람들은 트랙에서 차량을 향해 깃발을 흔드는 사람들을 가장 먼저 떠올린다. 그러나 오피셜이 관여하는 업무는 이보다 훨씬 다양하며, 한 번의 경기를 치르기 위해서는 경기의 종류와 규모, 경기장의 상황에 따라서 적게는 수십 명에서 많게는 천여 명에 이르는 오피셜을 필요로 한다.

모터스포츠의 오피셜은 대체로 자원봉사, 혹은 준자원봉사(경기 참가의 대가로 수당을 받기는 하지만 그 수준은 임금이라기보다는 경기 참가를 위해 필요한 교통비 및 제반 비용 수준이다) 형태로 운영된다. 그러나 오피셜이 일반 자원봉사와 다른 점은 오피셜의 판단은 경기의 결과에 크고 작은 영향을 미칠 수도 있다는 점이다. 따라서 오피셜은 모터스포츠 규정에 대한 전반적인 이해, 그리고 자신이 일하는 분야에 관해 요구되는 지식과 경험을 필요로 하며, 특정한 팀이나 선수에 치우치지 않고 공정성을 유지하면서 정확하게 판단하고 행동해야 한다. 또한 모터스포츠의 위험성을 잘 이해하고 자신에게 피해가 가지 않게 최대한 안전하게 활동함은 물론 경기장에 있는 다른 오피셜, 선수와 팀 관계자, 그리고 관중의 안전을 위해 노력해야 한다.

7.1 오피셜의 직무 윤리

오피셜은 심판원의 자격을 가지고 있으며 경기 결과에 영향을 미칠 수 있는 중요한 일을 하고 있다. 또한 관중과는 달리 더욱 가까이서 경기를 볼 수 있는 반면 그만큼 더 많은 위험을 안고 있다. 그리고 오피셜은 혼자가 아니라 다른 오피셜과 팀을 이루어서 일한다. 따라서 자신의 책임과 권한을 올바르게 인식하고 이에 충실하기 위해서 노력해야 한다.

가장 중요한 것은 안전이다

모터스포츠는 위험하다. 따라서 안전은 모터스포츠에서 이루어지는 어떤 판단에서든 최우선순위에 놓이게 된다. 자신의 안전이 가장 중요하며, 주위 동료들의 안전이 그 다음으로 중요하다. 더 나아가서는 선수, 관중을 비롯하여 경기장 안에 있는 다른 사람들의 안전도 생각해야 한다. 주변에서 위험한 일이 생겼을 때에 가장 좋은 행동 요령은 피하는 것이다. 자신의 직무상 반드시 해야 하는 일이 아니며, 위험을 최소화하기 위한 장비를 갖추고 있지 않다면 위험한 상황을 피해서 먼저 자신의 안전을 확보하고, 그 다음 주변 사람들의 안전을 확보해야 한다.

위험한 상황을 처리할 임무를 맡은 오피셜이라면 이에 관련한 규정, 처리 요령, 장비 사용법을 숙지하고 훈련을 통해서 몸에 익혀야 한다. 또한 선임 오피셜의 지시에 따라서 행동해야만 위험을 최소화할 수 있다. 명확한 지시에 따르지 않고 개인적인 판단으로 움직이면 더 큰 사고를 일으키거나 경기 또는 모터스포츠 전체에 피해를 끼치는 결과를 낳을 수도 있다. 절대로 목숨을 건 영웅이 되려고 해서는 안 된다.

다른 오피셜의 모범이 될 수 있도록 노력해야 한다

오피셜은 일반 관중보다 더 가까이에서 경기를 볼 수 있으며 선수 또는 팀 관계자와 만날 기회가 더 많다. 그러다 보면 사인을 받거나 사진을 찍고 싶은 유혹에 빠지기 쉽다. 그러나 이러한 행동은 대부분 오피셜의 직무 규칙에서 엄격하게 금지하고 있다. 특히 지위가 올라갈수록 오히려 규정을 지키려는 의식이나 윤리 의식이 희박해지고, 지켜야 할 수칙을 무시하는 것이 자신의 권력을 과시하는 수단인 것처럼 여길 유혹에 빠지기 쉽다.

오피셜은 드러나지는 않지만 모터스포츠를 움직이는 중요한 주체이며, 다른 오피셜은 물론 관중, 선수, 팀 관계자, 그리고 미디어에도 자주 노출된다. 항상 다른 사람들이 자신을 지켜보고, 특히 후배 오피셜들은 자신의 행동을 배우고 따라 할 수 있다는 것을 명심해야 한다.

치우치지 않아야 한다

모터스포츠를 좋아한다면 좋아하는 팀 또는 선수가 있을 수 있다. 그러나 오피셜은 심판의 자격을 가지고 있으며, 따라서 공정해야 한다. 좋아하는 팀 또는 선수라고 해도 냉정하게 판정하고 그에 따라 필요한 보고나 조치를 해야 한다.

한쪽으로 치우치지 않아야 하는 직무 윤리는 오피셜 내부에서도 적용된다. 오피셜은 저마다 장점과 단점을 가지고 있으며 업무 능력에도 차이가 있다. 또한 잘 하는 분야도 다를 수 있다. 이러한 차이에 따라서 임무를 맡기고 팀을 편성하는 것은 어느 사회에서나 볼 수 있다. 그러나 개인적인 친분이나 호불호 때문에 개인의 특성에 어울리지 않는 임무를 맡기거나, 경험이나 직무 능력이 부족한 오피셜 또는 근무 자세가 불량한 오피셜에게 중요한 직무를 맡기면 사고를 일으키거나 경기에 피해를 끼칠 수 있다는 점을 명심해야 한다.

자기계발을 위해 노력해야 한다

완벽한 오피셜은 없다. 완벽한 오피셜이 되기 위해서 노력하는 오피셜이 있을 뿐이다. 모터스포츠는 규정이 자주 바뀌고, 자동차를 도구로 쓰는 만큼 새로운 기술이 자주 나타난다. 이를 따라잡기 위해서는 끊임없는 자기계발이 필요하다.

특히 지위가 높아질수록 자만심에 빠지고 발전을 게을리 하기 쉽다. 그러나 지위가 높아진다는 것은 단순히 더 많은 권한을 가지는 것만이 아니라 더 많은 새로운 일과 새로운 의무가 주어진다는 뜻이기도 하며, 그에 따라서 새로 배워야 할 것들도 많아진다. 따라서 경력이나 지위에 얽매이지 않고 항상 배우려는 자세를 가져야 한다.

실제 경기에서 오피셜은 크고 작은 실수를 할 수 있다. 이는 사람이기 때문에 피할 수 없는 일이기도 하다. 그러나 중요한 것은 실수로부터 배우는 자세다. 무엇을 잘못했는지, 무엇을 실수했는지를 깨닫고 그 원인은 무엇인지, 어떻게 하면 같은 실수를 되풀이하지 않을지를 생각하는 자세는 오피셜의 자기계발에 큰 도움을 준다. 실수는 할 수 있으나, 더 큰 문제는 자신이 실수했다는 사실을 모르거나, 알았다고 해도 반성하려 하지 않는 자세다.

오피셜은 혼자서 일하지 않으며, 따라서 자신의 능력 못지않게 함께 일하는 동료, 또는 후배 오피셜의 능력을 발전시키는 것도 중요하다. 자신의 경험이나 지식을 기꺼이 다른 사람들과 나누고 함께 발전하려는 자세를 견지해야 한다.

팀워크를 생각해야 한다

오피셜은 팀으로 일한다. 적어도 경기 기간 동안에는 같은 팀의 오피셜과 생사고락을 함께 해야 하므로 팀워크에 대한 주의가 필요하다. 한 팀으로 일할 수 있도록 원활한 의사소통을 해야 하며 경기 기간 동안 차별 없는 존중을 해야 한다.

규칙이나 계획에 따르지 않은 개인행동은 종종 사고를 불러일으키고 자신은 물론 다른 사람의 생명까지도 위험에 빠뜨릴 수 있다. 나 한 사람이 업무 시작 시간이나 브리핑 시간에 늦으면 자신이 속한 팀의 일정, 심지어는 경기 전체의 일정에 차질을 가져올 수도 있다. 쉬워 보이는 일이라고 해도 뜻밖으로 미처 예견하지 못한 위험이 숨어 있을 수 있으며, 일을 처리하도록 주어진 시간은 생각보다 무척 짧을 수 있다. 훈련과 계획, 규칙에 바탕을 둔 팀워크만이 빠른 시간 안에 가장 안전하게 일을 처리할 수 있는 방법이다.

근무 중 반드시 지켜야 할 태도

- **어떤 상황에서든 업무를 수행할 수 있어야 한다** 모터스포츠 경기는 안전에 심각한 위험을 끼칠 정도로 극심한 악천후가 아니라면 중지되지 않는 것이 보통이다. 따라서 오피셜은 비와 바람, 강렬한 햇빛, 춥거나 무더운 날씨, 극심한 기온 변화에 오랜 시간 노출될 수 있으며, 때로는 하루 동안 여러 번 날씨가 변할 수 있다. 오프로드 경기에서는 비바람은 물론 흙먼지, 진흙탕과 같은 악조건을 견뎌야 할 수도 있다. 오피셜은 여러 가지 근무 환경을 충분히 대비해서 어떤 상황에서도 차질 없이 직무를 수행할 수 있어야 하며, 경기 기간 내내 몸 컨디션을 관리하는 데 주의를 기울여야 한다.

- **시간을 지켜야 한다** 모터스포츠는 엄격한 일정에 따라서 진행되며, 일정에 차질이 생기면 그 뒤의 일정이 차례대로 밀리면서 경기 운영에 큰 문제를 가져온다. 규모

가 큰 경기, 생중계로 방송되는 경기라면 방송 일정 및 광고와 관련되어 있으므로 일정이 정당한 이유 없이 늦어질 경우에는 경기의 프로모터나 주최자에게 피해를 끼친다. 포뮬러 1과 같은 대형 국제 경기에서는 정당한 이유 없이 일정이 1분 이상 지연되면 거액의 벌금을 물 수도 있다. 따라서 모든 오피셜은 자신이 일정이 지연되는 원인이 되지 않도록 시간을 철저하게 지켜야 한다. 주최 측에서 배포하는 일정표를 경기 기간 내내 항상 가지고 다니면서 각 일정이 시작되기 전 충분한 시간 여유를 가지고 자신의 근무 지점으로 가서 직무를 위한 준비를 모두 끝내야 한다.

- **주변을 깨끗이 해야 한다** 만약 트랙사이드에서 일하고 있다면 안전한 상황일 때 도로나 도로 주변에 있는 파편, 오일, 돌이나 그밖에 이물질을 깨끗이 청소해야 한다. 이러한 이물질들은 사고를 일으키거나 경기의 원활한 진행에 방해가 되기 때문이다. 또한 쓰레기를 함부로 버리거나 쉬는 시간에 담배를 피우고 담배꽁초를 바닥에 버려서는 안 되며 항상 경기장 주변을 깨끗이 해야 한다. 경기장은 모터스포츠의 얼굴이며, 오피셜은 모터스포츠의 보이지 않는 주인공이다.

- **다른 사람들에게 친절해야 한다** 오피셜은 때로는 관중이나 경기 관계자, 미디어를 통제해야 할 때가 있으며, 이런 과정에서 충돌이나 다툼이 일어날 수도 있다. 그러나 오피셜은 경기를 원활하게 운영하고 성공적인 경기를 치를 수 있도록 도움을 주는 사람들이므로 권위 의식에 사로잡히지 않고 항상 친절한 태도를 보여야 한다. 관중이나 미디어는 오피셜보다 규정이나 안전 수칙에 대해서 이해가 부족할 수밖에 없다. 안전이나 규칙에 관한 문제로 통제를 할 때에는 단호한 태도를 보여야 하지만 무조건 가로막거나 위압적인 태도를 보이기보다는 그 이유를 설명하고 이해를 구하도록 한다. 그럼에도 상대가 막무가내의 태도를 보인다면 선임 오피셜이나 레이스 컨트롤에 보고하고 지시를 받아 대응하는 것이 좋다.

- **자신의 일을 즐겨야 한다** 모터스포츠의 오피셜은 생각보다 고된 일이며, 자원봉사 또는 준자원봉사로 일하므로 이득을 기대하고 할 수 있는 일은 아니다. 그럼에도 불구하고 전 세계에서 많은 오피셜들이 기꺼이 경기장을 찾는 이유는 즐거움 때문이다. 누구보다도 가까이에서 경기를 볼 수 있다는 즐거움, 경기를 성공적으로 운영하는 데 도움이 된다는 즐거움, 그리고 비슷한 취미와 생각을 함께 하는 오피셜 친구들을 만난다는 즐거움과 같이 오피셜 활동은 수많은 즐거움을 안겨준다. 오피셜 직무를 단지 사명감과 의무감으로만 하기는 힘들며, 스스로 경기와 자신의 일을 즐기려는 마음가짐을 가지는 태도는 가장 중요한 근무 자세 가운데 하나다.

근무 중 반드시 삼가야 할 행위

- **허가를 받지 않고 근무 지점을 이탈하는 행위** 정당한 이유 없이 근무지를 이탈하는 것은 절대 삼가야 할 행동이지만 이유가 있다고 해도 반드시 선임 오피셜의 허가를 받아야만 한다. 종종 근무 중에 급한 볼일로 화장실을 찾는 경우가 있으나, 안전하고 공정한 경기를 위한 오피셜의 직무는 한시라도 자리를 비울 수가 없다. 따라서 선임 오피셜에게 알려서 허락을 받고 잠시 대체할 인력을 세워두거나 하는 방법으로 공백이 생기지 않도록 해야 한다. 쉬는 시간에는 미리 화장실을 찾아서 볼일을 보아 두는 것이 좋은 방법이다.

- **사진이나 동영상을 찍는 행위** 경기 장면을 사진이나 동영상으로 찍어서 추억을 남기거나 친구들에게 자랑하고 싶은 마음은 오피셜이 빠지기 쉬운 가장 흔한 유혹 가운데 하나다. 그러나 경기가 진행되는 도중에 사진이나 동영상을 찍으면 이는 업무를 소홀히 한다는 뜻이 되며, 관련된 차량이나 선수, 관계자들을 불쾌하게 만드는 원인이 될 수 있다. 특히 사고 장면이나 사고 차량, 또는 차량의 자세한 모습을 찍어서 공개한다면 심각한 논란을 일으키거나 경쟁 선수 또는 경쟁 팀에게 부당한

정보를 제공하는 결과를 낳는다. 따라서 근무 중에 사진이나 동영상을 찍는 행위, 그리고 이를 공개하는 행위는 엄격하게 금지된다. 경기가 끝나고 오피셜들끼리 기념사진을 찍더라도 트랙에 멈춰 있거나 다른 곳으로 운반되고 있는 사고 차량을 찍거나, 사고 차량을 배경으로 사진을 찍어서는 안 된다.

- **선수나 팀 관계자들에게 사인이나 기념품을 요구하는 행위** 오피셜은 관중에 비해서 선수 및 팀 관계자와 가까이 있으며 이들과 만날 기회가 많다. 따라서 선수나 팀에게 사인이나 기념품을 받고 싶은 유혹에 빠지기 쉽다. 그러나 이러한 행위는 특정한 선수나 팀에게 치우쳐서는 안 되는 오피셜의 직무 윤리를 어기는 것이며, 휴식 시간이라고 해도 오피셜들이 사인이나 기념품을 위해서 몰리면 경기 진행에 문제를 일으키는 원인이 된다. 경기 기간 중에는 사인을 받으려 하거나 기념품을 요구하는 행위는 엄격하게 금지된다. 어떤 경기에서는 주최자 또는 프로모터가 오피셜이 선수와 함께 사진을 찍거나 선수의 사인을 받을 수 있는 특별한 시간을 마련하는 경우가 있다. 이럴 때에만 사진이나 사인을 받을 수 있으며, 이러한 기간이라고 하더라도 과도한 요구는 하지 않아야 한다. 특히 기념품은 선수나 팀이 부당한 이익을 보기 위한 뇌물로 오해될 수 있으므로 절대 요구해서는 안 된다.

- **개인적인 통신, 인터넷, 특히 SNS를 쓰는 행위** 근무 중에 개인 용무로 통화를 하거나 메시지, 메일을 보내면 근무에 집중하지 않는다는 뜻이 된다. 또한 경기의 상황이나 사고에 관련된 글이나 사진, 동영상을 인터넷, 특히 트위터나 페이스북과 같은 소셜 네트워크SNS에 올리게 되면 지켜야 할 비밀이 새어나가거나 경기 결과 또는 사고에 관련된 논란을 일으킬 수 있다. FIA에서는 경기 중에 알게 된 정보나 사진, 동영상을 SNS에 올리는 행위를 엄격하게 금지하고 있다.

- **경기 중에 알게 된 정보를 다른 사람에게 말하는 행위** 오피셜은 관중이나 미디어가 알지 못하는 정보를 알게 될 확률이 높다. 이러한 정보가 자칫 외부로 새어나가면 논란을 일으키거나 경기 또는 모터스포츠 전체의 이미지에 피해를 끼칠 수도 있다. 일부 경기 참가자들은 이러한 정보를 이용해서 부당한 이익을 보려고 할 수 있다. 따라서 동료 오피셜이라고 하더라도 경기 중에 알게 된 민감한 정보는 공유하지 않는 것이 좋다.

- **경기 기간 동안의 과음, 약물 복용** 근무 중에는 음주 또는 약물 복용이 엄격하게 금지된다. 음주나 일부 약물은 근무 중에 주의력과 집중력, 판단력을 떨어뜨리고 위험한 상황에 빨리 대처하지 못해서 사고 위험을 높인다. 근무 중이 아니라고 하더라도 과음은 다음날까지 몸 컨디션에 나쁜 영향을 미칠 수 있다.

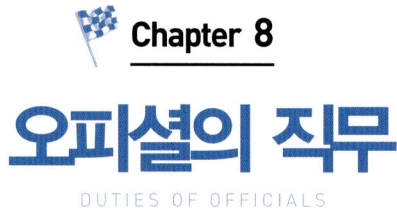

Chapter 8
오피셜의 직무
DUTIES OF OFFICIALS

모터스포츠의 오피셜은 심판원으로서 미디어와 관중에 자주 노출되는 대상이며 모터스포츠 경기의 중요한 주체다. 오피셜에게 요구되는 직무 자세, 그리고 경기의 일정에 따라 요구되는 일들을 잘 숙지하고 충실하게 수행하기 위해서 노력해야 한다.

8.1 오피셜의 근무 절차

오피셜은 다양한 분야로 편성되며, 그에 따라서 해야 하는 일의 종류와 그 과정, 소화해야 하는 일정은 다르다. 그러나 공통적으로 다음과 같은 절차를 지켜야 한다.

사인온
경기장에 도착하면 먼저 그 경기에서 요구하는 절차에 따라서 출석 확인 절차인 사인온 sign-on 을 해야 한다. 오피셜은 한 명 한 명이 저마다 중요한 직무를 맡고 있기 때문에 경기장에 오기로 한 오피셜이 모두 실제로 도착했는지를 파악하는 것은 경기 운영을 위한 중요한 절차 가운데 하나다. 만약 참가 신청을 했지만 실제로는 오지 않은 오피셜이 있다면 그에 따른 대체 인력 또는 업무 조정과 같은 대책을 세워야 한다. 또한 거의 모든 경기의 프로모터나 주최자는 오피셜이 사고를 당했을 때를 대비한 보험에 가입하며, 그에 따른 보장을 받기 위해서는 실제로 경기에 참가했다는 증거로서 출석 확인이 필요하다.

사인온은 오피셜 명단에 서명을 하거나 바코드 시스템을 쓰는 경우에는 자신의 패스를 바코드 리더기에 스캔하는 것으로 끝날 수도 있으나, 경기 참가 서약서와 같은 문서를 작성해야 할 수도 있다. 사전에 경기 홈페이지를 방문하거나 선임 오피셜 또는 경기 주최 측에 연락하여 정확한 사인온 시간과 장소를 미리 알고 있어야 한다. 정해진 마감 시한까지 사인온을 하지 못하면 경기에 참가할 수 없을 수도 있다

만약 참가 신청을 했으나 사정 때문에 경기에 참가할 수 없게 되었다면 최대한 빨리 그 사실을 경기 주최 측에 알려서 대체 인력을 구하거나 업무 조정을 할 수 있도록 해야 한다. 무단으로 경기에 나오지 않는다면 경기 운영에 문제가 될 수 있으며 그에 따른 제재를 받게 된다.

경기 첫 날에는 출석 확인 뒤에 모자나 유니폼, 패스, 귀마개, 그밖에 오피셜 기념품을 나눠주는 경우도 있다. 패스는 경기장에 출입하기 위해서는 반드시 필요하며 모자나 유니폼은 경기 기간 동안 반드시 입고 있어야 하므로 잊지 않고 받아 간다.

브리핑

경기 기간 동안 날마다 일정이 시작되기 전에 전체 오피셜을 대상으로 한 브리핑이 진행된다. 브리핑에서는 그 날의 경기 일정, 오피셜이 알아야 할 중요한 사항, 주의할 점, 그밖에 오피셜에게 전달할 내용들이 설명되며, 이 브리핑은 경기위원장 또는 사무국장이 진행한다(일부 분야의 오피셜에 대해서는 별도로 브리핑이 진행될 수 있다).

모든 오피셜은 출석 확인을 마친 뒤에 예정된 브리핑 시작 시각에 늦지 않게 브리핑 장소에 도착하여야 한다. 브리핑에서는 그날그날 오피셜이 직무를 수행하는 데 필요한 중요한 내용이 설명되기 때문에 그 내용을 주의 깊게 들어야 한다.

전체 오피셜 브리핑이 끝나면 각 분야별로 근무 지역에 모여서 분야별 브리핑을 진행할 수 있다. 어떤 종류의 브리핑이든 직무를 수행하는 데 중요한 정보가 제공된다는 점을 반드시 기억하고, 꼭 참석해서 설명하는 내용을 주의 깊게 들어야 한다.

편성

오피셜들은 경기 전에 이미 각 분야에 편성된다. 그러나 각 분야의 팀은 보통 그 안에 여러 개의 소규모 팀을 가지며, 각 소규모 팀은 다시 여러 직무를 분담한다. 이러한 소규모 팀 또는 직무는 보통 각 분야의 위원장이 편성한다. 따라서 하루 일정을 시작하기 전에 자신이 어떤 팀, 어떤 직무를 맡는지를 확인해야 한다. 일정이 진행됨에 따라서 소속 팀이나 직무가 바뀌는 경우도 있다. 이럴 때에는 소속된 분야의 위원장이나 선임 오피셜이 미리 알려줄 것이다.

근무 준비

전체 브리핑이 끝나면 각자 배치된 근무지로 가서 준비를 한다. 분야에 따라서 근무지와 준비해야 할 내용 및 절차는 다르지만 다음과 같은 것들은 거의 모든 오피셜에게 공통으로 필요한 근무 준비다.

- **근무지에 있는 각종 장비 및 장치에 관한 점검** 필요한 장비가 모두 있는가? 충분한 개수만큼 준비되어 있는가? 정상 작동이 되는가? 만약에 없거나 부족한 장비, 고장 난 장비가 있다면 레이스 컨트롤 또는 사무국과 연락하여 이를 보완해야 한다.

- **장비 설치** 설치 작업을 해야 할 장비가 있다면 이를 조립하거나 설치, 연결하는 작업을 하고 정상 작동하는지 점검한다. 계측 장비는 정확한 수치를 표시하는지 점검해야 한다.

- **일정표 확인** 오늘의 일정을 확인하고, 각각의 일정이 시작하는 시각을 확인한다. 교대 근무를 한다면 내 근무 일정이 언제인지를 정확히 확인해서 근무 시간에 늦지 않도록 해야 한다.

- **근무지 청소** 근무지가 깨끗하지 못하다면 미리 청소 작업을 해서 청결한 상태를 유지해야 한다. 파편, 돌이나 자갈, 오일과 같이 위험을 일으킬 수 있는 물질들은 미리 없애야 한다.

근무 정리

하루의 일정이 끝나면 먼저 주변을 정리하고 청소 작업을 한다. 그리고 다음과 같은 정리 작업을 한다.

- 조립 설치된 장비가 있다면 이를 해체해서 미리 지정된 안전한 곳에 보관한다.
- 무전기를 비롯, 장비 팀으로부터 받아온 장비들은 모두 챙겨서 반납해야 한다.
- 아직 제출하지 않은 보고서가 있다면 이 역시 모두 챙겨서 제출해야 한다.
- 근무지 안에서 전등이나 전기 장비를 썼다면 전원을 내려서 전기가 낭비되지 않도록 한다.

경기에 따라서 근무가 끝나고 전체 오피셜을 상대로 정리 브리핑을 하는 경우가 있으므로 이때에는 피곤하더라도 집 또는 숙소로 돌아가기 전에 브리핑에 참석한다.

8.2 근무 중 오피셜의 행동 자세

보아라

모터스포츠는 본질적으로 위험하다. 사고는 언제 어디서 어떤 식으로 닥쳐서 나와 주위 사람들에게 피해를 끼칠지 알 수 없다. 이를 막기 위한 가장 좋은 방법은 항상 주위를 살펴보는 것이다. 위험한 사고는 한 순간에 벌어지므로 집중력을 잃지 않고 계속해서 주변을 주시하는 것은 자신과 주변 사람의 안전을 위한 가장 중요한 근무 자세다. 사고가 자신과 거리가 있는 곳에서 벌어졌다고 해도 상황을 주시할 필요가 있다. 차량이나 파편이 빠른 속도로 자신이 있는 쪽으로 날아올 수 있기 때문이다.

또한 자신이 있는 곳에서 사고가 벌어졌을 때, 또는 규칙 위반이나 스포츠맨십에 어긋나는 행위가 벌어졌을 때, 이를 정확하게 관찰, 기록하고 보고하는 것은 오피셜의 중요한 의무 가운데 하나다. 항상 상황을 예의 주시하고, 사람의 기억력은 생각보다 정확하지 않을 수 있으므로 필요한 경우에는 간단한 메모를 하면서 사건이나 사고를 정확하게 보고할 수 있어야 한다.

들어라

눈은 한 번에 한쪽 방향만을 볼 수 있지만 귀는 여러 방향에서 나오는 소리를 한꺼번에 들을 수 있다. 따라서 자신의 업무 때문에 어떤 방향을 보고 있다고 해도 다른 방향에서 어떤 일이 벌어지는지 파악하기 위해서 귀를 열어 놓아야 한다. 사고 때문에 일어나는 충돌음, 차량이 다가오고 있다는 것을 알려주는 엔진음과 같은 소리는 상황을 판단하고 자신과 주변 사람들을 보호할 수 있는 중요한 단서다. 그러나 큰 소음은 청력에 나쁜 영향을 미치므로 귀마개로 적절하게 소음을 줄여야 한다.

레이스 컨트롤과 교신할 수 있는 오피셜은 바로 자신이 레이스 컨트롤의 눈이자 귀라는 사실을 염두에 두어야 한다. 레이스 컨트롤이 교신을 원할 때 제때 응답하지 않거나 레이스 컨트롤의 지시를 정확하게 듣지 못하면 경기 결과에 치명적인 피해를 끼칠 수도 있다. 따라서 사고 처리나 작업 때문에 바쁘고 경황이 없다고 해도 항상 귀를 열어놓고 레이스 컨트롤의 무전을 들으면서 레이스 컨트롤이 자신을 찾을 때에는 빠르고 정확하게 교신해야 한다.

오피셜은 항상 선임의 지시에 귀를 기울여야 한다. 경력이 부족하지만 모터스포츠에 대한 지식은 많은 오피셜은 선임 오피셜의 말을 무시하는 경우가 종종 있다. 그러나 오피셜은 지식 못지않게 경험이 중요하며, 특히 경기 중에 갑작스럽게 닥치는 상황에서 빠른 대처가 필요할 때에는 많은 경험을 통한 본능에서 우러나오는 순간적인 판단력이 중요하다. 반면 선임 오피셜은 자신보다 경험이 적은 오피셜의 말에도 귀를 기울여야 한다. 경험이 적다고, 또는 자신보다 직급이 낮다고 무시한다면 그는 아무 것도 얘기하려 하지 않을 것이다.

말하라

잘 듣고 잘 말하는 것은 의사소통의 기본이다. 레이스 컨트롤과 교신할 수 있는 오피셜은 자신이 맡고 있는 곳에서 벌어지는 상황을 빠르고 정확하게 말할 수 있어야 한다. 장황하게 얘기하거나 지나치게 감정 섞인 말, 상대가 정확하게 알아들을 수 없는 말은 의미가 없다. 상대방이 정확하게 상황을 판단할 수 있도록 간결하게, 그리고 정확하게 말해야 한다. 긴급할수록 침착하게 설명해야 한다. 레이스 컨트롤에서 지시한 사항을 교신 장비가 없는 오피셜에게 정확하게 전달하는 것 역시도 중요하다.

오피셜은 자신의 생각, 또는 자신이 본 내용을 선임 오피셜에게 정확하게 전달해야 한다. 궁금한 점이 있거나 자신의 판단을 확신하기 어려울 때에도 선임 오피셜에게 물어 보아야 한다. 혹시 자신을 무능력하게 보지 않을까 걱정하지 말고 물어보아야 한다. 확실치 않은 것을 묻지 않고 알아서 판단하는 과정에서 수많은 문제들이 일어난다. 다른 분야의 오피셜이나 선수, 팀 관계자와도 의사소통을 해야 할 경우가 있다. 상대를 이해하고 존중하면서 전달해야 할 내용을 정확하게 말해야 한다.

선임 오피셜은 경험이 적은 오피셜에게 정확한 지시를 해야 한다. 경험이 많은 오피셜이 빠지기 쉬운 함정 가운데 하나는 상대방이 자신과 같은 수준의 경험과 지식을 가지고 있을 것이라고 착각하는 것이다. 될 수 있는 대로 쉽게, 그리고 상대를 무시하지 않는 방법으로 말해야 한다. 질문을 받았다면 그 내용이 아주 기본적인 것이라고 해도 무시하지 말고 이해할 수 있도록 충분히 설명하는 것도 선임 오피셜이 해야 할 일 가운데 하나다.

Chapter 9
오피셜의 업무 분야
CATEGORIES OF OFFICIALS

어떤 종류의 모터스포츠 경기든 원활하고 안전하게 진행되기 위해서는 다양한 분야의 오피셜을 필요로 한다. 각 경기마다 그에 맞는 오피셜 조직이 구성되며 이 조직을 이루는 분야의 수와 직위, 그리고 조직의 상하관계 및 수평관계는 경기의 종류나 규모, 경기 개최지의 특성을 비롯한 수많은 요소들에 따라 달라진다. 그러나 FIA의 국제 스포츠 규칙, 그리고 국내외에서 주로 개최되는 온로드 서킷 경기를 기준으로 보면 대체로 다음과 같은 분야들로 나뉜다.

9.1 레이스 컨트롤

레이스 컨트롤 race control 은 레이스 경기에서 관제실 업무를 수행하는 곳으로, 서킷에서는 레이스의 출발선 또는 결승선과 가까운 피트에 마련된 컨트롤 타워 안에 있다. 레이스 컨트롤은 경기위원장의 주된 업무 공간이며 경기장, 특히 트랙과 그 주변을 감시 모니터를 통해서 종합 관찰한다. 경기위원장은 이를 바탕으로 전체적으로 경기의 진행 상황을 판단하여 그에 따라서 필요한 지시 또는 조치를 내리게 된다. 이것만으로 부족하다면 오피셜 또는 경기 참가자와 교신 및 대면을 통해서 더욱 자세한 상황을 파악할 수 있다.

레이스 컨트롤은 경기에 관련된 모든 정보 흐름의 중심지라고 할 수 있다. 경기에 관한 모든 정보는 각 오피셜로부터 레이스 컨트롤에 유·무선 교신이나 서면을 통해서 보고되며 경기 진행 과정에서 오피셜 또는 경기 참가자들에게 통보되는 모든 결정 사항과 지시 역시도 레이스 컨트롤로부터 나가게 된다.

심사위원회

대회의 심사위원회 stewards of the meeting는 국제 스포츠 규칙, 국내 규정 그리고 특별 규칙과 대회 운영 계획을 집행하는 최고 권한을 가진다. 심사위원회는 대회 동안에 제기되는 모든 주장이나 논란을 규정에 따라서 판단하고 결정한다. 대회가 여러 경기로 구성되어 있다면 각 경기마다 별도로 심사위원회가 구성될 수도 있다.

심사위원회는 국제 스포츠 규칙에 따라서 다음과 같은 권한을 가진다.

- 규정을 위반한 경우에 부과되는 벌칙, 또는 벌금을 결정한다.
- 특별한 예외 상황에서는 특별 규정을 변경할 수 있다.
- 한 경기의 결승이 여러 차례로 나뉠 때에는 그 구성이나 수를 변경할 수 있다.
- 경기 결과가 동률일 때에는 재경기를 허가할 수 있다.
- 드라이버 변경을 허가할 수 있다.
- 경기 참가자에 대한 실격을 결정하고 발표할 수 있다.
- 규정에 따라서 순위를 변경할 수 있다.
- 위험하다고 판단되거나 경기위원장이 위험하다고 보고한 드라이버의 경기 참가

를 금지시킬 수 있다.
- 경기위원장 또는 조직위원회에서 자격이 없다고 판단하거나 잘못된 행동 또는 불공정한 행동이 인정되었을 때에는 해당되는 어떤 경기 참가자나 선수든 한 경기 또는 대회의 일정한 기간 동안 참가 자격을 박탈할 수 있다.
- 경기 참가자 또는 선수가 책임 있는 오피셜의 지시를 무시하는 경우에는 코스 또는 경기장에서 퇴장하도록 지시할 수 있다.
- 불가항력적 상황 또는 중대한 안전 문제가 일어났을 때 경기를 연기할 수 있다.
- 경기위원장 또는 주최자가 경기 참가자 혹은 공공의 안전을 위해서 필요하다고 요청했을 때에는 출발선이나 결승선의 위치를 포함한 어떤 경기 진행 계획이든 변경할 수 있다.
- 심사위원회 가운데 한 명 또는 여러 명이 결석했다면 한 명, 필요하다면 여러 명의 대체 위원을 임명할 수 있다.
- 레이스 중단을 결정할 수 있다.

경기위원장

경기위원장 clerk of the course은 경기가 시작될 때부터 끝날 때까지 해당 경기의 진행에 대한 전반적인 책임을 맡는다. 경기위원장은 경기부위원장을 비롯해서 업무를 분담하고 지원할 보조 인력을 둘 수 있다. 여러 경기로 구성된 대회에서는 각 경기마다 서로 다른 경기위원장이 있을 수 있다.

경기위원장은 다음과 같은 권한을 행사할 수 있다.

- 일정표에 따른 연습주행, 예선, 결승을 비롯해서 트랙에서 열리는 일정을 진행하며, 필요하다면 규정에 따라서 심사위원회에 일정 변경을 요청할 수 있다.

- 규정에 따라서 위험하다고 판단하거나 심사위원회가 그와 같이 판단한 어떤 경기 참가자 또는 차량이든 경기 참가를 중지하도록 명령할 수 있다.
- 위험하다고 판단될 때에는 트랙에서 진행되는 일정을 중지시킬 수 있다. 이 경우에 다시 상황이 안전하다고 판단되면 트랙 주행 재개, 레이스 재시작과 같은 일정의 재개를 결정할 수 있다.
- 기술위원장에게 위험하거나(여기에는 잠재된 위험도 포함된다) 규정 준수 여부가 의심스러운 차량에 대한 검사를 요청할 수 있다. 또한 사고에 연루된 차량의 주행을 중지시키고 검사를 요청할 수 있다.
- 건강에 문제가 있는 경기 참가자에게 검진을 받도록 명령할 수 있다.
- 레이스 경기에서는 출발 절차를 진행한다.
- 안전 때문에 필요하다면 세이프티 카를 발령하거나 발령된 세이프티 카를 피트로 불러들일 수 있다.
- 필요한 경우에 메인 포스트 또는 각 포스트에서 깃발 신호를 내도록 지시할 수 있다. 흑색기(흑백반기 포함), 적색기, 오렌지볼기, 세이프티 카 보드는 경기위원장의 지시에 따라서만 제시될 수 있다.

한편 경기위원장은 다음과 같은 의무를 진다.

- 모든 규정이 준수되며 필요한 장비들이 정상으로 쓸 수 있는 상태가 유지되도록 보장해야 한다.
- 경기의 치안을 유지하며 공공 안전에 더욱 직접 책임을 가지고 있는 군 및 경찰 당국과 협력하여 질서를 유지한다.
- 모든 오피셜들이 각자 제자리에 있는지 확인해야 하며 이들 중 누구든 자리에 없으면 대회 심사위원회에 보고해야 한다.

- 모든 오피셜들이 업무 수행을 하는데 필요한 정보를 제공받도록 보장해야 한다.
- 경기 참가자와 이들의 자동차를 통제하며 제명, 출장정지, 또는 실격된 경기 참가자나 선수가 출전 자격이 없는 경기에 참가하는 것을 막아야 한다.
- 각 자동차, 그리고 필요하다면 각 경기 참가자들이 공식 운영 일정에 따라서 공식 식별 번호를 가지고 있도록 보장해야 한다.
- 각 자동차를 그 범주 및 등급에서 요구하는 적법한 선수 또는 마샬이 운전하고 있다는 것을 보장해야 한다.
- 자동차들을 올바른 순서에 따라서 출발선에 정렬시키며 필요하다면, 그리고 별도로 지정된 출발 신호 책임자(스타터)가 없다면 출발 신호를 주어야 한다.
- 공식 운영 계획을 변경하기 위한 제안, 또는 경기 참가자 일부에 대한 부당한 행위 또는 항의로 간주되는 사항을 대회 심사위원회에 전달해야 한다.
- 경기 참가자들의 항의를 접수 받으며, 항의가 접수되었다면 이를 처리할 심사위원회에 그 내용을 전달한다.
- 기록, 기술, 트랙사이드 오피셜로부터 보고서, 그리고 경기 결과를 결정하기 위해서 필요할 수 있는 다른 공식 정보를 모은다.
- 심사위원회가 검토하고 승인할 책임이 있는 경기에 관하여 국제 스포츠 규칙 제 140조에 언급되어 있는 종료 보고서를 위한 데이터를 준비하거나 사무국장에게 준비하도록 요청해야 한다.

규정에 따라서 레이스 디렉터 race director 를 별도로 임명하는 경기도 있다. 레이스 디렉터는 경기위원장과 협력하여 경기가 안전하게, 그리고 규정에 따라서 진행될 수 있도록 한다. 규정에서 경기위원장보다 레이스 디렉터를 더욱 상위 직위로 정의했다면 경기위원장은 레이스 디렉터가 동의할 때에만 권한을 행사할 수 있다.

사무국

사무국 race administration office 은 대회의 전반적인 운영을 맡는 곳이며 사무국장 secretary of the meeting 이 책임자를 맡는다. 사무국에서는 경기의 조직과 운영을 책임지며 이에 관련하여 필요한 모든 발표는 사무국에서 하게 된다.

사무국은 모든 오피셜들이 각자의 임무를 이해하고 이를 원활하게 수행해 나가도록 보장하고 지원할 의무를 가지며 이에 필요한 장비들을 공급해야 한다. 필요한 경우에는 각 경기에서 종료 보고서를 준비하는 과정에서 경기위원장을 돕는다.

9.2 트랙사이드

실제 경기가 이루어지는 트랙에서는 경기를 원활하게 진행하고 필요하다면 트랙을 주행하는 드라이버에게 정보를 제공하거나 지시를 내리기 위한 신호를 할 오피셜이 필요하다. 그리고 사고가 벌어졌거나 그밖에 이유로 트랙에 위험한, 또는 위험을 일으킬 수 있는 문제가 생겼을 때 이를 처리하고 다른 참가 차량들이 추가 사고에 휘말리지 않도록 상황을 통제하고 정리할 오피셜이 필요하다. 이렇게 경기 현장을 주요한 활동 지역으로 직무를 수행하는 오피셜을 통틀어서 트랙사이드 오피셜 trackside official 이라고 하며, 마샬 marshal 이라는 말도 널리 쓰인다.

트랙사이드 오피셜은 넓은 범위로 보면 이머전시 팀이나 피트/그리드 팀을 모두 포괄한다. 여기서는 트랙사이드 오피셜을 넓은 의미로 보고 다루지만, 각 분야별 오피셜에 대한 자세한 내용을 다룰 제3부에서는 이를 좀 더 세분화할 것이다.

플래그 마샬

플래그 마샬 flag marshal 은 경기장 곳곳에 설치된 주요 포스트에서 깃발 또는 사인 보드를 활용해서 트랙을 주행하고 있는 드라이버들에게 상황에 따라서 적절한 신호를 제공하는 임무를 맡는다. 트랙에서 사고와 같은 위험한 문제가 일어났을 때에는 그 현장으로 가서 추가로 위험을 경고하는 깃발 신호를 제공할 수 있다.

이러한 깃발 신호 중에는 플래그 마샬의 판단으로 제시할 수 있는 신호도 있지만 반드시 레이스 컨트롤의 지시를 받아서 제시해야 하는 신호도 있기 때문에 항상 레이스 컨트롤과 긴밀한 연락 관계가 구축되어 있어야 한다. 깃발 신호는 순간적인 판단에 따라서 신속하게 제시되어야 하지만 경기에 중대한 영향을 미칠 수 있으므로 정확하게 제시되어야 한다. 빠르면서도 침착한 판단, 그리고 순간적이면서도 정확한 몸의 반응을 필요로 한다.

트랙 마샬

트랙 마샬track marshal은 경기에 관여되어 있는 모든 사람들의 안전을 최대한 확보하는 임무를 맡으며, 경기가 진행되는 트랙이 항상 안전하고 청결한 상태를 유지하도록 관리해야 한다. 만약 트랙에서 사고 또는 고장 차량이 멈춰서는 상황이 발생하면 이머전시 팀과 협력해서 사고를 정리하고 트랙을 수습한다.

구난 마샬

구난 마샬recovery marshal은 트랙에서 사고나 고장 같은 문제가 발생해서 차량이 트랙 위 또는 주변에 멈춰 섰거나 파편, 그밖에 경기 참가자들에게 위험 요소가 될 수 있는 물질들이 트랙에 있을 경우, 트랙 마샬과 협력하여 빠르고 안전하게 위험 요소를 제거해서 경기가 최대한 빠르고 신속하게 정상 상태로 돌아갈 수 있도록 하는 임무를 맡는다. 구난 팀은 차량을 견인하기 위해서 크레인, 트럭을 비롯한 중장비를 활용하며 경기 기간 동안 이를 유지 관리하는 일도 구난 마샬의 책임이다.

소방 마샬

소방 마샬fire marshal은 사고를 당한 차량에 실려 있는 연료에 불이 붙었거나 차량 급유 작업, 연료 관리 부주의, 그밖에 이유로 경기장 안에서 불이 났을 때 이를 진압하는 일을 맡는다. 또한 소방 작업에 필요한 각종 장비를 준비하고 운영하는 일도 맡는다. 가벼운 화재라면 트랙 마샬이 소화기로 간단하게 진압할 수도 있으나, 정확한 진화 방법을 모를 때에는 화재를 진압하지 못하거나 더 큰 화재를 일으킬 수 있으므로 근처에 소방 마샬이 있다면 진화 작업을 이들에게 맡기는 것이 안전하다.

의료 오피셜

의료 오피셜medical official은 경기 중에 사고 또는 그밖에 이유로 선수, 오피셜, 또는 경기 관계자가 다쳤을 때 이를 구조하고 필요한 응급 치료를 하는 일을 맡는다. 이러한 치료는 현장에서 곧바로 이루어지는 경우도 있으나, 경기장에 있는 메디컬 센터에서 이루어질 수도 있으며 심각한 상황이라면 가까운 의료 기관으로 후송될 수도 있다. 이때 의료 오피셜은 육상, 해상, 또는 항공 운송 수단으로 환자의 신속하고 안전한 후송을 책임진다.

사고가 벌어졌을 때 드라이버가 파손된 차량 안에서 자력으로 탈출할 수 없다면 안전하게 차량에서 꺼내기 위해서 다양한 장비를 활용하는 구출 작업을 한다. 경기에 따라서는 구난 오피셜이 차량 절단과 같은 구출 임무 지원을 맡을 수도 있다.

한편 의료 오피셜은 경기 전에는 메디컬 체크를 통해서 경기에 참가하는 선수가 경기를 치르기에 이상이 없는 몸 상태인지를 진단하는 일을 맡는다. 메디컬 체크에서 이상이 발견된 선수는 경기에 참가할 수 없다. 또한 선수, 팀 관계자, 오피셜에 대해서 전수 조사 또는 무작위 조사 방법으로 음주 측정을 진행하며, 스포츠 관할 기구 또는 도로 교통 관련 정부 당국과 협력해서 금지 약물 테스트를 하는 경우도 있다.

의료 오피셜은 업무 수행에 필요한 각종 의료 장비와 약품을 관리하고 운영한다.

의료 오피셜은 업무 특성 때문에 의사, 간호사, 응급구조사와 같은 특정한 면허를 가진 전문 인력을 필요로 한다.

피트/그리드

트랙을 주행하던 차량이 각 팀의 개러지로 들어오거나, 반대로 개러지에서 트랙으로 나갈 때 쓰이는 통로인 피트는 차량과 사람이 오가는 곳으로서 위험 요소가 많은 곳이며, 피트 위에서 차량에 대한 작업이 이루어지기도 한다. 피트 마샬 pit marshal은 이 구역을 통제한다. 피트 마샬은 피트 구역 안에서 사람들의 통행을 통제하거나 차량이 피트에서 주행하고 있다면 경고 신호를 주어서 피트에 있는 사람들이 위험에 빠지지 않도록 한다. 또한 피트에서 사고와 같은 위험한 상황이 일어났을 때에는 현장을 통제하고 정리하는 일을 하기도 한다.

한편 서킷에서 열리는 레이스에서는 예선 순위에 따라서 트랙 위 그리드에 차량을 순서대로 정리하고, 레이스 시작 절차를 진행하는 과정이 이루어진다. 그리드 마샬 grid marshal은 차량이 올바른 순서대로 정렬될 수 있도록 경기 차량을 안내, 통제하며 출발 절차가 진행되는 단계에 따라서 그리드 주변에 있는 다른 오피셜과 팀 관계자, 관중, 그밖에 사람들을 통제하고 트랙 바깥으로 내보내는 일을 한다. 그리고 레이스가 실제 시작되는 때에 문제가 있어서 제대로 출발하지 못하는 차량이 있는지 관찰하고 이런 차량이 있을 경우에 깃발 신호를 통해서 다른 차량들에게 경고 신호를 보내는 일을 맡는다. 피트·그리드 마샬은 경기의 종류와 규모에 따라서 별도 팀으로 분리되어 운영될 수도, 한 팀이 양쪽 업무를 모두 수행할 수도 있다.

9.3 그밖에

패독

패독 오피셜 paddock official 은 서킷 경기장에서 피트 뒤편에 마련되는 패독 구역을 관리하는 일을 맡는다. 패독에는 경기 관계자들의 지원 차량 또는 보조 차량과 장비들이 보관될 수 있으며, 경기에 따라서는 모든 참가 차량이 피트 개러지에 있을 수 없어서 패독 구역 안에 추가 개러지가 마련될 수도 있다. 패독은 사람과 차량, 장비들이 빈번하게 드나들므로 패독 오피셜은 패독 구역을 통제해서 사고 및 위험을 예방하고 경기가 원활하고 안전하게 진행될 수 있도록 돕는다. 패독 구역에서 위험한 상황이 일어나면 패독 오피셜이 현장을 통제하고 정리하는 일을 할 수도 있다.

기술

기술 오피셜 scrutineer 은 경기에 참가하는 차량, 또는 이와 관련된 각종 장비들이 규정을 지키고 있는지, 또는 잠재된 위험은 없는지를 검사하고 감시하는 임무를 맡는다. 보통 경기에 참가하는 차량은 실제 주행에 들어가기 전에 기술 오피셜에게 차량 검사를 받게 되며, 이 검사를 통과해야 해당 경기에서 주행 자격을 얻게 된다. 그러나 그 이후에도 문제점이 발견될 수 있으므로 경기 도중, 또는 경기 뒤에도 추가 검사를 받을 수 있으며, 사고로 차량이 파손되었을 때에는 그 부분을 조사하는 일을 맡는다. 또한 경기 기간 동안 경기 참가자들이 차량에 대해서 규정에 위배되는 작업을 하는지 여부를 감시하고 트랙을 주행하는 차량에 문제가 있는지를 관찰하기도 한다.

　기술 오피셜은 차량만이 아니라 드라이버의 개인 장비, 급유 시설, 팀 요원들의 개인 장비를 비롯한 각종 장비를 검사하는 일을 맡으며, 차량의 타이어와 같은 소모품이 규정에 맞게 공급되고 쓰이는지를 검사한다. 특정한 기간 동안, 또는 특정 장소에 차량을 모아 놓고 경기 차량에 접근하거나 작업을 하지 못하도록 제한하는 파크 퍼미 parc fermé를 관리하는 것도 기술 오피셜의 임무다.

　기술 오피셜이 업무 과정에서 얻은 정보는 극히 민감한 경우가 많으므로 경기위원장과 심사위원회를 제외하고는 다른 분야의 오피셜과 이를 공유해서는 안 된다. 경기 결과에 직간접으로 영향을 받을 수 있는 업계에 종사하고 있는 사람(예를 들어 경기에 참가하고 있는 자동차의 제조사 직원)은 그 경기의 기술 오피셜로 활동할 수 없다.

기록

기록 오피셜 timekeeper는 경기 기간에 참가자들의 경기 활동에 따른 시간 기록을 측정하고 관리하며, 이를 문서화하는 일을 맡는다. 문서화된 시간 기록은 보통 사무국장을 통하여 경기위원장이나 심사위원회에 전달되어 확인을 거치거나, 규정을 위반한 선수가 있다면 심사위원회가 결정한 벌칙을 적용한 뒤에 발표된다. 시간 기록은 디스플레이 모니터를 통해서 실시간으로 전송 또는 방송될 수도 있으나, 이는 공식 기록으로 인정되지 않으며 문서화를 거쳐서 심사위원회에서 확인 서명한 것만이 유일한 공식 기록으로 발표된다.

　기록위원장과 기록 오피셜은 시간 측정과 기록을 위해서 측정 장비를 설치, 운영하며 이를 유지, 관리하는 일을 맡게 된다. 또한 경기위원장이나 레이스 디렉터, 사무국과 협의하여 경기장에 장비를 설치, 매설하거나 각 참가 차량에 측정 장비를 설치하는 방법을 정한다.

　기록 오피셜이 업무 과정에서 얻은 정보는 경기의 결과를 판가름하는 중요한 사항이므로 경기위원장과 심사위원회, 사무국장을 제외하고는 다른 분야의 오피셜과 이를 공유해서는 안 된다. 경기 결과에 직간접으로 영향을 받을 수 있는 업계에 종사하고 있는 사람은 그 경기의 기록 오피셜로 활동할 수 없다.

Chapter 10
오피셜의 안전
SAFETY OF OFFICIALS

관중보다 좀 더 가깝게 모터스포츠를 경험하고 직접 참여할 수 있다는 것은 오피셜이 누릴 수 있는 장점 가운데 하나일 것이다. 그러나 이는 모터스포츠가 안고 있는 위험에 관중들보다 더욱 많이 노출되어 있다는 뜻이기도 하다.

무거운 차량이 빠르게 달리는 모터스포츠 경기에는 언제나 위험이 도사리고 있다. 트랙에서 차량이 주행하고 있을 때에는 물론, 심지어 차량이 모두 개러지 안에서 움직이고 있지 않을 때조차도 화재를 비롯한 위험한 일들이 벌어질 수 있으며, 단지 사고 차량이나 그로부터 튀어나온 파편들만이 위험한 것도 아니다. 모터스포츠 경기의 수준이 높을수록, 그래서 더욱 크거나 더욱 빠른 차량들이 경쟁하는 경기일수록 잠재되어 있는 위험 역시도 높아진다. 이러한 사고는 작게는 가벼운 부상에서부터 심하면 중상, 영구 장애, 심지어는 목숨을 잃는 결과를 낳을 수도 있다. 따라서 모터스포츠 오피셜은 경기 기간 동안 자신과 동료의 안전, 그리고 선수와 팀 관계자, 관중을 비롯한 주위 다른 사람들의 안전에 항상 주의를 기울여야 한다.

10.1 모터스포츠에서 벌어질 수 있는 위험한 사고들

모터스포츠의 트랙은 다양한 안전시설을 갖추고 있으며 경기 규정과 기술 규정을 통해서 위험한 상황을 최소화하기 위해서 노력하고 있다. 그러나 일반 도로에서도 사고 자체를 완전히 막을 수 없으며 더구나 경쟁을 필수 요소로 하는 모터스포츠에서는 더더욱 그렇다.

자동차와 사람이 직접 부딪치는 경우

오피셜이 트랙 안에 있을 때는 물론, 방호벽과 같은 안전시설 뒤에 있다고 해도 차량이나 파편이 벽을 넘어서 덮칠 수도 있기 때문에 주의해야 한다. 특히 피트는 트랙 주행 기간에는 차량들이 빠른 속도로 드나들기 때문에(예를 들어 포뮬러 1은 연습주행에서는 60km/h, 예선과 레이스에서는 100km/h) 대단히 위험하다.

파편에 맞는 경우

충돌이나 고장 때문에 차량에서 떨어져 나간 파편은 매우 빠른 속도로 튕겨 나가므로 작은 파편이라고 해도 치명상을 입힐 수 있다. 휠과 같은 크고 무거운 부품이 튕겨 나올 수도 있으며, 이 때문에 선수나 오피셜이 목숨을 잃은 사건도 여러 차례 있다. 오프로드 경기 때에는 타이어가 자갈이나 돌을 튕겨낼 수 있으며 이 역시 큰 부상을 입힐 위험을 가지고 있다.

화재

대부분의 차량은 인화성이 강한 휘발유나 알코올을 연료로 쓴다. 이러한 차량이 사고에 휘말렸을 경우에 폭발이나 화재 사고를 일으킬 수 있다. 상대적으로 인화성이 약한 경유(디젤엔진 연료)라고 해도 사고가 벌어졌을 때 화재로 번질 가능성은 충분하다. 또한 피트나 개러지에서는 급유 과정에서 정전기나 연료 누출과 같은 원인으로 화재가 일어날 수 있다. 연료 화재는 심지어 2012년 포뮬러 1 스페인 그랑프리가 끝난 직후의 윌리엄스 팀 개러지 화재 사고처럼 경기가 끝난 뒤에도 벌어질 수 있다.

화상

트랙을 주행하고 있는 차량의 여러 부분들은 무척 뜨거워진다. 연료를 연소시키는 엔진, 아주 빠른 속도로 회전하는 트랜스미션, 운동에너지를 열에너지로 변환하는 브레이크 계통, 지면과 계속해서 마찰을 일으키는 타이어와 이 열이 전달되는 휠, 뜨거운 배기가스를 내뿜는 배기부, 그리고 엔진을 비롯한 기계 계통에서 나오는 열을 전달 받는 냉각수와 각종 오일 및 이들이 지나가는 파이프나 튜브는 무척 뜨거우며, 이에 몸이 직접 닿으면 화상을 입을 수 있다. 이들은 차량이 가동되고 있을 때는 물론 엔진을 끈 뒤에도 한동안은 아주 뜨겁기 때문에 화상을 입을 위험이 있다.

높은 온도만이 화상을 일으키는 것은 아니다. 오랜 시간 야외에서 근무해야 하는 오피셜들은 오랫동안 강한 햇빛에 노출됨으로써 화상을 입을 위험이 있다. 차량에 직접 닿지 않아도 열기에 오래 노출되면 저온 화상을 입을 수 있다.

감전

최근 들어서 모터스포츠에서는 화석 연료 사용과 온실가스 배출을 줄이기 위해서 전기에너지 활용을 높이고 있다. 포뮬러 1의 KERS 장치나 하이브리드 차량처럼 엔진 동력과 전기 모터 동력을 혼용하는 경우가 있는가 하면 아예 전기에너지만을 쓰는 경기도 점점 늘어날 전망이다. 동력으로 쓰이는 전기에너지는 보통의 차량에서 쓰이는 전기보다 높은 수백 볼트의 전압을 가지며, 차량의 결함으로 절연이 제대로 되지 않았거나 사고로 전기 계통이 파손되어 누전이 되었을 때, 적절한 방호 장비 없이 차량에 손을 대면 감전 사고를 일으킬 수 있다. 비가 온다면 이런 위험은 더욱 높아진다.

10.2 위험을 일으키는 요인

차량 관련 사고가 아니더라도 오피셜에게는 위험한 일들이 얼마든지 벌어질 수 있다.

날씨를 비롯한 주변 환경

날씨는 경기의 진행이나 결과는 물론 안전에도 영향을 미칠 수 있다. 예를 들어 비가 올 때에는 지면이 미끄러우며, 강한 바람이 불면 경기장의 시설물이 날리거나 쓰러지면서 사고를 일으킬 수 있다. 날씨가 심하게 흐리거나 비가 올 때, 짙은 안개가 끼었을 때에는 바깥 시야가 나빠져서 사고에 대한 대처가 늦어질 수 있다. 그밖에 천둥, 번개, 안개, 우박을 비롯한 예기치 못한 기상 변화가 언제든 일어날 수 있으며 이 모두가 위험을 일으킬 수 있다.

건강

건강 상태는 개인의 안전에 깊이 관련되어 있다. 몸의 상태가 좋지 않다면 운동 능력이 떨어지거나 주위 변화에 따른 반응이 늦어질 수 있으며 이 때문에 위험을 알아차리고 판단하는 과정이 늦어지거나 위험을 알아도 이를 빨리 피하지 못할 수 있다.

분야에 따라서 차이가 있지만 오랜 시간 동안 서서 근무해야 하는 오피셜은 몸의 컨디션 관리를 소홀히 할 경우에 피로, 탈수, 허기를 비롯한 여러 가지 크고 작은 몸의 이상을 겪을 수 있으며, 이러한 이상은 모두 안전에 위협이 될 수 있다. 또한 갑작스러운 기온 변화, 이상 저온이나 고온, 많은 양의 비와 같은 악천후는 건강 상태를 나쁘게 만들거나 병을 일으키는 원인이 될 수 있다.

음주와 약물도 몸의 상태에 큰 영향을 미칠 수 있다. 이들은 몸이나 정신의 반응 및 대응을 느리게 만들 수 있으며 주의력과 집중력을 떨어뜨리고 피로와 졸음을 일으킬 수 있으므로 사고 위험을 높인다.

안전 문제에 대한 인식 부족

안전 문제에 대한 지식과 주의가 부족하면 스스로 위험한 상황을 자초할 수 있다. 예를 들어, 트랙 주행이 진행되고 있을 때 방호벽 바로 뒤에 기대어 있는 것은 위험한 행동이다. 차량이 벽에 부딪칠 때 차량에 미치는 충격 완화를 위해 벽이 어느 정도 움직이도록 설계되었을 수 있기 때문이다. 또한 피트에서는 언제든지 차량이 빠른 속도로 접근할 수 있는데도 주의를 소홀히 하면 스스로를 위험에 빠뜨리는 결과가 된다. 부주의는 오피셜 안전에 최대의 적이라고 해도 지나치지 않다.

10.3 위험을 피하기 위한 대책

위험으로부터 안전을 확보하기 위해서는 위험한 상황을 피하는 것이 가장 좋은 방법이지만 직무 때문에 부득이하게 위험을 감수해야 할 때도 종종 있다. 따라서 현재의 상황과 그에 따른 위험을 잘 인식하고 적절한 대책을 세우는 것이 중요하다.

의복

- 옷은 천연섬유(면 또는 모직)를 권장한다. 합성섬유는 불이 붙었을 때 녹아서 피부에 들러붙는다. 주최 측에서 제공하는 유니폼이 있다면 그 유니폼을 입어야 하며, 주최 측에서 요구하는 복장 규정이 있다면 그에 따라야 한다.
- 심한 일교차와 악천후에 대비해 방수 기능이 있는 점퍼를 준비하는 것이 좋다.
- 햇볕으로부터 얼굴을 보호하기 위해서 챙이 있는 모자를 쓴다. 추운 날씨에서는 머리를 통해서 빠져나가는 열이 몸 전체의 20% 가까이에 이르므로 보온 효과를 위해서도 모자는 꼭 필요하다.
- 오피셜 직무를 수행하는 동안에는 반바지는 절대 금지된다. 웃옷은 분야에 따라

서 다르지만 긴팔을 의무로 하거나 권장한다. 찢어지거나 구멍이 나서 그 틈으로 피부가 드러나는 옷도 금지된다. 이는 파편이나 화재로부터 몸을 보호하기 위해서, 그리고 강한 자외선으로부터 피부를 보호하기 위해서다. 업무 분야나 경기 종류에 따라서는 방염 기능이 있는 오버롤 복장을 입어야 한다.

- 신발은 방수 기능이 있으며 발 전체를 덮어야 한다. 튼튼한 안전화, 작업화, 등산화를 권장한다. 뛸 때 불편을 주거나 넘어지기 쉬운 하이힐이나 샌들 종류는 절대 금지되며 천으로 된 캔버스화와 같이 보호 기능이 약한 신발도 피해야 한다.
- 비가 올 경우를 대비해서 여벌의 옷, 양말, 신발을 준비하는 것이 좋다.
- 차량의 몇몇 부품은 온도가 아주 높다. 직무 때문에 차량을 만져야 할 때를 대비해서 열을 막아 줄 수 있는 장갑을 준비하는 것이 좋다. 특히 고전압 장치를 쓰는 차량(예를 들어 KERS가 장착된 포뮬러 1 차량 또는 하이브리드 차량)을 밀어 옮기거나 할 때에는 반드시 주최 측이 공급하는 절연 장갑을 끼고 작업을 해야 한다.

개인 장비/용품

- 라이선스, 패스, 조끼, 타바드와 같이 자신의 오피셜 자격을 입증할 수 있는 증표를 항상 입고 있어야 한다.
- 강한 자외선으로부터 몸을 보호하기 위해서 피부가 노출되는 부위에는 선크림을 바른다. 3~4시간마다 덧발라주어야 효과를 유지할 수 있다.
- 강한 햇빛으로부터, 그리고 튀어 들어오는 작은 파편으로부터 눈을 보호하기 위한 선글라스를 준비한다. 그러나 너무 짙은 색깔의 선글라스는 시야를 방해하고 깃발의 색깔이나 차량의 배색을 제대로 구별하지 못하게 만들 수 있다는 점에 유의한다.
- 특히 더운 날씨에는 탈수증 또는 열사병에 걸리기 쉬우므로 충분히 물을 준비하고 자주 마셔야 한다.

- 음식이 제때 공급되지 않을 수 있으며, 직무에 따라서 체력 소모가 심할 수 있으므로 쉽게 상하지 않으며 간편하게 먹을 수 있는 음식을 준비한다.

행동 원칙

- 위험한 상황은 최대한 피하는 것이 가장 현명하다. 직무와 안전이 상충된다면 안전을 우선으로 생각해야 한다.
- 경기장 안에서는 항상 안전에 대한 긴장감을 잃지 않도록 노력해야 한다. 사고는 언제 어떻게 일어날지 모르기 때문에 항상 안전을 가장 먼저 생각해야 한다. 안전에 대한 긴장감과 집중력을 잃을 때 사고 위험은 몇 배로 커진다.
- 시동이 걸려 있는 경기 차량은 만지지 않는 것이 원칙이다. 특히 주행을 하다가 멈춰선 차량이라고 해도 엔진, 냉각부, 배기부, 브레이크, 타이어와 같은 부분들은 상당한 시간 동안 매우 뜨겁기 때문에 절대 피해야 한다. 직무 때문에 어쩔 수 없이 손을 대야 한다면 반드시 선임 오피셜에게 지시를 받고 장갑을 비롯한 안전 장비를 착용해야 한다. 시동이 걸려 있지 않은 차량이라고 해도 직무 때문에 반드시 필요한 경우가 아니면 차량에 손을 대지 않아야 한다.
- 트랙과 피트 안에서 움직일 때에는 주위 상황에 최대한 주의를 기울이고 조심스럽게 움직여야 한다. 특히 차량이 자기 쪽으로 오는 방향을 자주 주시해야 한다.
- 치료를 위해서 먹는 약이 있다면 업무에 들어가기 전에 반드시 선임 오피셜에게 알리고 직무 수행에 문제가 없는지 여부를 확인 받아야 한다. 음주는 다음날까지도 영향을 미칠 수 있으므로 엄격하게 제한한다.
- 업무 수행 도중에 몸의 컨디션이 나빠졌다면 즉시 선임 오피셜에게 알리고 적절한 조치를 받아야 한다. 숨기고 문제없는 척 하다가 컨디션이 더 나빠지면 큰 사고의 원인이 될 수 있으므로 주저하지 않고 조치를 받아야 한다.

제3부
분야별 오피셜의 이해
Understanding Officials by Categories

HOW MOTORSPORT WORKS

Chapter 11
레이스 컨트롤
RACE CONTROL

레이스 컨트롤race control은 경기 진행과 관련된 모든 중요한 결정과 책임을 맡는 곳이다. 적게는 수십 명에서 많게는 수백 명의 오피셜이 진행하는 경기에서 그 두뇌와도 같은 구실을 하는 레이스 컨트롤의 역할은 매우 중요하다. 경기 진행과 관련된 모든 정보들을 수집해서 그에 맞는 대처와 결정을 하고, 전체 경기 운영의 맥을 놓치지 않아야 하는 곳이 바로 레이스 컨트롤이다. 레이스 컨트롤 오피셜은 경기 전체를 관장하고 시시각각으로 수많은 정보의 전달과 명령 체계를 가동하는 핵심이기 때문에 대체로 경험이 많은 시니어 오피셜들이 맡게 된다. 더불어 레이스 컨트롤의 의미는 공간적 의미보다는 업무로 이해하는 것이 좋다.

11.1 인원 구성과 역할

레이스 컨트롤의 구성은 경기의 종류 및 규모에 따라서 차이가 있으나, 대체로 국내

국내 경기
(슈퍼레이스)의
레이스 컨트롤

외 경기에서 공통으로 볼 수 있는 인원 구성은 다음과 같다.

- **경기위원장** clerk of the course 경기 진행 전반에 대한 책임을 가지고 있으며 경기 시작/중단, 세이프티 카 발령과 같은 중요한 결정을 내린다. 또한 경기에 참가하는 모든 오피셜을 대표하는 자격을 갖게 된다.

- **보조 경기위원장** assistant clerk of the course 경기위원장의 업무를 보좌하여 트랙 상황이나 경기 진행에 관한 사항을 보다 자세하게 관찰하며, 이 과정에서 중요한 사항은 경기위원장에게 곧바로 보고한다. 사고보고서나 경기 규칙을 비롯한 여러 업무에서 경기위원장의 눈과 귀가 되는 직책이다.

- **치프 커뮤니케이터** chief communicator 포스트 치프 무전 채널을 담당한다. 이 채널에서는 주로 경기 진행에 관한 내용을 주고받는다.

- **치프 옵저버** chief observer 옵저버 무전 채널을 담당한다. 깃발에 관한 내용, 포스트 관리 및 트랙의 상황과 같은 내용을 주로 포스트 오피셜로부터 전달받고 자세한 트랙 주변 정보도 받는다.

- **이머전시 코디네이터** emergency coordinator 사고 또는 비상 상황과 관련된 전문 팀을 지휘, 관리한다. 구난, 의료, 소방 팀이 이에 해당한다. 사고 또는 비상 상황이 발생했을 때 계획과 절차에 따라서 대처하고 사고 처리 현장에 대한 각종 조치와 관리까지 맡는다.

위의 구성은 가장 기본적인 레이스 컨트롤의 구성이다. 대회 규모에 따라 다음과 같은 직위의 오피셜들이 추가로 레이스 컨트롤에서 일하게 된다.

- **경기부위원장** deputy clerk of the course 경기위원장을 도와서 경기 진행 전반에 대한 업무를 관장한다. 경기위원장이 불가피하게 자리를 비우거나 할 때에는 그의 업무와 책임을 대신한다.

- **무전기 관리 엔지니어** 자동차 경기에서 무선 교신은 정보 전달을 위한 가장 중요한 수단 가운데 하나다. 혹시라도 무전에 이상이 생기면 오피셜이 제대로 업무를 수행할 수 없게 되며 경기 운영에 큰 차질을 일으킬 수 있으므로 무전기를 유지 관리하는 전담 엔지니어가 레이스 컨트롤 혹은 그와 가까운 곳에 상주한다.

- **레이스 컨트롤 기록** logger 레이스 컨트롤에서 일어나는 모든 상황, 사고, 주요 경기 진행 내용, 무전 내용들을 수기, 컴퓨터, 그밖에 하드웨어 및 소프트웨어를 활용해서 기록한다. 치프 커뮤니케이터, 치프 옵저버, 이머전시 코디네이터 등이

주고받는 무전이 이 기록 대상에 해당된다.

- **서킷 담당 매니저** 오피셜이라기보다는 경기장에 소속된 직원에 가까우며, 사고나 천재지변을 비롯한 사유로 서킷에 보수, 보강 또는 변경이 필요할 때 이에 관한 책임을 지고 최대한 빨리 조치를 한다.

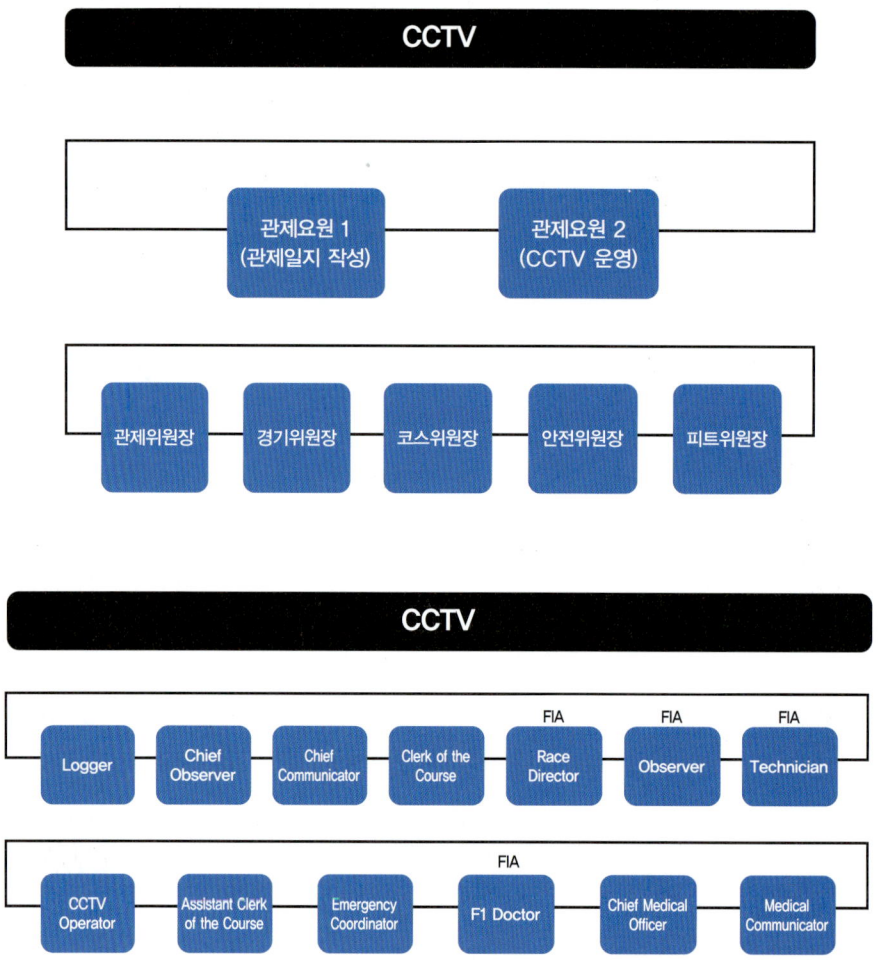

국내 경기(위)와 F1(아래)에서 레이스 컨트롤의 배치도

- **CCTV 오퍼레이터** CCTV operator 서킷에 CCTV가 있다면 경기 내용이나 사고에 따라서 레이스 컨트롤에서 사고 장면 또는 해당 지점의 실시간 상황을 쉽게 볼 수 있도록 CCTV 조작 및 관리를 전담하는 오피셜이다.

- **이머전시 커뮤니케이터** emergency communicator 이머전시 팀은 의료, 소방, 구난을 비롯한 다양한 팀들로 구성되며, 규모가 큰 경기에서는 이들 사이에서 주고받아야 하는 무전 내용이 많기 때문에 별도로 커뮤니케이터가 필요할 수도 있다.

참고로 국내 경기에서는 경기위원장의 역할을 나누어 맡는 관제위원장 등이 추가되기도 하며, 시니어 채널과 옵저버 채널을 분리하지 않고 코스 채널로 통합 사용하기도 한다.

11.2 레이스 컨트롤 안에서 주의할 사항

레이스 컨트롤에서 근무하는 오피셜, 그리고 경기 중에 여러 가지 이유로 레이스 컨트롤을 방문하는 오피셜, 또는 그밖에 누구든 다음 사항을 준수해야 한다.

- 레이스 컨트롤은 경기의 중요한 내용, 특히 사고에 관련된 판단을 내리는 곳이므로 민감한 정보를 다루는 공간이라는 점을 인식해야 한다. 레이스 컨트롤의 상황이나 경기 중에 알게 된 내용들은 극도의 보안이 필요하며 팀이나 기자들에게 이런 내용이 새어나가면 논란을 일으키거나 팀 또는 선수가 부당한 이득을 얻을 수도 있다. 따라서 레이스 컨트롤에서 알게 된 내용은 동료 오피셜이라 할지라도 함부로 이야기하지 않아야 한다.

- 레이스 컨트롤은 관람 지역이 아니다. 레이스 컨트롤 오피셜 이외의 모든 방문자는 사전에 경기위원장이나 사무국장을 통해서 허가를 받아야 한다.
- 경기 기간 동안, 특히 트랙 주행이 진행되고 있는 동안에는 오직 근무에 필요한 인원만이 레이스 컨트롤에 참석할 수 있다. 경기 중에는 언제 어디서 사건이 벌어질지 모르며 빠르고 정확한 판단을 위해서는 조용하게 집중할 수 있는 근무 환경을 유지해야 한다. 레이스 컨트롤에는 늘 지정된 최소 인원만 있어야 한다.
- 레이스 컨트롤 오피셜은 경기에만 집중해야 한다. 각각의 오피셜은 하나 또는 그 이상의 임무를 맡고 있으며 특수한 경우가 아닌 한은 다른 이에게 방해를 받아서는 안 된다. 비상 상황이 예상되는 핫 트랙 기간 동안 잡담은 금지된다.
- 레이스 컨트롤 오피셜은 긴급 상황이나 동시다발적으로 벌어지는 사건을 다룰 때가 많다. 침착하고 신속하게, 중요도에 따라서 결정하고 판단할 수 있는 마음가짐을 갖는다. 경기 전날 적절한 휴식과 컨디션을 조절하는 자기 관리도 필수다.
- 무선 통신 또는 의사소통을 할 때에는 온화한 목소리로 분명하게 말해야 한다. 간단하고 정확하게 이야기해야 하지만 심한 명령조는 절대 피해야 한다.
- 경기 기간 동안, 특히 트랙 주행이 진행되는 동안에는 화장실 사용을 비롯한 사적인 용무로 레이스 컨트롤 바깥으로 나가는 일은 최대한 자제해야 한다. 기본적으로 경기 기간 동안 첫 일정이 시작될 때부터 마지막 일정이 끝날 때까지 레이스 컨트롤에 배치된 모든 오피셜은 자기 자리를 지켜야 한다.
- 모든 인원은 직무 때문에 불가피한 경우를 제외하고는 지정된 좌석에 앉아있어야 한다. 이 의무는 경기 기간 동안 날마다, 코스에 마샬이 배치되기 전부터 그날의 경기에 관한 모든 상황이 종료될 때까지 적용된다. 트랙에서 무전이 사용되고 있는 한, 레이스 컨트롤 오피셜은 항상 자리를 지켜야 한다.
- 누구든 담당 임무를 수행할 대체 인원을 배정하지 않고서는 절대로 레이스 컨트롤을 떠나서는 안 되며, 대체 인력이 자리를 대신하고 있다고 해도 휴식은 최소

화해야 한다. 레이스 컨트롤에서 근무하는 모든 오피셜은 늦어도 모든 트랙 활동이 시작되기 5분 전에 휴식을 마치고 자기 자리로 복귀해야 한다.

- 휴대폰은 때때로 경기 중 비상통신의 일부분이 되기도 한다. 그러나 불필요한 소음으로 혼란을 일으키지 않도록 진동상태로 두는 것이 좋으며, 레이스 컨트롤 내에서는 사적인 통화는 하지 않아야 한다.
- 모든 레이스 컨트롤 오피셜은 깔끔한 외모와 전문적인 행동이 요구된다. 대회 기간 동안에는 항상 대회 주최 측이 지정한 유니폼을 착용해야 하며 비공식적인 옷은 허가되지 않는다.
- 책상 주변은 잘 정돈되어 있어야 한다. 가방, 쓰레기통, 상자 등은 눈에 띄지 않는 곳에 정리한다.
- 모든 일정이 끝나고 나서도 레이스 컨트롤의 역할과 임무는 계속될 때가 많다. 자신이 할 일이 끝났다고 자리를 서둘러 비우거나 해서는 안 되며, 레이스 컨트롤의 업무가 끝난 것을 확인한 다음 관련 일지와 로그를 정리하여 사용했던 장비와 함께 사무국에 전달한다.

11.3 무선 통신과 보고 방법

레이스 컨트롤은 CCTV, 보고서, 무선 및 유선 통신과 같은 다양한 통신 수단으로 정보를 수집하고 지시를 내린다. 특히 무선 및 유선 통신은 오피셜과 레이스 컨트롤이 직접 양방향으로 정보를 주고받으며 지시를 내릴 수 있는 사실상 유일한 수단이다. 무선 통신과 유선 통신은 전달 매체의 차이는 있지만 교신 방법에는 큰 차이가 없으므로, 여기서는 무선 통신을 기준으로 장비 사용과 보고 방법을 설명한다.

무선 통신에 대한 일반적인 사항

- 하나의 네트워크를 통해 여러 사람이 소통하고 있다는 것을 늘 염두에 두어야 한다. 무전기는 전화와 다르게 한 번에 한 사람의 말만 전달될 수 있으므로 정해진 규칙대로 사용해야 혼란을 막을 수 있다.
- 모든 무선 통신은 오피셜 → 레이스 컨트롤, 또는 레이스 컨트롤 → 오피셜을 원칙으로 한다. 포스트간 교신을 하려면 먼저 레이스 컨트롤의 허가를 받아야 하며 허가 없이 포스트 오피셜이 직접 다른 포스트를 호출해서는 안 된다. 예를 들어, "레이스 컨트롤, 여기는 3 포스트. 4 포스트 치프와 교신 희망."과 같이 먼저 레이스 컨트롤에 허가를 요청한다. 만약의 경우 다른 채널로 소통하더라도 먼저 레이스 컨트롤의 허가를 받아야 한다.
- 무전기는 레이스 진행에 필요한 정보를 전하기 위해서만 써야 한다. 사적인 잡담이나 개인적인 용무를 위해서 무전기를 써서는 안 된다.
- 사고는 다른 문제들보다 우선순위에 놓인다. 사고가 발생되면 다른 문제들은 사고가 해결될 때까지 보류해야 한다.
- 무전기의 송신 PTT 버튼이 눌린 상태로 방치되면 아무도 무선 시스템을 사용할 수 없게 된다. 그러므로 버튼의 상태를 종종 확인하는 습관을 갖는다.
- 교신할 때는 내용이 정확히 전달되고 듣는 사람이 필요한 행동을 할 수 있을 정도의 정보만 간결하게 보내면 된다. 필요 없이 장황하게 설명하면 오히려 정확한 상황 파악을 방해하고 혼란을 가져올 수 있다.
- 무전기의 분배와 수거는 어떻게 이루어지는지 장비 팀(혹은 사무국)에 사전 문의하여 알고 있어야 한다.
- 경기의 일정이 하루가 넘는다면 일과가 끝났을 때 무전기, 또는 무전기의 충전지는 충전을 위해서 반납해야 한다.
- 비가 오면 무전기를 보호하기 위해 될 수 있으면 방수 장비 안에 보관한다.

- 무전기나 충전지에 문제가 생기면 즉시 주변의 다른 무전기나 전화로 레이스 컨트롤에 지원을 요청한다.

무선 통신 채널

레이스에서 오피셜들은 한 개 혹은 그 이상의 채널을 사용하게 된다. 각 채널마다 무전 내용과 관련 부서가 정해져 있으므로 채널을 혼동해서 사용하는 일이 절대 없어야 한다. 레이스 컨트롤이 사용하는 주 통신 채널은 다음과 같으나, 레이스 규모에 따라 채널이 통합되거나 나뉠 수도 있다는 것을 염두에 둔다.

- **시니어 채널** senior channel, 혹은 코스 채널 경기위원장, 치프 커뮤니케이터, 치프 마샬, 치프 코스 마샬, 포스트 치프로 이어지며, 경기 운영 및 사고 처리 방안 등에 관한 정보 및 지시를 주고받는 채널이다. 다른 채널을 사용하는 오피셜 팀의 선임 오피셜들이 전체 경기 상황을 모니터하고 주요 사항을 전달하기 위해 쓰기도 한다.

- **옵저버 루프** observer loop 각 포스트에 배치된 옵저버를 레이스 컨트롤의 치프 옵저버와 연결시켜 준다. 주요 경기 내용 이외의 상세한 보고, 요구 사항들을 전달할 때 사용된다. 현재 국내 경기에서는 사용하지 않는 경우가 많다.

- **메디컬 채널** medical channel 의료 오피셜과 연락할 때 사용한다.

- **이머전시 채널** emergency channel 구난 차량, 구난 오피셜, 소방 오피셜과 연락할 때 사용한다. 별도로 마련된 메디컬 채널이 없다면 이 채널을 같이 쓰기도 한다.

- **사무 채널** 행정 및 사무 장비나 오피셜 지원 등과 같은 업무를 위한 연락에 쓰인다.

무선 통신의 예

- **경기 시작, 종료 관련** "코스인 5분 전.", "코스인 3분 전." 등 치프 커뮤니케이터를 시작으로 각 채널을 담당하고 있는 레이스 컨트롤 오피셜들은 각 채널로 진행 상황을 반복하면서 채널에 연결되어 있는 트랙사이드 마샬들에게 현재의 상황을 전달해서 그에 맞는 단계적인 준비를 할 수 있도록 한다. 이때는 중요한 문제에 관련하여 꼭 필요한 경우를 제외하고는 교신을 하지 않는다.

- **사고 발생시** 옵저버 루프와 시니어 채널로 자세한 정보가 들어오므로 경기위원장과 이머전시 코디네이터가 무전을 듣고 상황을 판단할 수 있도록 다른 레이스 컨트롤 오피셜들은 조용하게 예의주시한다. 사고에 대한 대처가 결정되면 즉시 시니어 채널, 이머전시, 메디컬 채널 등으로 지시 사항이 전달된다. 이에 따른 사고 처리에 대한 보고는 옵저버 루프, 시니어 채널 등으로 들어온다.

- **기타 트랙 상황 관련 및 마샬 요청 사항** 트랙 곳곳에 배치된 마샬들이 소통할 수 있는 첫 번째 수단은 무전이다. 주변 상황에 대한 보고, 물품 요청 사항, 의료 지원 요청을 비롯하여 크고 작은 문제들을 보고할 때에는 옵저버 루프를 사용한다. 치프 옵저버는 요청 받은 사항에 대해서 색깔이 구별된 메모지를 활용, 이머전시 채널을 맡은 커뮤니케이터에게 전달하고, 이머전시 채널 커뮤니케이터는 사무 채널로 내용을 요청한다.

11.4 무전기 사용법

무전기는 레이스 컨트롤과 각 분야의 오피셜을 연결하는 중요한 통신 수단이므로 모든 오피셜은 무전기를 올바로 사용하고 정확한 교신을 하는 방법을 익혀야 한다.

무전기 장비를 조작하는 방법은 제조 회사나 모델에 따라서 차이가 있으나, 여기서는 대체로 국내외 경기에서 널리 쓰이는 모델들에서 공통적으로 쓰이는 조작 방법을 설명한다. 다음 그림은 모터스포츠에서 널리 쓰이는 디지털 무전기 모델을 구성하고 있는 각 부분의 이름이다.

디지털 무전기 모토로라 MTP850의 주요 부분 이름

경기에 참가하면 반드시 자신이 쓸 무전기의 모델을 확인하고 그 사용법을 숙지해야 한다. 잘 모를 때에는 경기의 선임 오피셜에게 교육을 요청한다.

무전기를 받은 직후 확인할 사항

- 로터리 스위치로 무전기의 전원을 켜고 배터리 충전 상태를 확인한다.
- 무전 채널을 본인이 소속된 채널로 변경한다.
- 무전기와 헤드셋을 함께 지급받았다면 커넥터를 연결해서, 헤드셋의 상태도 같이 확인한다.

발신할 때

- 무전기의 PTT push-to-talk, 이 버튼을 누르고 있는 동안 발신할 수 있다 버튼 위치를 숙지한다. 통상 왼쪽 옆면에 있다. 경기 중에 실수로 누르지 않도록 주의한다.
- 헤드셋을 연결했을 때는 헤드셋에 있는 PTT 버튼만을 사용하도록 한다. 헤드셋의 PTT 버튼은 기종에 따라서 헤드폰의 한쪽 스피커 윗면에 있거나 라인의 중간에 있으므로 헤드셋의 PTT 버튼이 어디 있는지도 꼭 확인해야 한다.
- 무전기 본체 위쪽에 주황색 버튼이 있는 경우에는 비상 연락 emergency call 용이므로 이를 PTT 버튼으로 착각하지 않는다. 이 버튼을 누르면 해당 무전 채널 전체가 불통될 수 있다.
- 전달할 내용을 머릿속으로 미리 정리한 후 PTT 버튼을 누르고 2초 후 발신한다. 버튼을 누른 뒤 무전기가 내용을 전달할 상태가 되기까지 시간차가 약간 있기 때문이다. 앞부분의 말이 잘릴 가능성을 생각해서, "레이스 컨트롤, 레이스 컨트롤. 3 포스트입니다."와 같은 방식으로 먼저 레이스 컨트롤을 두 번 부르면 앞이 잘려도 "3 포스트입니다."라는 말은 전달될 수 있다.
- 평소에 말하는 높이와 크기로 말한다. 잡음 제거 기능을 가진 디지털 무전기는 소리를 높여 말하거나 크게 말해도 효과가 없으며, 오히려 말소리를 소음으로 인식해서 제거하는 역효과를 일으킬 수 있다.

11.5 폐쇄회로 TV

레이스 컨트롤은 트랙 및 방호벽의 전 구간을 볼 수 있도록 충분한 수의 원격 조종 카메라를 포함한 폐쇄회로 CCTV 시스템을 가지고 있다. 흔한 경우는 아니지만 현장에서 시야 확보가 되지 않는 사고가 일어났다면 CCTV는 무슨 일이 일어나고 있고 무엇이 필요한지 알 수 있도록 현장을 보여줄 수도 있다.

이러한 정보들을 바탕으로 레이스 컨트롤은 사고 또는 이상 상황에서 현장에 있는 마샬에 대해 조언 또는 지시를 내리거나, 현장으로부터 구체적인 요청이 들어오지 않았다고 해도 현장에 필요한 장비를 보내 트랙사이드 마샬을 지원할 수 있다. 또한 상황 처리가 곧 완료될 것을 예상하고 다음에 또 출동할 때를 예상해서 장비를 더 나은 위치에 옮겨 놓는 데에도 활용된다. CCTV 관찰 기록은 사건의 재조사, 트랙 안에서 벌어지는 위반 행위에 대한 증거, 또는 경기 운영 조직이나 관계 당국에 제출하기 위한 자료로도 활용될 수 있다.

Chapter 12
사무국
RACE ADMINISTRATION OFFICE

 어떤 행사나 단체를 운영하든 이를 전반적으로 관리하고 모든 행정을 책임지는 곳이 필요하다. 모터스포츠에서 경기에 대한 사전 준비와 진행, 그리고 경기 뒤 사후 정리에 이르는 관리와 운영을 책임지며, 오피셜 조직의 각 분야를 연결하고 그밖에 경기 관계자, 외부 조직에 대한 커뮤니케이션에 이르기까지 경기 운영을 위한 혈관 같은 구실을 하는 곳이 사무국이다. 따라서 사무국의 존재와 역할은 모터스포츠 경기를 성공적으로 개최하기 위한 핵심 가운데 하나라고 할 수 있다.

 사무국은 경기 운영에 대한 모든 것을 파악하고 있어야 하며 그물망 같이 짜여 있는 경기 조직의 각 부분이 어떤 일을 하고 어떤 것을 필요로 하는지, 오피셜은 물론 각 팀과 선수, 그밖에 경기 관계자들은 무엇을 필요로 하는지, 더 나아가 경기장을 찾은 관중들에 관련된 문제까지도 꼼꼼히 파악하고 관리해야 한다. 사무국이 관할하는 업무 범위는 경기장 바깥으로도 확장될 수 있다. 예를 들어 우리나라에서는 오피셜의 숙소 확보와 배정, 그리고 숙소와 경기장 간 수송 문제까지도 사무국에서 관리하는 경우가 많다.

이러한 중요성 때문에 사무국은 경기가 시작되기 전부터 짧게는 몇 주, 길게는 몇 달 동안 사무국장과 각 분야 책임자들이 경기 전반에 대한 준비를 시작해야 한다.

12.1 사무국의 구성

사무국은 효율적인 업무를 수행하기 위해서 대회의 규모, 경기장의 규모와 시설, 프로모터, 관할 기구를 비롯한 여러 요소에 따라서 다양한 형태로 구성된다.

사무국 사무실에는 대회에 적용되는 전체 규정, 특별 규정, 공식 통지와 그밖에 관련 서류 및 지시 사항의 사본이 항상 비치되어서 필요할 때 경기 관계자들이 열람할 수 있도록 제공되어야 한다. 또한 사무국은 공식 통지나 공고, 그리고 시간 기록, 항의 및 벌칙 심사의 결과와 같은 경기의 각종 결과를 게시하는 게시판을 관리한다. 따라서 게시판에 게시되는 모든 내용의 마스터 파일 혹은 원본, 각종 통지나 공고 사항, 트랙 주행 및 예선과 결승 경기의 결과, 그에 따르는 모든 기록과 공식 발표를 수집하고 관리한다.

사무국은 경기에 따라서 마샬 서비스 및 장비 팀을 관할할 때가 많다. 이럴 경우 해당되는 각 분야의 오피셜들에게 그 직무와 필요에 적합한 물자와 장비를 배분하고 수거하는 일, 경기에 따라서는 물자와 장비를 사전에 준비하고 유지 관리를 하는 업무까지도 사무국이 관할한다. 이러한 상황에서는 실제로 경기가 시작되기 전에 준비해야 할 일이 전체 업무의 대부분을 차지하므로 시간을 철저하게 관리하고 각종 업무의 중요도 및 우선순위를 정확히 이해하는 역량이 중요하다.

사무국의 가장 기본적인 팀과 인원의 구성은 다음과 같다.

사무국장

사무국장 secretary of the meeting 은 사무국의 최고 책임자로서 대회 운영 및 진행 전반을 관할하며, 이와 관련되는 대회 운영 조직 내부 또는 외부의 다양한 부서 및 관련자들 사이에서 의견을 조정하고 회의를 소집하는 업무도 맡게 된다. 경기 중에는 수많은 문서와 보고서가 작성되는데, 사무국장은 이런 문서를 수집하고 필요한 곳에 제시간에 정확하게 문서가 전달될 수 있도록 처리하는 과정을 감독하고 관리할 의무를 진다. 사무국장은 자신의 업무를 보좌하고 사무국장이 없을 때 그 권한과 책임을 대리할 사무부국장, 그리고 이들의 직무를 뒷받침하는 추가 지원 인력을 둘 수 있다.

레이스 운영 팀

레이스 운영 팀 race administration team 은 각 분야에 오피셜을 배치하고, 보고서를 수집하며, 운영과정에서 벌어지는 문제를 바로잡는 일을 한다. 더 나아가 경기에 참가할 선수와 팀의 모집 및 참가 접수, 일정표 및 출전 명단 배포를 비롯해서 경기에 참가하는 팀과 관련된 여러 가지 직무를 맡으며, 잠정 또는 공식 기록, 심사위원 지시 사항이나 특별 공지, 각종 경기 관련 공식 지시 사항에 대한 게시 업무를 맡는다.

마샬 서비스 팀

마샬 서비스 팀 equipment team 은 경기에 참여하는 오피셜을 위한 참가등록, 사인온, 수송과 의식주, 장비에 이르는 다양한 서비스를 제공함으로써 오피셜이 직무에 집중하고 원활하게 경기가 운영될 수 있도록 돕는 일을 한다. 매일 아침 마샬 서비스 팀에서는 경기에 참가한 오피셜이 실제로 경기장에 도착했는지 출석을 확인하는 사인온 절차를 관리하며, 이때 오피셜에게 공통으로 제공되는 비품(예를 들어 식사, 물, 호루라기, 유니폼 등)들을 나눠주기도 한다. 사인온 결과 불참한 오피셜이 있다면 이를 사무국장에게 빨리 알려서 편성을 조정하거나 대체 인력을 동원할 수 있도록 해야 한다.

특히 한국에서 열리는 경기에서는 주최 측에서 오피셜에게 숙식을 제공하는 것이 보통이므로 필요한 숙소를 예약하고 각 오피셜에게 배정하는 일, 넓은 경기장 전체에 걸쳐 퍼져 있는 오피셜들에게 식사가 제때 제공될 수 있도록 운반하는 일과 같은 업무도 마샬 서비스 팀이 관리하게 된다. 이러한 업무 가운데 상당 부분은 외부업체에 위탁하게 되므로 필요한 오피셜에게 제 시간에 서비스가 제공될 수 있도록 계속해서 점검을 해야 한다.

마샬 서비스는 적게는 수십 명에서 많게는 천여 명에 이르는 마샬을 상대하고 서비스를 제공해야 한다. 많은 수의 마샬들은 저마다 다른 성격이나 습관을 지니고 있으므로 그에 따라서 여러 가지 다른 요구를 할 수 있다. 특히 해외 오피셜이 참가하는 국제 경기에서는 문화 차이에 따른 다양성까지 고려해야 한다. 예를 들어 국제 경기에서는 채식주의자나 당뇨, 글루텐 소화 장애, 한식이 맞지 않는 사람들을 고려해서 여러 종류의 식사를 준비해야 한다.

마샬 서비스는 가장 일찍 업무를 시작하며 가장 늦게 업무를 마무리하는 것이 보통이므로 상당한 인내심과 체력을 필요로 한다. 어떠한 상황에서든 당황하지 않아야 하고, 오피셜이 무리한 요구를 하거나 서비스에 대한 항의를 하더라도 감정적으로 대응하지 않는 넓은 마음, 힘든 업무 속에서도 미소로 대응할 수 있는 강인함이 필요하다.

장비 팀

장비 팀 equipment team은 오피셜이 사용하는 장비를 관리하는 업무를 맡고 있다. 오피셜은 그 직무에 따라서 다양한 장비를 활용하며, 이러한 장비들이 필요한 만큼 준비되어 있고 정상 작동 상태를 유지하고 있어야만 원활한 경기 운영을 보장할 수 있다.

이를 위해서 장비 팀은 각 분야의 오피셜이 필요로 하는 장비에는 어떤 것이 있으며, 얼마나 많은 수가 필요한지 확인해야 한다. 만약 필요한 장비를 경기 운영 조직이 보유하고 있지 않다면 미리 구입 또는 대여하는 방식으로 장비를 확보해야 한다.

경기 기간 동안에는 각각의 장비들이 이를 필요로 하는 오피셜들에게 전달될 수 있도록 배분하고 그 내역을 기록하며, 사용이 끝나면 기록에 따라서 배분되었던 장비를 정확하게 수거해서 잃어버리는 장비가 생기지 않도록 해야 한다. 또한 장비가 고장을 일으켰을 때에는 다른 것으로 바꿔 주는 일, 장비가 항상 정상 작동 상태를 보장할 수 있도록 유지 관리(예를 들어서 무전기의 배터리 충전)하는 일도 맡는다.

장비 팀은 각각의 장비들이 가진 특성이나 기본 조작법을 숙지해 두는 것이 좋다. 무전기는 용도별, 분야별로 다른 채널을 쓰게 되며, 따라서 레이스 컨트롤 및 사무국장과 협의하여 각 채널이 어떤 주파수를 쓸지 설정할 필요가 있다.

바운더리 라이더 팀

바운더리 라이더 팀 boundary rider team은 서비스 로드를 통해서 경기장 주변을 돌면서 경기 중 긴급한 보고서, 장비 그리고 인력 수송을 전담하는 팀이다. 예를 들어서 코스에서 사고가 발생했을 때 해당 구간을 관리하는 포스트에서는 사고의 경위를 기록한 보고서를 작성하여 레이스 컨트롤에 전달, 심사위원회의 판단에 도움을 주어야 할 필요가 있다. 이러한 경우에 트랙 주행이 끝난 뒤에 보고서를 수집하면 너무 늦으므로, 바운더리 라이더가 해당 포스트에서 보고서를 수집해서 레이스 컨트롤에 전달하는 임무를 맡게 된다. 바운더리 라이더는 트랙에서 사고 또는 고장으로 리타이어한 차량의 드라이버를 피트까지 실어 나르기도 하며, 특히 트랙 주행이 진행되는 동안에는 각종 문서와 장비의 유통을 위해서 바쁘게 움직인다.

한편 트랙의 각 지점에서 일하는 마샬, 특히 사무국에서 멀리 있는 지점에 있는 마샬들에게 식사나 물을 비롯한 여러 가지 지원 물품을 전달할 때에도 바운더리 라이더는 다른 오피셜 카와 협력하여 물품을 배포하는 업무를 분담하기도 한다.

트랙 주행이 이루어지고 있는 동안에는 바운더리 라이더는 트랙 바깥쪽에 별도로 마련된 서비스 로드를 활용하며, 경기장과 서비스 로드의 여건에 따라서 자전거, 스쿠터, 바이크, 카트와 같은 운송 수단을 활용한다.

12.2 사무국 오피셜의 직무 자세

사무국은 모터스포츠의 여러 분야에 대한 지속적인 공부와 연구를 게을리 하지 않아야 하며, 해마다 바뀌는 규정과 규율, 경기 때마다 발표되는 특별 규정이나 공식 통지의 최신 내용을 이해하고 있어야 하고, 기본적으로 모터스포츠의 본질에서부터 실전 운영에 이르는 전반적인 사항을 속속들이 알고 있어야 한다. 실제 경기가 진행되는 동안에는 많은 업무를 소화하기도 벅차기 때문에 경기가 없는 평상시에도 이러한 준비를 게을리 하지 않아야 한다.

사무국 오피셜은 각종 문서나 보고서가 오가는 곳이며 경기 운영에 대한 민감한 정보를 알거나 다루게 되는 상황이 종종 있으므로 이러한 정보들이 외부로 새어나가지 않도록 보안에 각별히 주의해야 한다.

또한 사무국 오피셜의 개인 의견은 자칫 경기 운영 조직의 공식 입장으로 비춰질 가능성이 있으므로 경기장에서는 언행을 각별히 조심해야 한다. 특히 선수나 팀, 다른 경기 관계자가 무엇인가를 물어보았을 때 확실히 알지 못하면서 섣불리 개인 의견이나 추측으로 대답하게 되면 논란이나 분쟁을 일으킬 수도 있으므로 주의해야 한다.

다른 분야의 오피셜이나 선수, 팀 관계자를 대할 때, 특히 분쟁이나 좋지 못한 일이 있을 때에는 상대가 감정적으로 격앙된 상태인 경우가 종종 있다. 따라서 같이 흥분하거나 감정에 빠지지 않도록 스스로 자제심을 발휘하고, 상대방의 감정을 가라앉히는 한편으로 상대에게 문제를 설명하고 설득할 수 있는 침착함이 필요하다.

12.3 사무국에서 자주 쓰이는 용어

- **문서** document 경기 중 만들어지는 모든 종류의 서류를 말한다. 여기에는 보고서, 기록 및 검사 목록을 비롯해서 오피셜이 작성하는 각종 문서, 경기 운영 주체로부터 나오는 통지나 공지, 결정문이 포함된다. 팀이나 경기 관계자가 사무국에 제출하는 각종 서류, 예를 들어서 참가신청서나 항의신청서도 문서로 간주된다.

- **문서 대장** document logs 사무국은 문서를 작성했거나 수신 또는 접수했다는 증거를 남기기 위해서 문서 대장을 작성한다. 이 대장에 기록할 문서 번호의 발급도 사무국에서 하게 된다.

- **공지** issue 경기에 참가하는 전체 또는 대부분의 관련자들에게 전달되어야 하는 내용이다. 기밀 사항을 제외하고는 사무국이 관리하는 패독의 공식 게시판에 공지된다. 이러한 공지는 예를 들어 일정 또는 시간 변경, 날씨와 같은 조건 변화에 따른 지시 사항이나 주의 사항과 같은 것들이 있다.

- **원본 관리** file 사무국은 모든 문서의 원본을 관리할 책임을 진다. 행사가 끝나면 원본 문서가 들어있는 파일은 프로모터나 조직위원회, FIA, ASN을 비롯해서 각 문서에 따라서 원본을 보관할 권한과 책임을 가진 주체에게 전달된다. 경기와 관련된 문서 가운데에는 이를 작성한 시니어 오피셜이 그 원본을 보관할 책임을 갖는 경우가 있으며, 이럴 때에는 사무국이 사본을 대신 관리하기도 한다.

- **경기 기록** race logs 레이스 컨트롤이 유지 관리하는 트랙사이드와 관련된 모든 기록이다. 국내 경기에서는 '일지'가 이에 해당된다.

12.4 사전 준비

사무국은 트랙 위에서 벌어지는 경기 그 자체를 넘어서 대회 이벤트 전반을 관리하는 광범위한 업무를 수행하게 된다. 따라서 사무국은 경기가 시작하기 전 짧게는 몇 주, 길게는 몇 달 전부터 업무를 수행하게 된다. 포뮬러 1과 같은 대형 이벤트는 통상 2개월 전부터 공식 업무가 시작되며, 오피셜 모집을 비롯한 사전 업무는 경기 시작 6개월 전 또는 그보다도 더 이전부터 시작하게 될 수도 있다.

사전에 사무국에서 준비해야 할 업무는 광범위한 분야에 걸쳐 있으며, 경기에 따라서 많은 차이를 보이지만 통상 수행하는 준비에는 다음과 같은 것들이 있다.

참가 접수 및 관리

경기 또는 대회에 참가하고자 하는 선수와 팀으로부터 이에 필요한 신청 서류를 받고 참가 명단에 포함시키는 일은 사무국의 업무에 속한다. 챔피언십 또는 시리즈에서는 한 시즌이 시작되기 전에 시즌 단위로 참가 신청을 받으나 시즌 중간에 새로운 팀이 참가하는 경우, 시즌 가운데 일부 대회에만 참가하는 경우, 또는 선수나 팀의 대표가 바뀌는 경우와 같은 여러 변수가 있다. 따라서 각 경기 또는 대회별로 참가 신청을 접수 받아서 참가 명단을 작성하고, 차량에는 참가 번호를 부여한다. 참가 신청을 하기 위해서 내야 하는 비용을 받아서 프로모터 또는 조직위원회 등의 주체에게 전달하는 것 역시 사무국이 하는 일이다.

오피셜의 모집, 편성과 관리

경기를 운영해 나갈 오피셜을 모집하고 관리하는 일은 경기의 성공을 위해서 대단히 중요하다. 특히 포뮬러 1과 같이 수백 명, 많게는 천여 명에 이르는 오피셜을 필요로 하는 대규모 국제 대회에서는 이들을 모집하고 각 분야와 직위로 편성하며, 오피셜

인력 부족으로 대회에 차질이 생기지 않도록 관리하는 것만으로도 커다란 시간과 노력을 필요로 한다.

사무국은 프로모터, 조직위원회, 국제 및 국내 모터스포츠 관할 기구, 경기위원장 및 각 분야의 위원장과 같은 다양한 주체와 협의를 거쳐서 경기를 치르기 위해서 필요한 조직 구성 및 직위, 그리고 각 분야별 오피셜의 수를 산출해 낸 뒤 필요한 오피셜을 다양한 방법으로 모집한다. 이렇게 모집한 오피셜을 적재적소에 배치하는 일, 모집된 오피셜이 실제 경기에 참가할 수 있도록 정기적으로 뉴스레터를 보내거나 연락을 하면서 관리하는 일, 결원이 생겼을 때 조직 구성을 조정하거나 직접 모집, 또는 각 분야의 위원장을 통한 간접 모집으로 결원을 대체할 인력을 확보하는 일도 사무국 관할에 속한다.

일정표 작성

시간은 가장 중요한 자원 가운데 하나다. 대회를 구성하는 모든 일정은 지정된 시각에 맞춰서 일사불란하게 운영되어야 한다. 특히 방송 중계 또는 유료 입장객과 관련되어 있는 경기에서 정확한 일정에 따른 운영은 극히 중요하다. 이를 위해서 무엇보다도 중요한 것은 경기가 원활하게 운영될 수 있는 일정표를 만드는 일이다.

선수, 팀 관계자, 오피셜, 미디어를 비롯해서 경기에 관련된 모든 사람들은 일정표에 따라서 움직이게 되므로 이들의 상황을 모두 감안해서 현실성과 효율성을 모두 만족시키는 일정표를 만들어야 한다. 이러한 일정표는 트랙에서 열리는 경기 일정은 물론 다음과 같은 항목들도 포함된다.

- **트랙 위에서 개최되는 각종 행사** 드라이버 퍼레이드, 개막식, 체험 주행, 시범 곡예 주행과 같은 일정이 포함된다.

- **경기 기간 동안 열리는 공식 회의** 드라이버 브리핑, 전체 오피셜 브리핑, 고위급 오피셜 회의와 같은 일정이 포함된다.

- **각 경기 일정의 준비와 정리** 일정에 따른 분야별 오피셜의 배치 마감 시각, 코스 검사, 하루 일정이 끝난 뒤 오피셜이 철수하는 시각과 같은 일정들이 포함된다.

- **트랙 바깥에서 개최되는 주요 프로모션 행사** 포디엄 시상식, 기자회견, 공식 사인회, 관중을 위한 피트 또는 패독 개방, 부대 행사로 진행되는 콘서트와 같은 일정이 포함된다.

- **각종 지원 업무와 관련된 일정** 사무국을 비롯해서 대회에 관계된 각종 운영 및 지원 사무실이 문을 열고 닫는 시각, 오피셜이 장비를 지급 받고 반납하는 시각, 오피셜 및 경기 관계자들을 대상으로 한 행사 시각과 같은 일정이 포함된다. 사무국에서 오피셜의 숙식과 수송을 관리한다면 식사 제공 시각, 숙소에서 경기장으로 출발하거나 경기장에서 숙소로 출발하는 시각과 같은 일정들도 포함된다.

12.5 서류 관리

경기 기간 동안에는 수많은 문서들이 다양한 주체로부터 작성된다. 공정하고 원활한 경기를 위해서는 이러한 문서들이 올바르게 관리되고 필요한 사람들에게 정확하게 전달되어야 하며, 그 책임을 지는 사무국은 경기의 혈관과도 같은 존재라고 할 수 있다.

다음의 문서들은 경기의 진행과 운영을 위해서 작성되며 주로 사무국에서 관리하게 된다. 문서의 종류와 이름은 경기에 따라서 달라지지만 아래의 예는 통상 국제 경기에 쓰이는 문서의 제목과 내용이다.

- 특별 규정 supplementary regulations
- 부가 특별 규정 further supplementary regulations
- 참가 선수 명단 list of competitors
- 게시판 bulletins
- 서면 지침 written instructions
- 브리핑 노트 briefing notes
- 기록 logs
- 심사위원 녹취록 stewards' findings and notes from stewards' hearings
- 잠정 기록 provisional result 및 공식 기록 final result
- 그리드 순위 grid positions

12.6 경기 중의 각종 보고서

경기 중 작성되는 보고서의 처리와 관리는 사무국 업무에서 가장 중요한 일 가운데 하나다. 보고서를 작성할 때는 무엇을 말해야 하는지 명확하게 생각한 뒤에 읽는 사람이 빠르면서도 정확하게 내용을 이해할 수 있도록 최소한의 내용을 간결하게 쓴다. 개인의 생각이나 사고의 원인을 추측하는 것과 같이 주관적인 내용이 개입되지 않아야 하며, 자신이 본 그대로를 사실 그대로 간단하게 기록하는 것으로 충분하다.

경기에 따라서 보고서의 종류는 달라질 수 있으나, 일반적으로 널리 쓰이는 보고서의 종류는 다음과 같다.

- **사고 보고서** incident report 경기 도중에 벌어진 사고 상황에 대한 보고서다. 차량끼리 충돌한 사고, 차량이 방호벽 및 그밖에 시설물과 충돌한 사고, 사람의 사상 또는 잠재적 부상, 명백한 규정 위반과 같은 내용을 다룬다.

- **위험 요소 및 기술 요청 보고서** hazard and engineering report 경기장의 트랙 또는 각종 설비 등에서 안전에 위협을 줄 요소, 또는 공정하고 원활한 경기 진행에 방해가 될 요소가 발견되었을 때 작성하는 보고서다.

- **부상 보고서** medical injury report 부상 또는 경기장에서 의료 조치가 이루어진 상황이 벌어졌을 때 의료팀이 작성하는 보고서다. 레이스 컨트롤의 보고서 관리 체계에서는 같은 사건의 사고 보고서와 함께 묶어서 관리한다.

- **기술 보고서** technical report 경기 전후 차량 검사의 내역과 그 결과를 보고하는 문서, 그리고 경기 중 사고에 연루되어 파손된 차량에 대해서는 파손 부위와 상태, 이후 트랙 주행 가능 여부를 보고하는 문서가 이에 해당되며 기술 오피셜이 작성한다. 사고에 관련된 보고서인 경우에는 같은 사건의 사고 보고서 및 의료 보고서와 함께 묶어서 관리한다.

각 보고서를 작성하는 일은 해당되는 각 분야 오피셜들의 몫이다. 그러나 이러한 보고서를 수집하고 전달하는 유통 과정의 중심부인 사무국에서는 다양한 분야에서 작성되는 각종 보고서들의 특징과 형식, 주요한 내용을 이해하고 있어야 한다.

12.7 통신 및 기록

통신 녹취 및 CCTV 녹화 내용을 관리하는 일은 레이스 컨트롤에 있는 통신 엔지니어의 책임이다. 이러한 기록들은 대회가 끝날 때 자료 디스크를 보관하고 정리할 책임을 가지고 있는 사무국장에게 전달된다. 여기에는 다음과 같은 것들이 포함된다.

레이스 컨트롤 관련 기록

- **레이스 컨트롤 로그**(관제 기록)
- **전화 기록** 심각한 사고가 발생했거나 비밀 유지를 위해서 다른 오피셜이 들을 수 없는 1대 1 통화가 필요할 때, 무선 교신 장치에 문제가 있어서 쓸 수 없을 때와 같은 상황에서 휴대전화나 유선전화가 대체 통신수단으로 쓰였다면 이 내역을 기록한다. 나중에 사고 조사를 위해서 이 기록을 참조할 가능성이 있으므로 통화의 세부정보가 기록되어야 한다.
- **중요 사건 기록** 중요한 사건에 대응하는 동안 모든 관련 활동이 기록되어야 한다. 사건에 대한 최초 대응 내용 및 레이스 컨트롤이 관찰한 내용은 내부 네트워크 및 레이스 회의 기록에 남아 있어야 한다. 자동차 경기의 사고 관리자(일반적으로 사무국장)는 레이스 컨트롤과는 독립적으로 사고를 인지한 시점부터 벌어지는 모든 행동을 기록한다. 관련된 모든 전화 통화 역시 함께 기록된다.

레이스 운영 및 관리 기록

- **브리핑 기록** 드라이버 브리핑, 오피셜 브리핑을 비롯하여 경기 기간의 각종 브리핑 기록은 사무국장의 컴퓨터(컴퓨터에 보관할 수 없다면 문서철)에 보관된다. 각각의 브리핑 때 참석자들에게 전달된 문서도 같이 기록되고 보관된다.

- **위험 관리** 사무부국장, 또는 사무국에서 관련된 책임을 맡은 오피셜(감시 또는 오피셜 안전 담당)은 위험 평가, 규정 준수 여부 평가, 그리고 오피셜 안전을 평가하기 위한 준비를 하고 이를 실행에 옮겨야 하며, 그 결과는 행사가 끝난 뒤에 사무국장에게 전달된다.

기타 문서들

그밖에 경기에 따라서 다음과 같은 문서들이 작성되며 사무국이 관리한다.

- 드라이버, 팀 관계자, 오피셜을 비롯한 경기 참가자들에 대한 자격 증명 발급
- 경기 참가자들의 배상 책임 및 권리 포기 등에 대한 일일 서명
- 섹터 오피셜이 작성한 일일 근무 평가

12.8 경기 일정에 따른 사무국 업무 예시 (국내 경기의 경우)

사전 준비 사항

- 참가 선수, 팀, 오피셜, 그밖에 경기 관계자와 지원 인력에 대한 명단 정리.
- 경기 참가자들의 숙소 예약 확인 및 배정. 그리고 그 내역 공지.
- 버스를 비롯한 경기 참가자들의 운송 수단 예약 및 배정, 그리고 그 내역 공지.
- 경기에 따른 특이사항 점검. 여기에는 경기에 부속된 각종 이벤트 및 프로모션을 비롯한 사항들이 포함된다.
- 경기장 안에서 오피셜, 프로모터, 조직위원회, 관할 기구, 팀과 선수를 비롯한 경기 관계자들이 이용할 수 있는 공간의 배치. 공간이 부족하면 임시 공간을 마련

해야 한다.
- 각 경기 관계자들이 출입할 수 있는 곳과 출입할 수 없는 구역 정의. 그에 따라서 보안 요원들이 출입 여부를 알아보고 통제할 수 있는 패스, 조끼, 손목 띠와 같은 식별 표식 마련.

경기 첫 날의 업무 사항

사무국	문구류, 브리핑 자료
피트/그리드	스피드 건 및 스톱워치, 트랜스폰더 계측기, 그리드 보드
이머전시	구난 차량 열쇠, 경광등, 견인 고리, 오일 흡착제
코스	코스 카 열쇠, 각종 사인 보드
기술	페인트 마커
공통 물품	오피셜 패스 및 경기장 출입 허가 차량에 대한 주차증, 무전기, 깃발, 빗자루, 소화기, 오피셜 식별용 조끼

- 사무국 및 각 분야마다 필요한 물품의 종류와 수량 확인. 다음은 그 예다.

사무국 비치	스케줄, 참가 선수 명단, 피트 배치도, 코스도, 오피셜 서약서 등 (서약서, 메디컬 검진표 등은 참가 인원에 맞춰 복사)
피트/그리드	피트 보고서 (결재판에 정리)
이머전시	사고처리 보고서 (결재판에 정리)
코스	포스트 보고서, 랩 기록 (결재판에 정리)
기술	차량 검사 보고서 (결재판에 정리)
관제	관제 상황일지
심사	출석 통지서, 벌칙 통지서

- 각 분야별 서류 및 스케줄 준비. 다음은 각 분야별로 준비해야 할 주요 서류들이다.
- 각 분야별로 필요한 서류 및 물품 배포

경기 스케줄에 따라 해야 할 일

각 경기의 스케줄이 진행됨에 따라서 사무국은 스케줄이 원활하게, 제 시간에 진행될 수 있도록 필요한 여러 가지 사전 준비와 지원, 사후 관리 업무를 수행해야 한다. 경기에 따라서 다르지만 다음과 같은 업무들이 포함된다.

- 드라이버 브리핑, 메디컬 체크 출석 및 보고. 이를 위해서 의사, 간호사, 검진 장비 (혈압계, 악력기, 음주측정기 등) 확인이 필요하다.
- 오피셜 서약서 및 신분증 사본 수령.
- 각 클래스 예선 및 결승 기록 문서를 확인하고 관련자들에게 배포한다.
- 경기 참가자들로부터 출전 포기 서약서, 항의서, 차량 반출 신청서 등을 접수하고, 신청서의 종류에 따라서 심사위원회, 경기위원장을 비롯한 해당 오피셜에게

국내 경기(KSF)의 드라이버 브리핑. 드라이버 브리핑은 사무국장 또는 경기위원장이 진행한다.

이를 전달하며 결과를 게시판에 공고한다.
- 사무국 일지 작성.
- 식사 및 물, 간식 공급과 같은 오피셜의 원활한 업무를 위한 지원.

트랙사이드
TRACKSIDE

트랙사이드 오피셜 trackside official 이란 경기 전체를 운영하는 오피셜 중에서 경기가 실제로 진행되는 장소인 트랙에 근접하여 활동하는 오피셜을 아우르는 개념이다. 넓은 의미로 본다면 레이스 컨트롤, 사무국, 패독, 기술, 기록을 비롯하여 트랙에 바로 접해 있지 않은 지역에서 근무하는 오피셜을 제외한 모든 오피셜을 뜻하기도 하며, 이 가운데서 이머전시 팀에 속하는 의료, 안전, 소방, 구난 마샬을 제외하고 섹터, 플래그, 트랙, 피트, 그리드 마샬만을 트랙사이드 오피셜로 보기도 한다. 그러나 좁은 의미로 본다면, 또한 국내 경기에서 주로 적용되는 개념으로는 섹터 마샬, 포스트 치프, 옵저버 또는 커뮤니케이터, 트랙 마샬을 트랙사이드 오피셜로 정의한다.

 트랙사이드 오피셜은 트랙에서 가장 가까운 곳에서 근무를 하기 때문에 항상 많은 위험에 노출되어 있고 경기가 진행되는 과정에서 사고 현장에 투입되는 일도 많기 때문에 철저한 사전 준비와 훈련, 팀워크가 중요하다. 또한 경기가 진행되는 동안 자신이 맡은 구역에서 벌어지는 모든 사건과 사고, 규정 위반 행위에 대해서 정확한 판단과 보고를 해야 하므로 기억력과 직관력을 필요로 한다.

트랙사이드 오피셜은 매일 아침 이른 시간에 자신이 배정된 지역으로 가야 하며, 경기가 끝난 뒤에 마지막 뒷정리까지 합치면 보통 하루 8시간 이상을 자연 환경에 그대로 노출되어 근무를 하게 된다. 때로는 비바람과 같은 악천후 속에서, 때로는 뙤약볕 속에서 근무를 해야 하므로 상당한 체력이 소모되지만 이러한 상황에서도 직무를 차질 없이 수행하기 위해서는 철저한 준비가 필요하다.

트랙사이드 오피셜은 가장 넓은 곳에서 가장 많은 인원이 근무하는 분야며, 이른 아침부터 경기 끝을 알리는 체커기가 발령될 때까지, 그에 더해서 뒷마무리 정리까지 수행해야 할 직무를 생각하면 최전선에서 고생하는 사병들과 같다고 할 수 있다. 가장 힘들면서 가장 보람이 많은 곳, 그곳이 트랙사이드이고 그 일선에 서 있는 사람들이 트랙사이드 오피셜이다.

13.1 트랙사이드 오피셜의 임무

트랙사이드 오피셜의 임무는 경기의 안전에 대한 책임, 그리고 올바른 규정 적용, 이렇게 두 가지 관점으로 볼 수 있다. 더 안전한 경기를 위해 사전 준비를 하고, 사고는 물론 경기 중에 벌어지는 모든 상황에 대해서 적절하게 보고하고 대응할 방법을 연구하며, 이를 실제 행동에 옮겨야 한다. 또한 트랙사이드 오피셜은 트랙 현장의 심판으로서 권한과 책임을 갖기 때문에 경기 운영 규정을 위반하는 행위를 정확하게 판단하고 보고해야 한다.

트랙사이드 오피셜의 임무는 아래 다섯 가지로 정리할 수 있다.

운영 규정에 따른 경기 진행 및 규정 적용
트랙사이드 오피셜은 경기 규정을 숙지해야 한다. 경기 규정은 경기의 사전 준비부터 경기의 시작, 그리고 종료에 이르는 모든 부분을 규정하고 있으며 위반에 따른 벌칙도 규정하고 있다. 경기 규정에 나와 있지 않은 문제는 KARA의 국내 규정과 FIA의 국제 스포츠 규칙에 따라서 처리한다.

특히 트랙사이드에서 중요한 것은 황색기 추월, 푸싱과 같이 부당한 이득 advantage 을 얻거나 상대 선수에게 스포츠맨십에 어긋난 행동을 하는 모습을 정확히 관찰하고 판단, 보고하는 일이다. 모터스포츠가 스포츠인 이유는 규정에 따라 차량을 만들고, 규정에 따라서 경기를 진행하기 때문이다.

경기의 안전

트랙사이드 오피셜은 경기 현장과 가장 가까운 곳에 배치되기 때문에 경기 안전에 대한 가장 중요한 책임을 맡으며 때로는 오피셜 자신이 위험한 상황에 맞닥뜨릴 수도 있다. 업무를 수행하는 과정에서 가장 중요한 것은 자신의 안전이며 그 다음은 동료 오피셜, 그 다음은 드라이버, 마지막으로 관객의 안전이라고 볼 수 있다. 자기 자신의 안전이 확보되지 않는다면 사고가 일어났을 때 자신 때문에 더 큰 문제가 벌어질 수 있다. 경기의 안전을 보장하기 위해서는 넓은 시야와 빠른 판단력, 그리고 지속된 훈련이 필요하다.

안전한 경기 운영을 위해서는 트랙사이드 팀과 함께 움직이는 소방, 구난, 의료 팀과 좋은 팀워크를 유지하는 것도 중요하다. 모터스포츠는 혼자서 진행할 수 있는 경기가 아니다. 많은 사람들과 융화할 수 있고, 지시를 잘 따르는 포용력이 필요하다.

보고

트랙사이드 오피셜은 경기 전체를 진행하는 레이스 컨트롤의 눈과 귀가 된다. 레이스 컨트롤의 CCTV에는 사각지대가 있으며 화면의 크기가 작기 때문에 그 자체로 자세하게 현장을 파악하거나 미세한 문제를 알아차리기에는 한계가 있다. 따라서 포스트에서 보고하는 내용은 상황을 판단하고 그에 따른 대응을 하기 위해서 매우 중요하다. 또한 경기 중 차량에서 연료나 오일이 새는 경우, 범퍼가 떨어지는 경우를 비롯해서 위험 요소가 되는 부분들을 발견했을 때에도 이를 보고하여 위험을 방지하는데 최선을 다해야 한다.

보고는 유·무선 보고, 보고서 작성, 수신호와 같은 방법들을 활용한다. 보고를 할 때에는 정확히 어떤 상황이 벌어졌는가를 간결하게 전달해야 하며 이를 위해서 보고 약어들이 사용되기도 한다.

사고 처리

사고가 벌어졌을 때 포스트에서는 먼저 깃발을 제시해서 사고 상황을 드라이버들에게 알리고, 동시에 유·무선 보고를 통해서 레이스 컨트롤에 현장 상황을 정확히 알려야 한다. 만약 경기 중에 구난 및 구조 명령이 전달되었을 때에는 사고 처리 절차에 따라 다른 분야의 오피셜과 팀워크를 이루어 직접 현장의 사고 처리 작업에 나선다.

사고 처리 작업

트랙 관리

트랙사이드 오피셜은 트랙이 경기를 정상으로 진행하는 데 문제가 없도록 관리하는 임무를 맡고 있다. 포스트에 도착하면 문제가 발생될 가능성이 있는 것들을 사전에 파악하고 이를 현장에서 바로 잡거나, 만약 오피셜들만의 힘으로 처리하기 힘들 때에는 레이스 컨트롤에 보고하여 지게차나 각종 장비의 도움을 요청한다. 트랙사이드 오피셜은 자신이 관할하는 구역의 트랙이 항상 최적 상태를 유지할 수 있도록 노력해야 한다. 각 트랙 주행 세션이 끝날 때마다 트랙 노면에 문제점이 있는지를 점검하는 유지 관리 업무도 트랙사이드 오피셜의 의무다.

13.2 트랙사이드 오피셜의 조직 체계

트랙사이드 오피셜의 조직 체계는 나라마다 조금씩 다르며 경기의 규모나 종류에 따라서도 달라질 수 있다. 여기서는 국내 모터스포츠의 시스템에 중점을 두고 국내 경기에서 주로 적용되는 트랙사이드의 조직 체계를 살펴본다.

코스위원장

코스위원장 chief course marshal 은 트랙사이드 오피셜에 대한 모든 조직과 배치, 지휘의 책임을 가진다. 코스위원장은 레이스 컨트롤에 상주하며 현장에서 벌어지는 상황을 경기위원장에게 전달하고 해결 방법을 조언하며, 현장에 필요한 지시를 내리는 임무를 맡는다.

코스부위원장

코스부위원장 deputy course marshal 은 코스위원장을 도와 직접 현장에서 벌어지는 일을 관리한다. 국내 경기에서는 코스 카에 탑승하여 보고서 수집, 현장 상황 파악과 같은 업무를 수행한다.

포스트 치프

포스트 치프 post chief 는 현장에 있는 각 포스트의 책임자다. 자신이 맡은 포스트에 편성된 오피셜의 교육 및 배치, 안전 확보, 사고 현장 지휘, 보고를 비롯하여 포스트 운영에 대한 전반적인 업무를 관리·감독한다. 또한 모든 사건 사고를 레이스 컨트롤에게 보고하며 레이스 컨트롤의 모든 지시 사항 및 정보 제공은 포스트 치프로 전달된다. 이를 통해서 포스트 치프는 레이스 컨트롤과 협조하여 현장을 지휘한다. 포스트 치프의 임무 가운데 유·무선 통신 보고는 경기에 따라서는 별도로 배치되는 옵저버 observer 가 전담할 수도 있다.

플래그 마샬/트랙 마샬

플래그 마샬 flag marshal 은 포스트의 깃발 운영을, 트랙 마샬 track marshal 은 사고를 처리할 때 현장 처리를 책임지는 오피셜이다. 규모가 큰 국제 경기에서는 플래그 마샬과 트랙 마샬을 구분해서 편성하기도 하지만 일반적으로는 한 사람이 두 가지 업무를 공유할 때가 많다.

13.3 경기 기간 중 업무 준비

오피셜 브리핑 참석

경기장에 도착해서 사인온을 한 뒤, 자신이 어디에 배치되었는지를 확인하고 오피셜 브리핑에 참석한다. 트랙사이드 마샬은 오피셜 브리핑에서 자신의 정확한 포스트 위치가 결정되는 경우도 있다. 오피셜 브리핑에서는 주로 다음과 같은 정보 및 문서를 전달 받는다.

- 경기장 안에서 자신이 배치된 장소 및 자신이 소속된 팀
- 경기에 대한 정보
- 필요한 장비 분배
- 공식 프로그램 및 드라이버와 차량 인식 방법에 대한 자료 배포
- 업무 기간 동안에 쓸 보고서 배포

오피셜 브리핑이 끝나면 근무 장소로 가지고 들어갈 장비를 받은 뒤 자신이 배치된 근무지로 가서 포스트 치프의 브리핑에 참석한다.

장비 점검

장비는 사전에 포스트에 배포되는 장비와 개인 장비로 나뉜다. 포스트에 미리 비치되어 있는 장비는 깃발(때로는 브리핑 후 배포되어 개인이 들고 들어가기도 한다), 소화기, 빗자루, 오일 흡착제, 양동이와 같은 것들이 있으며 개인이 갖추어야 할 장비는 모자, 오버롤, 장갑과 같은 복장, 귀마개, 선크림을 비롯한 개인 보호 물품들이 있다. 직무 때문에 레이스 컨트롤과 교신이 필요한 오피셜들은 무전기를 지급 받는다.

근무 현장에 도착하면 자기 구역의 장비 가운데 빠진 것은 없는지, 필요한 수량만큼 있는지, 그리고 정상으로 작동되는지 확인하며 특히 소화기는 분말이 굳었거나 충전이 덜 되어있어서 제 구실을 못하는 경우가 자주 일어나므로 유의해야 한다.

트랙 상황 파악

사전 점검이 끝나면 포스트 치프의 지시에 따라서 트랙 상황을 파악하기 위해 함께

트랙에 들어간다. 트랙 상황 파악을 위해서는 포스트부터 트랙으로 나가기 위한 게이트 및 진입로와 진입 방법을 알아두어야 하며 비상 상황이 벌어졌을 때 진입 및 탈출 경로에 대해서도 사전 계획과 동의가 필요하다.

트랙에 나가면 먼저 레이싱 라인을 파악한다. 사고가 벌어졌을 때 멈춰선 사고 차량 또는 파편들이 레이싱 라인 위, 또는 가까이에 있는지 여부는 그 위험도를 판단하는 중요한 근거이기 때문이다. 트랙 표면과 버지, 펜스 등의 상태를 점검하며 문제가 있다면 자체적으로 해결하거나 레이스 컨트롤에 보고하여 트랙 주행이 시작되기 전에 문제를 해결해야 한다. 트랙 점검은 트랙 주행 세션이 끝날 때마다 하는 것이 좋지만 각각의 세션 사이에 휴식 시간이 모자랄 때에는 경기 진행 중에도 문제가 되는 부분을 자주 보고해야 한다.

13.4 트랙사이드 오피셜의 장비

트랙사이드 오피셜의 장비를 분류하면 크게 개인이 준비해야 할 것과 포스트에 비치되어야 할 것으로 나뉜다.

개인 장비

개인 장비에서 제일 중요한 것은 개인의 안전이다. 모터스포츠는 상당한 위험요소를 안고 있고 시시각각으로 변하는 날씨, 장시간 근무 환경은 몸의 컨디션을 악화시킬 수 있다. 따라서 개인의 안전과 건강상태 유지에 항상 주의를 기울여야 한다.

- **의복** 화재를 대비해서 방염소재로 된 오버롤overall, 원피스로 되어있는 작업복 형태의 옷을 입는 것이 좋다. 그리고 겹쳐 입을 옷을 준비해서 날씨 변화에 따라 입고 벗으면서

체온을 조절한다. 무명이나 면과 같이 불이 붙어도 몸에 들러붙지 않는 천연소재로 된 옷을 추천하며 팔, 다리를 전부 보호할 수 있어야 한다. 비가 올 때에는 주최측에서 비옷을 지급하지만 보통은 얇은 비닐 재질이기 때문에 비가 많이 올 때에는 이것으로는 부족하며, 개인별로 방수 점퍼와 바지를 준비할 필요가 있다. 또한 웃옷은 깃발과 같은 색을 피한다. 유럽이나 호주에서는 깃발 색깔과 확연하게 구분되는 흰색 복장을 권고하기도 하지만 깃발 색깔과도 다르면서 눈에 잘 뜨여서 안전에 유리한 오렌지색 복장이 가장 적당하다. 깃발과 같은 색깔의 웃옷을 입었을 경우 오피셜 조끼와 같은 옷을 겹쳐 입어서 깃발 색깔과 구분되도록 해야 한다.

- **모자** 모자는 더운 날씨에는 열사병이나 일사병으로부터 몸을 보호해 주며 얼굴 위쪽을 향하는 강한 자외선을 어느 정도 막아주는 효과도 있다. 추운 날씨에서는 체온이 머리를 통해서 방출되는 것을 막아준다.

왼쪽은 한국, 오른쪽은 호주 트랙사이드 마샬의 오버롤. 색깔은 다르지만 깃발과 혼동되지 않는 옷이어야 한다는 점이 중요하다.

- **장갑** 장갑은 트랙 또는 그 주변의 파편이나 이물질을 치울 때, 트랙에서 각종 작업을 할 때 손을 보호한다. 특히 경기 중 직접 차량을 밀거나 할 때 뜨거운 물체로부터 손을 보호하기 위해서는 열을 차단해 주는 용접 장갑 등을 추가로 가지고 있는 것이 좋다.

- **신발** 작업용 안전화를 추천한다. 작업용 안전화 대신으로는 군화나 등산화와 같이 방수가 되며 발목까지 보호하는 튼튼한 신발이 좋다. 비가 올 때에 방수가 되지 않는 신발은 직무 능력을 크게 떨어뜨릴 수 있으며, 비가 그친 뒤라고 해도 서킷의 버지나 포스트 부분은 수풀이 있는 경우가 많아 물을 많이 머금고 있다.

- **귀마개/귀덮개** 모터스포츠의 소음 수준은 비행기에 맞먹을 정도다. 장시간 소음에 노출되면 귀에 무리가 가므로 귀마개·귀덮개는 필수 장비 가운데 하나다.

- **호루라기** 서킷에서는 소음 때문에 말로 의사소통을 하기가 쉽지 않다. 트랙에서 작업 중인 오피셜이나 드라이버, 관중에게 경고나 지시를 하기 위해 필요하다.

- **선크림/립밤** 트랙사이드 오피셜은 날씨와 관계없이 자외선이 가득한 외부에서 하루 종일 머물러 있어야 한다. 선크림은 자외선으로부터 피부를 보호해 주며 립밤은 입술이 트는 것을 막아준다. 흐리거나 비가 오는 날씨라고 해도 자외선은 존재하기 때문에 항상 휴대하는 것이 좋다.

- **음식과 음료수** 트랙에서 하루 종일 근무하기 위해서는 충분한 음식과 음료수를 가지고 있어야 한다. 경기 중간에 식사와 물이 보급되기는 하나 장시간 근무를 감당하기에는 양이 충분하지 않기 때문에 따로 준비하는 것이 좋다. 에너지 바나

초콜릿, 견과류, 젤리와 같은 식품이 휴대도 간편하고 오랫동안 보관할 수 있으므로 간식으로 적당하다. 특히 무더위 속에서 벌어지는 경기에서는 탈수 증상을 막기 위해서 충분한 음료를 준비해야 한다.

그밖에 다음과 같은 개인 장비들도 권장한다.

- **보호 안경** 부품이나 자갈, 분진이 날아와서 눈에 상처를 입을 위험을 막아준다.

- **가위, 스크루 드라이버, 크로우 바와 같은 공구** 간단하게 쓸 수 있는 긴급 구난 장비들이다. 개인이 가지고 다니기 힘든 장비들도 있으며 필요에 따라서는 포스트에 지정 장비로 두는 것이 좋다.

포스트 장비

- **소화기** 소화기는 FIA 국제 스포츠 규칙 부록 H 2.3.3에 따라서 포스트마다 적어도 3개가 배치되어야 한다. 각 소화기의 용량은 10kg을 넘지 않으며 화재가 일어났을 때 손으로 들고 현장으로 가져갈 수 있도록 준비되어야 한다. 화재의 종류에 따라 분말 2개, 포말 1개를 배치하는 것이 FIA의 표준 방식이나 국내에서는 휴대용 포말 소화기가 생산되지 않는 관계로 분말 소화기만을 사용하기도 한다. 각각의 소화기에는 게이지가 달려 있고 이를 통해 소화기의 충전 상태를 확인할 수 있으므로 경기를 준비하면서 이를 반드시 점검하여야 한다. 특히 분말 소화기는 오랫동안 사용되지 않았을 경우 분말이 굳어버리기 때문에 흔들어 보거나 하는 방식으로 꼭 점검해야 한다.

- **깃발** 경기 중 트랙의 앞쪽에 사고가 벌어졌거나 트랙에 문제가 있다는 것을 주행 중인 드라이버에게 알리기 위해서 포스트에서 오피셜들이 사용하는 주요 신호 수단이다. 깃발은 신호등과 같은 의미로 해석할 수 있으며 트랙 상황의 모든 것을 표시해 주기 때문에 트랙사이드 오피셜들은 깃발 사용법과 깃발을 제시하는 시점, 깃발의 의미를 반드시 완벽하게 숙지해야 한다.

- **오일 흡착제** 경주 차량이 사고와 같은 이유로 파손되어 트랙 노면에 다량의 오일이 방출되면 트랙이 미끄러워져서 커다란 위험을 일으킬 수 있다. 이를 안전하게 제거하기 위해서 각 포스트에 오일 흡착제를 준비해 둔다. 오일 흡착제는 분말(톱밥, 석회 등) 그리고 종이 형태가 있다. 비가 내릴 때에는 분말 형태의 흡착제는 물에 쉽게 씻겨 내려가기 때문에 두 가지를 모두 준비해 두는 것이 좋다.

트랙으로 오일이 새어 나왔을 때에는 오일 흡착제를 뿌려서 흡수시킨 다음 트랙 밖으로 쓸어내는 방식으로 이를 처리한다.

- **빗자루와 쓰레받기** 트랙 표면을 청소하기 위한 도구다. 트랙 위의 잔해나 자갈, 잔

디 등을 트랙 가장자리로 치우거나 만약 스트리트 서킷이어서 별도의 버지가 없을 때에는 쓰레받기에 담아 펜스 밖으로 버린다.

- **양동이** 양동이에는 분말형 오일 흡착제를 담아 두었다가 트랙 위에 오일이 떨어졌을 때에 들고 나간다.

- **그밖에** 위와 같은 장비들을 담아두거나 쉽게 옮기기 위해서 컨테이너 박스에 담아둔다. 일부 경기장은 바퀴 달린 휴지통을 컨테이너로 활용하기도 한다. 그밖에 크로우 바와 같이 차량의 문이 열리지 않을 때 사용할 수 있는 장비가 필요하지만 이는 필수 장비는 아니며, 이머전시 팀에서 따로 준비하는 경우가 많다.

13.5 트랙사이드 오피셜의 근무지

트랙

서킷 경기장에서 경기가 실제로 벌어지는 곳은 포장이 되어있고 좌우 끝에 흰색 선으로 경계가 표시되어 있는 도로다. 이를 트랙 track 이라 정의한다. 모든 경기는 트랙 안에서 주행이 이루어져야 하며 좌우 끝 흰색 선 바깥을 활용하여 부당한 이득을 얻었다면 벌칙이 내려질 수도 있다.

포스트

트랙 옆에 오피셜이 상주하며 트랙을 관리, 감시, 감독하는 곳을 포스트 post 라고 한다. 포스트는 박스 형태 또는 지붕이 있는 방갈로와 같은 모습을 띠기도 하지만 장소와 특성에 따라서 여러 가지 모습을 하고 있으며 펜스의 일부를 뚫어서 만들기도 한다.

포스트는 사고로부터 오피셜을 안전하게 지키면서도 트랙을 감시하기 좋고 깃발을 제시했을 때 드라이버가 쉽게 알아볼 수 있는 곳으로 지정한다. 포스트와 포스트 사이의 간격은 500 미터를 넘을 수 없다(FIA 국제 스포츠 규칙 부록 H 2.3.2).

국내외의 마샬 포스트. 경기장 또는 코스의 지형, 포스트의 장소, 위험도에 따라서 다양한 형태의 포스트가 있다.

포스트는 크게 두 가지 종류로 구분할 수 있다.

- **관측 포스트** observation post 트랙 코너 또는 직선 주로의 일부에서 차량의 움직임과 사고가 가장 잘 보이고 트랙을 달리는 선수도 쉽게 인식할 수 있는 곳에 설치된다. 관측 포스트에는 포스트 치프와 플래그 마샬, 그리고 트랙 마샬이 배치되며 트랙의 각종 상황에 대응하는 깃발이 제시되고 포스트의 관할 구역을 대상으로 한 감시와 보고가 이루어진다.

- **미러 포스트** mirror post 이전 포스트 또는 반대편 포스트에서 제시하는 깃발과 똑같은 깃발을 제시하는 포스트를 미러 포스트라고 한다. 미러 포스트는 블라인드

코너 blind corner, 오르막 코너와 같이 이전 포스트에서 다음 코너 지점의 사고 상황을 제대로 판단할 수 없는 곳와 같은 지점에서 사고가 일어났을 때 드라이버에게 깃발 신호를 추가로 제공해서 안전을 확보하기 위해서 설치한다.

포스트는 메인 포스트를 0번으로 하고 레이스 주행 방향을 따라가면서 턴turn, 즉 코너가 나타날 때마다 차례대로 턴 1, 턴 2, 턴 3……과 같이 번호를 매기며, 포스트의 번호는 그 포스트가 자리 잡은 턴의 번호를 기준으로 한다. 포스트의 관할 구역은 그 포스트가 있는 지점부터 다음 포스트가 있는 지점까지이며, 이 관할 구간을 눈어림으로 등분해서 유·무선 보고 또는 보고서에서 사건 또는 사고가 벌어진 지점을 표시할 때 활용한다.

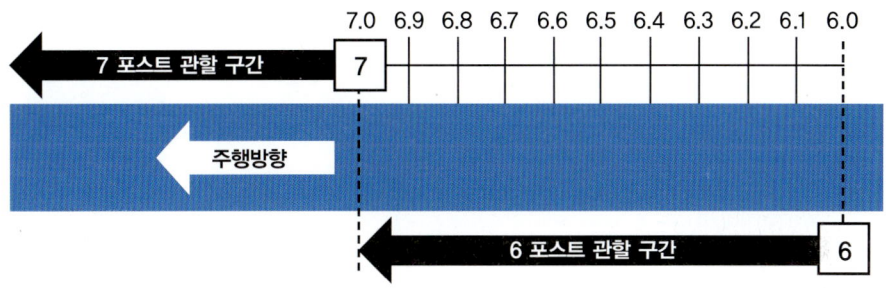

각 포스트의 관할 구간과 지점 나누기의 예

게이트

트랙에서 벌어진 사고 처리를 위해서 포스트에서 트랙으로 진입하는 장소를 게이트 gate 라고 한다. 게이트는 보통 안전 펜스의 일부분을 열어서 만든 모습을 하고 있다. 배치된 근무지에 도착한 뒤, 포스트 치프가 주재하는 브리핑을 통해서 오피셜이 직무 때문에 트랙으로 들어가야 할 경우 각 포스트 오피셜이 어떤 순서로 트랙에 진입하고 어느 게이트를 사용하는지 그 방법을 확인할 수 있다.

게이트는 오피셜만이 아니라 사고 차량에서 나온 드라이버가 대피하거나 사고 및 고장으로 트랙에 멈춘 경주 차량을 치우는 통로로도 활용되는 곳이어서 항상 게이트 입구와 그 주변에는 진출입을 가로막는 방해물이 없어야 한다.

안전 펜스와 철조망

트랙에서 포스트 및 관중석을 보호하는 구조물은 안전 펜스 safety fence 와 철조망 net guard이다. 안전 펜스는 철재 또는 콘크리트로 구축되어 있으며 철조망은 보통 잔해가 통과할 수 없도록 촘촘하게 짜여 있다. 자신의 구역에 안전 펜스의 각 부분을 고정하는 나사가 풀렸거나 철조망에 파손된 부분이 있다면 레이스 컨트롤에 보고해서 보수 작업을 할 수 있도록 해야 한다.

타이어벽

트랙을 벗어난 차량이 빠른 속도로 서킷의 구조물에 부딪칠 때 충돌 속도를 줄이고 차량의 운동에너지를 흡수시키기 위해서 탄성이 있는 타이어를 여러 개 쌓은 뒤 고무벨트로 묶어서 방호벽 형태로 구축한 것을 타이어벽 tyre barrier이라고 한다. 트랙을 점검할 때 타이어가 파손된 곳, 타이어를 묶는 고무벨트가 파손되었거나 풀린 곳을 발견하면 보수를 요청해야 한다.

연석

트랙의 코너 부분에서 볼록하게 코너를 따라 노면 위로 튀어나오게 설치되어 있는 구조물을 연석 kerb이라고 한다. 연석은 차량이 숏컷을 하지 못하도록 설치되어 있으며 이를 밟지 말라는 경고의 뜻으로 설치된 것이다. 경기 규정에 따라 차량의 바퀴 가운데 두 개 또는 네 개가 연석 밖으로 나가면 숏컷으로 간주되므로 이런 차량이 있을 때에는 레이스 컨트롤에 보고해야 한다.

버지

코너를 제대로 통과하지 못한 차량이 속도를 줄이고 다른 차량과 부딪치지 않도록 잠시 트랙에서 벗어났다가 복귀하거나, 사고나 고장으로 주행할 수 없다면 안전하게 멈출 수 있도록 트랙 바깥에 확보된 공간을 버지verge라고 부른다. 버지는 예전에는 주로 자갈과 자연 잔디로 이루어져 있었으나 최근에는 차량 바닥 부분의 파손을 막고 다시 트랙에 들어가기 쉽도록 경사가 있는 아스팔트 포장으로 만드는 경우가 많다.

13.6 깃발 신호

깃발 신호는 드라이버들에게 트랙 앞쪽의 위험을 경고하거나 드라이버에게 알려줘야 할 정보가 있을 때 활용하는 수단이다. 드라이버들은 아주 빠른 속도로 포스트를 지나쳐 가므로 이들이 재빠르게 상황을 인지하고 대비할 수 있도록 깃발의 색깔이나 도안, 또는 깃발을 흔드는지 여부로 신호의 종류를 구별할 수 있도록 하고 있다.

황색기

황색기yellow flag는 다가오는 구간에 사고가 있다는 것을 알려준다. 황색기를 본 드라이버는 사고에 대비하여 속도를 줄일 수 있게 준비해야 한다. 황색기 구간에서는 추월이 금지되며 사고의 정도에 따라서 1개(비교적 가벼우며 다른 차량에 위험이 적은 사고) 또는 2개(사고가 중하거나 다른 차량에 위험이 큰 사고)를 흔든다. 추월은 녹색기가 발령된 지점부터 할 수 있다.

세이프티 카가 발령되었을 때에도 황색기가 제시되며 경기 차량이 트랙을 달리지

않는 경우라도 코스 위에 사람이 있거나 작업을 하고 있을 때에는 황색기를 제시해서 혹시 일어날지도 모를 오피셜 차량이나 코스 카 사고에 대비해야 한다.

녹색기

녹색기 green flag 는 자신이 맡고 있는 포스트의 구간에는 아무런 문제가 없다는 뜻으로 발령되는 깃발이다. 이전 포스트에서 황색기가 발령되었지만 자신의 포스트 구간에서는 아무런 사고나 문제가 없고 트랙이 정상이라면 녹색기를 제시한다. 녹색기가 제시된 지점부터는 경주 차량이 다시 추월을 할 수 있게 된다.

연습주행이나 예선을 시작할 때, 차량이 피트에서 코스인 할 때 포스트의 위치와 트랙 상태가 정상임을 알리기 위해서 1랩 동안은 녹색기를 제시하는 경우도 있다. 세이프티 카가 발령된 뒤, 모든 상황이 정리되고 세이프티 카가 피트로 들어가서 경기가 다시 시작될 때에도 모든 포스트에서 1랩 동안 녹색기를 제시한다.

적색기

적색기 red flag 는 큰 사고로 트랙의 어느 지점이 완전히 막혔을 때, 또는 위험한 장소에 차량이 멈춰 있거나 갑작스러운 폭우와 같은 이유로 세이프티 카를 발령해도 경기를 계속 진행하기 어려울 때 레이스 컨트롤의 지시에 따라 모든 포스트에서 발령되며 경기 중단을 뜻한다. 사고 상황에 대한 판단에 따라 포스트 치프는 레

이스 컨트롤에 적색기를 요청할 수 있으나, 레이스 컨트롤의 지시 없이 적색기를 제시해서는 안 된다. 적색기를 제시할 때에는 항상 흔들어야 한다.

황적줄무늬기

황적줄무늬기 red and yellow striped flag 는 트랙 위에 오일이 떨어져 있거나 잔해 때문에 주행이 위험할 때에 드라이버에게 경고하기 위해서 제시하며, 이러한 목적 때문에 '오일기'라고도 한다. 흔들지 않고 편 상태로 제시되며 오일이나 잔해가 있는 정확한 장소를 표시하기 위해 손으로 그 장소를 가리키는 것이 좋다.

흰색기

흰색기 white flag 는 자신의 포스트 구간에 눈에 띄게 느린 경기 차량이나 경기 진행 차량(앰뷸런스, 구난 차량, 코스카 등)이 있을 때에 제시하는 깃발이다. 해당 차량이 자신의 포스트 구간으로 들어섰을 때에는 흰색기를 흔들어서 제시하며 다음 포스트 구간으로 넘어가면 거둬들인다. 만약 해당 차량이 멈춰 섰다면 황색기 진동으로 바꾼다.

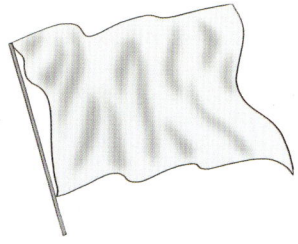

청색기

청색기 blue flag 는 달리는 차량의 뒤쪽에 그보다 빠른 다른 차량이 접근할 경우 더 빠른 차량에게 양보하도록 유도하기 위해 제시하는 깃발이다. 연습주행이나 예선 동안에는 자주 발령되며 결승에서는 한 바퀴 또는 그 이상 뒤져 있는 차량에게만 제시한다. 서로 다른 클래스의 차량들이 함께 레이스를 할 때에는 상위 클래스 차량이 하위 클래스 차량을 안전하게

추월하여 사고를 방지하고 원활한 경기를 진행할 수 있도록 하위 클래스 차량에게 청색기를 제시하기도 한다. 청색기를 받은 차량이 양보하지 않으면 벌칙 대상이 될 수 있다.

청색기는 잘못 제시되는 사례가 가장 많은 깃발 가운데 하나다. 올바른 청색기 제시를 위해서는 수시로 선두와 후미 차량을 확인해야 하며 서로 다른 클래스가 함께 레이스를 할 때에는 각각의 차량 도색 또는 특징을 적어두거나 공식 프로그램을 통해서 클래스를 구분하는 법을 인식해 두는 것이 좋다. 레이스 컨트롤에서 어느 차량에게 청색기를 제시해야 할지 알려주기도 한다.

지금까지는 모든 포스트에 배치되는 깃발에 대한 설명이며 다음은 레이스 컨트롤의 지시에 따라서 메인 포스트(또는 피시니 포스트)에서만 사용되는 깃발이다.

스타트기

스타트기 start flag 는 결승 경기의 시작을 알리는 깃발로 국기 또는 해당 경기의 메인 스폰서의 깃발을 사용한다. 시작 신호로 신호등을 쓴다면 보통 스타트기를 따로 쓰지 않는다.

체커기

체커기 black and white chequered flag 는 경기가 끝났음을 알리는 깃발이다. 레이스에서는 체커기 발령 1랩 전에 선두 차량부터 'LAST LAP' (마지막 랩)보드가 발령되므로 2랩 전부터 각 포스트는 선두의 위치를 추적해서 보고해야 한다.  예선이나 그밖에 트랙 주행이 끝날 때에도 체커기가 발령되며, 이때는 레이스 컨트롤의 지시를 받아서 정해진 시각에 깃발을 제시하면 된다. 체커기가 발령되면 그 뒤에 들어오는 모든 경주 차량에게도 체커기가 제시되어야 하며, 레이스에서 한 바퀴 이상 뒤처진 차량도 마찬가지다.

흑색기

흑색기 black flag 는 경기 중인 선수가 규정 위반으로 심사 위원회의 결정에 따라서 벌칙을 받았을 때에 해당 차량의 번호를 표시하는 보드와 함께 레이스 컨트롤의 지시로 발령한다. 흑색기를 받은 차량은 피트인 하여 벌칙을 수행해야 한다. 흑색기를 받은 차량이 다음 랩에서 피트인 하지 않으면 다시 제시하며, 보통 세 차례까지 흑색기를 받고도 벌칙을 수행하지 않으면 실격 처리 된다.

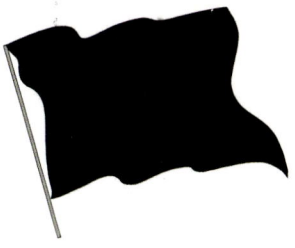

흑백반기

흑백반기 black and white flag divided diagonally 는 차량의 번호를 표시하는 보드와 함께 제시되며 스포츠맨십에 어긋나는 가벼운 위반을 했을 때에 레이스 컨트롤의 지시에 따라서 경고하는 의미로 발령된다. 해당 차량이 같은 행동을 되풀이하면 흑색기(페널티기)로 변경되기도 한다.

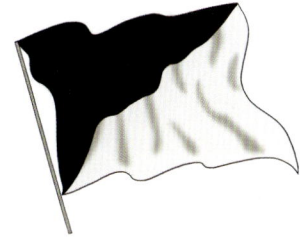

오렌지볼기

오렌지볼기 black flag with an orange disc 40cm in diameter 는 차량의 번호를 표시하는 보드와 함께 제시되며 드라이버가 미처 알지 못한 차량의 고장이나 결함을 알리기 위해서 레이스 컨트롤의 지시에 따라서 발령한다. 해당 차량은 피트인 하여 문제점을 바로잡은 뒤, 기술 오피셜이

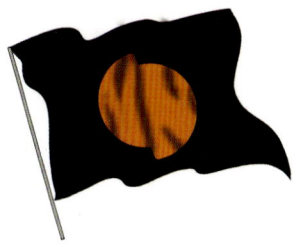

트랙 주행을 해도 안전하다고 판정하면 다시 코스인 할 수 있다. 오렌지볼기를 받은 차량이 다음 랩에서도 피트인 하지 않으면 다시 제시하며 세 번 이상 피트인을 하지 않는다면 흑색기로 바뀌기도 한다.

SC 보드

트랙에 위험한 상황이 생겨서 레이스를 정상으로 수행하기 어려운 경우에는 경기를 중단시켜야 하나 그렇게 되면 재시작까지 많은 시간이 소모된다. 따라서 트랙 주행 자체는 가능하다면 경기 차량의 속도를 대폭 줄이고 경기를 중립화시키기 위해서 경기위원장 또는 레이스 디렉터의 권한으로 세이프티 카 safety car 가 발령된다. 세이프티 카가 발령되면 그때부터 코스 전체에 걸쳐서 추월이 금지되며 세이프티 카가 경광등을 켜고 트랙으로 진입하면 모든 경기 차량은 그 뒤에서 일정한 간격으로 한 줄로 대열을 이루어 달려야 한다. 세이프티 카는 정상 경기 때보다 훨씬 느리게 주행하므로 전체 경기 차량이 느리게 주행하는 효과를 얻는다.

　세이프티 카가 발령되면 모든 포스트에서는 황색기를 흔들면서 흰 바탕에 검은 글자로 'SC'라고 쓰여 있는 보드를 제시한다. 황색기와 SC 보드는 세이프티 카가 트랙에 나와 있는 동안 계속해서 제시되어야 한다. 특히 사고 지점, 트랙 안에 큰 장애물이 떨어져 있는 곳과 같이 위험한 지점을 관할하는 포스트에서는 SC 보드는 물론 황색기 두 개를 흔들어서 특별히 위험한 지점이라는 사실을 알려야 한다.

블랙 플래그 릴레이

서킷 길이가 3km 이상이라면 한 바퀴를 도는 데 걸리는 시간이 길기 때문에 메인 포스트만으로는 흑색기, 흑백반기, 오렌지볼기를 드라이버가 제대로 인식하지 못하거나 잊어버릴 수가 있다. 이들 깃발 신호를 더욱 확실히 드라이버에 인식시키기 위해 메인 포스트 이외에도 이 세 가지 깃발을 제시할 수 있는 릴레이 포스트를 더 지정하기도 하는데 이를 블랙 플래그 릴레이 black flag relay 라고 한다.

이 경우, 깃발 신호를 좀 더 쉽게 인식시키고 피트인을 유도하기 위해 피트 입구 바로 전의 포스트를 블랙 플래그 릴레이 포스트로 지정하는 것이 보통이다.

13.7 수신호

몸짓으로 신호를 보내는 수신호는 사고가 일어나서 현장에서 투입되었을 때 포스트와 현장 사이의 커뮤니케이션 수단으로 쓰인다. 소음이 심한 모터스포츠의 현장에서 수신호는 거리가 떨어져 있는 다른 오피셜에게 신호를 보내는 데 가장 좋은 방법 가운데 하나다. 수신호는 FIA 표준 수신호와 함께 각 나라의 특성에 따라서 추가적인 수신호를 사용한다. 한국에서는 포뮬러 1 코리아 그랑프리 때 도입된 호주 방식의 수신호 8가지를 기본으로 한다. 각 수신호의 의미는 아래와 같다.

의료 지원	소방 지원	구조 지원

사고로 드라이버 또는 다른 사람이 부상을 당했을 때, 의료 차량 지원을 요청할 때 쓰며 머리 위에서 두 손을 교차시킨다.	차량에 화재가 일어났을 때 두 팔로 F자 형태를 그려서 소방 차량 지원을 요청한다.	구조 장비 지원을 요청할 때는 양팔을 들어올려 W자를 그린다.

도움 요청	플랫 토우	리프트 토우

추가로 지원 인력이 필요할 때 머리 위에서 손바닥을 아래로 한 뒤 원형을 그린다.	트랙 또는 그 주위에 멈춰선 차량이 조향이 가능하고 바퀴가 굴러갈 수 있을 때(예를 들어 버지에 멈춰선 차량을 끌어낼 때)에 견인 차량을 요청하는 신호다. 손바닥을 아래로 하여 T자 모양을 만든다.	트랙 또는 그 주위에 멈춰선 차량을 조향할 수 없거나 바퀴가 파손되어 바퀴를 굴리는 방식으로는 옮길 수 없을 때, 견인 전용 차량이나 견인 크레인을 요청하는 신호다. 손바닥을 위로 하여 흔들어 준다.

청소	정지 또는 트랙 건너가기	양호

트랙 표면에 청소 작업이 필요할 때 한 손으로는 대략 그 위치를 가리키며 다른 한 손은 흔들어서 청소 작업이 필요하다는 것을 알린다.	오피셜이 작업을 위해서 트랙을 건너도 좋을지 여부를 트랙을 관찰하는 오피셜이 알려주기 위한 신호다. 위험한 상황에서는 한 손을 높이 들어 정지 표시를 하며 건너도 좋을 때에는 위아래로 흔들어 준다. 호루라기와 함께 표시하는 것이 좋다.	드라이버 상태 및 모든 상황이 양호하다면 엄지손가락을 치켜들어 양호 표시를 한다.

13.8 사고가 벌어졌을 때의 행동 요령

트랙사이드 오피셜은 사고 현장에 가장 가까이 다가가서 직접 사고를 처리하는 업무를 하기 때문에 사고가 벌어졌을 때의 행동 요령을 알아두어야 한다. 사고가 벌어졌을 때 우선 염두에 두어야 할 지침은 다음과 같다.

- 자신의 안전이 우선이다.
- 리더(포스트 치프, 상황에 따라서 옵저버 또는 선임 마샬)의 지시를 따른다.
- 사전에 안전한 진입로와 필요한 장비가 있는 장소를 파악한다.
- 사고 처리는 혼자 하는 것이 아니라 팀으로 움직이므로 개별 행동은 금지된다.

사고의 종류

사고의 종류는 크게 추돌, 전복, 충돌, 스핀 등으로 나눌 수 있으며 차량이 멈춰선 순간이 제일 중요하다. 모든 사고는 차량이 멈춰섰을 때 재빠르게 황색기를 제시하여 해당 구간에서 사고가 벌어졌다는 것을 드라이버들에게 알려야 하며 레이스 컨트롤에도 무선 또는 유선을 통하여 사고 사실을 보고해야 한다.

- **추돌** 최소 두 대의 차량이 서로 경합하던 도중에 상대방의 차량과 접촉하여 파손이 일어난 경우를 뜻한다. 두 대의 차량이 멈춰설 수도 있고 한 대만 멈춰서거나 추돌 후 모두 다시 코스로 복귀해서 경기를 계속 진행할 수도 있다. 세 대 이상의 차량이 추돌 사고에 연루되었다면 다중 추돌이라고 한다. 어느 차량의 과실로 인해 어떻게 추돌 사고가 발생되었는가가 중요하다. 특히 다중 추돌이 벌어졌을 때에는 사고가 벌어진 순서를 기억해 두는 것이 좋다. 단순 추돌에서는 드라이버 상태는 안전한 경우가 대부분이다.

- **충돌** 트랙을 이탈한 차량이 속도를 줄이지 못하고 방호벽이나 그밖에 구조물에 부딪친 사고를 뜻한다. 충돌 사고가 일어났다면 차량이 크게 파손되고 드라이버의 신체에도 문제가 생겼을 확률이 높으므로 안전 펜스를 따라서 사고 상황이 가장 잘 보이는 곳으로 재빠르게 이동한 다음, 포스트의 선임 오피셜 또는 레이스 컨트롤의 지시에 따라서 각종 상황을 파악하고 보고하는 것이 중요하다.

- **스핀** spin 차량이 급작스럽게 주행 방향이 아닌 다른 방향으로 돌아버린 경우를 뜻한다. 스핀은 다른 차량과 부딪친 뒤에 일어나는 추돌 후 스핀, 그리고 추돌이나 충돌 없이 드라이버의 실수나 비 또는 오일 때문에 미끄러운 노면과 같은 이유로 일어나는 단독 스핀, 이렇게 크게 두 가지로 구분한다. 스핀한 차량이 멈춰 섰다면 스핀한 원인을 정확히 알아두는 것이 좋다. 특정한 구간에서 잦은 스핀이 일어난다면 해당 구간에 오일이나 고여 있는 물과 같이 스핀을 유발하는 물질이 있을 확률이 높으므로 트랙 주행이 마무리된 뒤에 확인하고 원인을 없애야 한다.

- **전복과 전도** 전도는 차량이 90도 상태, 곧 차체의 옆면이 지면에 닿아 있는 상태에서 수직으로 서 있는 것을 뜻하며, 전복은 완전히 뒤집어진 것을 뜻한다. 이러한 사고는 트랙 위에 있는 큰 이물질을 밟았거나 차량 사이에서 강한 추돌이 일어난 결과로 벌어지는 것이 대부분이다. 특히 전복 사고가 일어나면 박스 카는 차량 지붕이 찌그러져 내려 앉을 수도 있으며 포뮬러 카나 오픈 카는 드라이버의 머리가 지면에 부딪쳐서 치명상을 입을 가능성도 있으므로 드라이버의 상태를 주시해야 한다.

다중 추돌
사고

협력

사고 처리에서 또 하나 중요한 것은 협력이다. 자신이 속한 포스트의 오피셜뿐만 아니라 차량을 정리하는 구난 팀, 드라이버를 구출하는 구조 팀, 그리고 부상자에 대한 응급 치료를 하는 의료 팀을 비롯해서 여러 팀들이 한꺼번에 사고 처리 작업에 투입되는 경우가 많으므로 이들의 작업이 혼선을 일으키거나 서로 방해되지 않도록 미리 사전 조율이 필요하다. 현장에서는 포스트 치프가 부근의 구난 팀 및 의료 팀과 어떤 방식으로, 어떠한 신호를 거쳐서, 누구의 명령에 따라 작업을 할 것인지를 미리 합의하고 공유할 필요가 있다.

특히 트랙사이드 오피셜은 깃발 신호를 통해서 드라이버에게 위험을 경고하고 다른 오피셜이 트랙에 진입할 때 안전을 확보해 줄 임무, 그리고 사고 처리와 작업 상황에 관한 지속적인 보고가 중요하므로 자신의 팀뿐만 아니라 각 팀들 사이에 협력 관계 및 안전 확보가 무엇보다도 중요하다고 볼 수 있다.

13.9 트랙에서 자주 벌어지는 사건들

트랙사이드 오피셜은 심판원으로서 자신이 맡은 구간 안에서 벌어지는 각종 사고는 물론 규정 위반, 스포츠맨십에 어긋나는 선수들의 행동과 같은 각종 사건을 보고할 의무가 있다. 코스에서 주로 벌어지는 사건들에는 다음과 같은 것들이 있다.

황색기 추월/적색기 추월

자신이 관할하는 포스트 구간에서 사고가 벌어졌을 때에는 황색기를 제시하며 이와 동시에 그 포스트에서부터 처음으로 녹색기가 제시된 포스트까지 사이 구간에서는 경기 차량의 추월이 금지된다. 만약 황색기 구간에서 추월이 일어났다면 추월한 차량과 추월당한 차량, 추월이 일어난 지점을 보고해야 하며, 고의성에 대한 판단이 중요하다. 예를 들어서 앞 차량이 갑자기 스핀하거나 고장으로 느려졌다면 사고를 피하기 위해서 불가피한 추월이 일어날 수도 있다. 특히 세이프티 카가 발령되었거나 적색기(경기 중단)가 발령되었을 때에는 트랙 전체를 통틀어 추월이 금지되기 때문에 이 상황에서 추월을 하면 실격 사유가 될 수도 있다.

푸싱

두 대의 차량이 서로 접전을 벌이는 과정에서 자주 일어나는 문제로 차량 접촉이 벌어지고 어느 한 차량이 추월과 같은 이득을 얻었다면 이를 푸싱 pushing이라고 한다. 브레이크 실수 때문에, 또는 많은 차량들이 한꺼번에 좁은 코너로 진입할 때에도 푸싱이 일어날 수 있기 때문에 고의성 없는 불가항력적 푸싱인지 아니면 고의인지 여부, 그리고 푸싱으로 추월이 일어났는지 여부를 판단하고 보고하여야 한다. 이때에는 접촉한 두 대 이상의 차량에 대하여 접촉이 일어난 지점, 그리고 그에 따라 순위 변동이 있었는지 여부가 중요하다.

와이드 런

경기 중인 선수는 포장된 도로의 좌우 끝에 흰색으로 그어져 있는 경계선의 안쪽 영역인 트랙을 사용하여 달릴 수 있다(FIA 국제 스포츠 규칙 부록 O 제2조.). 이를 벗어났을 때에는 와이드 런wide run이라고 부르며 경주 차량은 이러한 주행으로 이득을 볼 수도 있다. 특히 최근의 서킷 경기장은 버지가 트랙과 마찬가지로 아스팔트로 포장된 경우가 많으므로 코너를 돌 때 아스팔트 버지의 이점을 활용하는 사례가 종종 있다. 와이드 런은 랩 타임을 향상시키는 데 영향을 주게 되므로 이 역시 보고 대상이 된다.

숏컷

서킷의 코스에는 경주 차량의 속도를 적절하게 줄여서 안전을 확보하기 위해서, 또는 경기에 변화와 흥미를 주기 위해서 다양한 코너나 시케인이 만들어져 있다. 그런데 경주 차량이 트랙 바깥으로 빠져나가서 코너나 시케인을 가로질렀을 때, 특히 이를 통해서 추월이나 시간의 이득을 얻었다면 숏컷shortcut이라고 한다. 숏컷에 고의성이 있었는지, 또는 드라이버가 기술이 부족했거나 위험한 상황을 피하기 위해서 불가피했던 것인지, 숏컷을 통해서 추월이 벌어졌는지를 판단해서 보고해야 한다.

그밖에

주행 중에 규정에서 의무로 하고 있는 안전 장비를 착용하지 않은 경우, 예를 들어 장갑을 벗었거나 안전벨트를 푼 모습이 발견될 수 있다. 또한 주행 도중에 사고 또는 차량 결함으로 보닛이 열리거나 범퍼를 비롯한 부품 일부가 고정이 풀려서 도로에 질질 끌리거나, 부품이 아예 차량에서 떨어져 나갈 수도 있으므로 자신이 맡은 관할 구간을 주시하면서 이와 같은 상황이 벌어졌다면 즉시 레이스 컨트롤에 보고해야 한다.

13.10 보고

트랙사이드 오피셜의 가장 중요한 임무 가운데 하나가 보고다. 각각의 포스트는 레이스 컨트롤에게는 눈과 귀와도 같은 존재다. 비록 레이스 컨트롤에서 CCTV로 트랙 상황을 확인하고 감독 할 수 있다고는 하나 사각지대가 있게 마련이며 화면 속 장면은 평면적인 모습일 뿐이므로 사고가 벌어지거나 선수가 규정을 위반했을 때에는 해당 지역에서 근무하고 있는 오피셜들의 보고가 우선시 된다.

보고의 방식은 유·무선 보고 그리고 서면 보고로 나뉜다.

유·무선 보고

유·무선 보고는 포스트에 설치된 인터콤이나 유선 전화를 통한 보고, 그리고 무전기를 통한 보고를 뜻한다. 이때 중요한 것은 간결하고 정확하게, 확인된 사항이나 지금 벌어지고 있는 상황을 보고하는 것이다. 포스트 명, 사고 지점, 차량 번호, 사고 내용, 현재 상황 순서로 보고하는 것이 좋으며 레이스 컨트롤의 질문에 따라 필요한 정보를 지속적으로 제공해 주어야 한다. 다음은 사고 상황을 보고하는 예다.

"3포스트, 3.7지점, 엔트리 14번, 드라이버 우측 방호벽 충돌 후 정차, 드라이버 탈출 준비 중."

아침 오피셜 브리핑을 마치고 근무지로 배정된 포스트에 도착하면 레이스 컨트롤과 교신하는 임무를 맡은 오피셜은 유·무선 장비가 정상 작동하는지 반드시 점검해야 하며 특히 무전기는 배터리 상태를 확인해야 한다. 생산된 지 오래된 무전기나 사고가 많아서 교신이 자주 이루어지는 지역에서는 배터리가 쉽게 소모되므로 예비 배터리를 준비하거나 시간 여유가 있을 때 레이스 컨트롤에 요청하여 배터리를 교환하는 것이 좋다.

서면 보고

유·무선 보고와 함께 제출되어야 하는 것이 서면 보고다. 서면 보고서에는 문제가 된 상황에 대해서 자신이 본 바를 정확히 써야 한다. 되도록이면 주관적인 견해 없이 객관적인 마음가짐으로 작성해야 한다. 이 보고서는 드라이버들이 벌칙을 받을지 여부, 또는 어떤 벌칙을 받을지를 판단하기 위한 결정적인 증거물로 쓰일 수 있으므로 개인 견해로 사실을 왜곡하거나 상황을 정확히 관찰하지 않고 추측으로 작성한 보고서는 경기 결과에 큰 문제를 일으킬 수 있다.

보고서 서식의 종류와 작성 요령은 경기의 종류나 규모와 같은 요소들에 따라 조금씩 다르지만 공통으로는 날짜, 날씨 상태, 경기 종류, 트랙 주행 세션(연습주행, 예선, 결승 등), 사건에 관련된 차량 번호, 사고 내용 등을 작성한다. 이해를 돕기 위해서 그림으로 추가 설명을 해야 할 경우도 많다. 다중 추돌이나 황색기 추월과 같이 여러 대의 차량이 사건·사고와 연관되어 있을 때에는 자신이 인식한 모든 차량 번호와 전후 사정을 써넣는 것이 좋다.

자신이 모든 것을 파악하거나 보지 못했다면 같은 포스트에 있는 다른 오피셜들이 본 내용들을 보충해서 적어야 하며 차량 번호를 정확하게 인식하지 못했을 때에는 레이스 컨트롤에게 직접 묻거나 레이스 컨트롤을 통해서 자신의 이전 또는 다음 포스트에 물어볼 수도 있다.

Chapter 14

EMERGENCY

이머전시 팀은 경기 중 일어날 수 있는 각종 사고에 대처하기 위한 전담 조직이다. 사고는 예방하는 것이 최선이지만 모터스포츠의 특성상 사고는 언제든지 일어날 수 있으며 아이러니하게도 사고가 경기의 흥행에 도움을 주는 요소로 작용하기도 한다. 이런 이유로 모터스포츠에 있어서 사고는 떼려야 뗄 수 없는 관계라고 할 수 있다.

FIA는 모터스포츠의 안전을 향상시키기 위해서 계속 노력해 왔다. 특히 1994년 포뮬러 1 산 마리노 그랑프리에서 아일톤 세나가 충돌 사고로 목숨을 잃은 이후에는 모든 공인 대회에서 안전에 관련된 규정을 대폭 강화해 왔다.

모든 이머전시 계획의 1차 목표는 사상 손실, 곧 인명피해를 최소화하는 데에 있다. 사상 손실이 일어났을 때 가장 중요한 초기 대응은 심박 정지에 관한 것으로, 보통 심박 정지 후 4분을 넘어가면 뇌 손상이 시작되는 것으로 본다. 뇌 손상을 막기 위해서는 심폐소생술을 시행할 시간 1분을 확보해야 한다는 점을 감안한다면, 트랙 어느 곳에서 사고가 나도 화재 진압, 사상자 구출 및 의료 처치가 3분 이내에 시작되어야 한다. 이머전시 플랜은 이런 급박한 상황에 맞춰 장비와 인력 배치를 계획해야 한다.

14.1 사고의 이해

사고의 의미

일반적으로 사고는 경기 차량이 다른 차량 또는 시설물 등과 충돌함으로써 벌어지는 상황을 뜻하지만 넓은 의미로 보면 피트나 개러지에서 일어나는 화재, 드라이버의 갑작스러운 질병, 관람석의 붕괴와 같이 인명이나 재산에 손실이 발생되는 모든 상황을 사고로 본다.

사고의 결과는 손실로 나타나며, 손실은 그 성격에 따라서 다시 1, 2차로 구분한다.

- **1차 손실** 사람의 사상 및 차량 파손으로 나타난다.
- **2차 손실** 타이어벽과 같은 경기 시설물 파손, 파편, 연료나 오일의 누출, 화재 진압 과정에서 뿌린 소화액과 같은 물질이 원인이 된 트랙 오염으로 나타난다.

이와 같은 분류는 사고 피해를 파악하고 분석하는 데 유용하다.

대응 방법과 우선순위에 따라서 사고를 화재, 사상, 파손, 오염의 4가지로 분류하는 방법도 있다. 이머전시 팀의 구성은 이 분류법에 따른다.

사고 대응

사고가 벌어졌을 때, 최초 단계에서 경기위원장은 CCTV 및 트랙사이드의 보고를 통해 사고 내용을 확인한다. 이머전시 코디네이터는 해당 사고에 대한 이머전시 플랜을 수립하고 경기위원장에게 보고한다. 경기위원장은 이를 토대로 사고 처리를 위해 경기를 중단할 것인지(적색기), 경기를 중립화할 것인지(세이프티 카), 또는 경기를 계속 진행하면서 사고를 처리할 것인지 여부를 결정한다. 화재가 일어났거나 심각한 사상자가 발생했을 때, 구출 작업이 필요한 경우와 같은 중대한 상황에서는 적색기로 경기를 중단하고, 위험 지역에 사고 차량이 멈춰서 있거나 트랙이 연료나 오일, 파편 등으로 심하게 오염되었을 때에는 그 정도에 따라 세이프티 카를 투입한다. 사고 처리가 경기 진행에 큰 영향을 미치지 않는다면 해당 구간에 황색기로 추월만을 금지시키면서 경기를 계속 진행하는 상태에서 사고를 처리하는 경우도 있다.

14.2 이머전시 팀의 운용 목적

이머전시 팀의 운용 목적은 사고가 벌어졌을 때 이에 신속하게 대처하고, 사상 손실을 최우선 순위로 두어 사고 손실 및 시간 손실을 최소화하는 데 있다. 하지만 모든 손실은 한꺼번에 여러 가지가, 그리고 그 여러 가지가 유기적인 관계를 가지고 일어나며 어떤 손실은 방치되었을 때 또 다른 형태의 손실을 일으키거나 더 큰 손실로 번지기 때문에 이머전시 팀의 운용 순서 및 목표는 다음과 같이 정리된다.

화재 대응

화재 대응은 화상, 질식과 같이 주변 사람들이 불이나 연기로 부상을 입을 위험을 막고 원활한 구조 및 의료 활동을 통해 사상 손실을 최소화하는 것을 최우선으로 한다. 또한 사고 차량이 멈춰선 곳이나 화재가 일어난 곳 근처에서 화재가 번지면서 시설물이 추가로 파손되는 손실을 막는 일도 한다.

하지만 화재 대응 과정에서 소화액 등을 뿌리게 되므로 주변의 오염 손실이 확대될 수도 있으며, 화재가 일정한 규모를 넘어서면 처리 시간이 기하급수적으로 늘어나는 특징이 있다.

사상 대응

사상 대응은 구조 활동을 포함한 모든 의료 활동을 뜻한다. 의료 활동에는 사고 현장에서 시행하는 응급 처치 외에도 경기장 내 의료 센터나 설비가 갖춰진 병원으로 후송하는 작업까지 포함된다. 사상 대응은 화재 대응 이후에 실시된다.

의료 처치는 의료 팀만이 할 수 있다. 모터스포츠 사고의 특성으로 볼 때 대부분의 부상자는 겉으로는 부상이 없는 것처럼 보여도 몸 안에 보이지 않는 내상을 입었을 위험이 높으며 이런 경우에 전문 교육을 받지 않은 사람이 응급 처치를 하면 오히려 부상을 악화시키거나 추가 부상을 일으킬 위험이 높기 때문이다.

파손 대응

파손 대응은 파손된 차량을 견인 또는 인양하여 경기에 지장을 주지 않는 장소로 대피시키거나 피트·개러지로 옮기는 작업, 파손된 타이어벽이나 신호등과 같은 경기 시설물을 긴급 보수하는 작업과 같이, 경기를 정상으로 진행할 수 있는 상태로 트랙을 복구하는 업무를 뜻한다. 파손 대응은 사상 대응 다음에 수행된다.

차량을 옮길 때에는 누유 또는 누수로 추가 오염을 일으킬 수 있으므로 주의해야 하며 파손된 방호 시설물은 반드시 보수 작업을 마친 뒤에 경기를 재개해야 한다.

오염 대응

오염 대응은 파편, 누유, 소화액을 비롯해서 트랙 위에 남아 있는 오염물을 회수 또는 무력화하는 작업을 뜻한다. 오염은 사고 때 최초로 발생되는 1차 오염과 화재 대응 및 파손 대응 과정에서 발생하는 2차 오염으로 나뉜다. 오염 상태와 경기 진행 상태에 따라 오염 대응을 시작하는 시점이 달라지며, 오염 대응이 완료되어야 경기를 정상으로 진행할 수 있다.

14.3 이머전시 팀의 구성

조직

이머전시 팀은 위에서 살펴본 각 사고 대응의 종류에 따라서 개별 팀으로 구성되며 일부 기능은 트랙사이드에서 분담한다.

소방 팀	화재 대응
의료 팀	사상 대응
구난 팀	파손 대응
트랙사이드 오피셜	오염 대응

지휘 체계

이머전시 팀의 지휘 체계는 경기의 종류나 규모에 따라서 차이가 있지만, 대체로 다음과 같이 조직된다(각각의 세부 분야에 대해서는 이후에 계속해서 설명될 것이다).

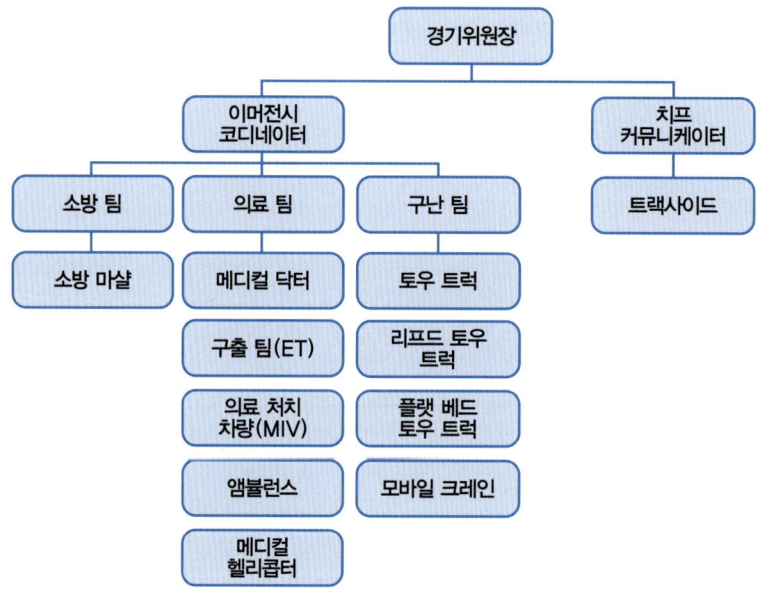

포뮬러 1과 같은 경기에서는 의료 팀이 독립되어 의료위원장 chief medical officer, CMO 의 지휘를 받는 차이가 있으나 운용 구조 자체는 크게 다르지 않다.

사고 처리 순서

사고가 벌어졌을 때 모든 상황에 대한 최종 판단과 지휘는 레이스 컨트롤이 하며, 현장 지휘는 레이스 컨트롤의 지시를 받아서 각 대응 팀이 수행하게 된다. 이 과정에서 지휘를 받는 대상에는 사고 처리를 위한 트랙사이드의 지원 인력 및 자원까지도 포함된다. 트랙사이드는 현장의 정보를 수집하여 레이스 컨트롤의 판단을 돕고 사전 계획에 따라서 각 팀의 대응을 지원하는 일을 맡는다.

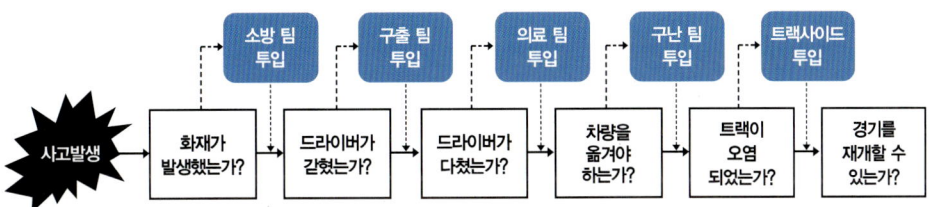

현장 배치

현장에서는 충돌 사고와 동시에 화재가 일어나거나, 문이 고장 나서 드라이버가 차량 안에 갇히는 경우와 같이 여러 대응 팀이 동시에 출동할 때가 많다. 이런 상황에서는 각 팀을 투입하는 순서, 그리고 철수시키는 순서를 고려해야 한다. 예를 들어서 사고 현장에서 각 팀의 차량은 다음과 같이 배치한다.

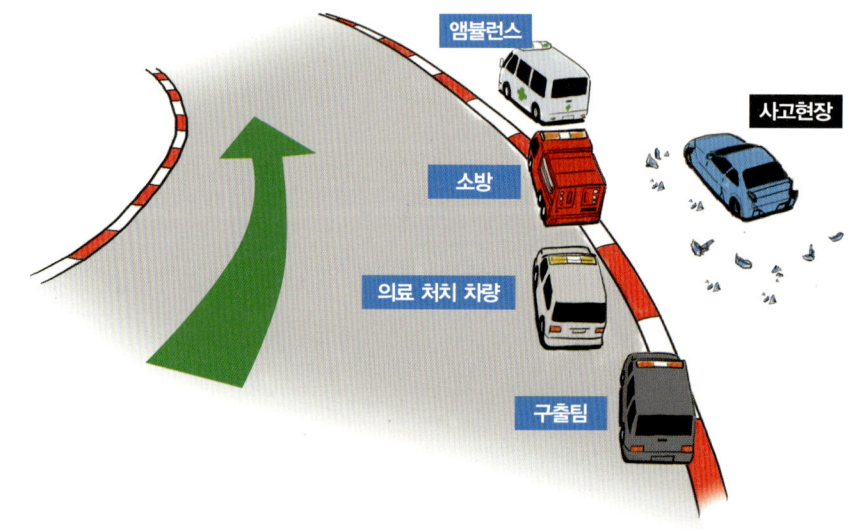

14.4 이머전시 코디네이터

이머전시 코디네이터 emergency co-ordinator 는 경기 기간 동안 레이스 컨트롤에 상주하면서 이머전시 팀에 소속된 대응 팀 전체를 총괄 지휘하는 일을 맡는다. 이머전시 코디네이터의 임무는 다음과 같다.

- 각 대응 팀의 조직, 장비 편성, 교육 관리
- 각 대응 팀의 배치, 임무 구역 배분을 비롯한 계획 수립과 관리
- 경기위원장의 지시를 받아 각 대응 팀 운영
- 경기위원장 또는 심사위원회에 제출할 보고서 수집 또는 작성
- 경찰 및 소방 당국, 지정 병원을 비롯한 유관기관 관리 및 의사소통

국내 모터스포츠에서 이머전시 코디네이터에 해당하는 직위는 안전위원장이며, 그 역할과 직무는 거의 같다.

14.5 소방 팀

화재에 대응하는 소방 팀 fire team 은 사고 현장에 최우선으로 투입되는 팀이다. 모터스포츠에서 일어나는 화재는 인화성과 폭발성이 강한 연료에 관계되어 있으므로 소방 팀은 매우 위험한 작업을 수행해야 한다. 따라서 소방 팀은 사전에 강도 높은 훈련을 필요로 한다.

소방 팀은 다음과 같이 구성된다.

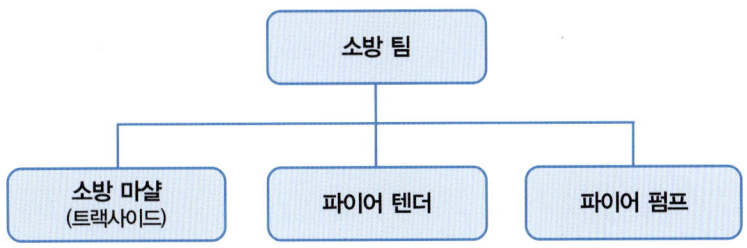

개인 방호 장비

경기를 위해서 개조한 차량은 차체의 무게를 줄이기 위해 차량 안쪽의 차단벽을 제거하는 경우가 많다. 따라서 화재 사고가 벌어졌을 때 연료 탱크가 파열되면 연료가 주위로 쉽게 퍼지고 빠른 시간 안에 불길이 크게 번진다. 차량에 가까이 접근해서 진화 작업을 하는 소방 마샬은 적절한 개인 방호 장비를 갖춘 상태로 배치되어야 한다.

개인 방호 장비는 방염복, 방염장갑, 방염 두건(바라클라바), 방염화, 방염모, 방염 마스크로 나뉜다. 경우에 따라 산소마스크가 포함된다.

소화기

보통 소화기라면 주변에서 흔히 볼 수 있는 분말 소화기를 생각하기 쉽다. 하지만 2010년 FIA는 실험을 통해 경기용 차량의 엔진 블록에 화재가 발생했을 때 완전히 진화하려면 분말 소화제 13kg이 필요하다고 밝힌 바 있다.

경기장에서 사용하기 위한 가장 좋은 소화기는 기름이 원인이 된 화재, 즉 유류 화재에 적합한 포말 소화기다. 포말 소화기는 분사된 약제가 거품을 만들어서 열과 산소를 차단하는 방식으로 불을 끈다.

한편 하이브리드 차량이나 KERS 장착 차량처럼 전기에너지를 동력으로 활용하며 대용량의 축전지를 내장한 차량은 충격에 의해 전기 화재를 유발할 수 있다. 이런 경우 물을 사용해서 불을 끄며 개인 방호 장비에 절연 장갑 및 절연 장화가 포함된다.

소방 마샬

화재 사고는 한번 번지기 시작하여 잠시 뒤 화재 영역 heat chamber이 형성되면 진화하기가 매우 어려워진다. 따라서 화재 발생 초기 단계의 진화 작업은 전체 화재 규모를 줄이는 데 매우 효과적이다.

소방 마샬 fire marshal은 보통 화재 대응을 전문으로 하는 마샬을 뜻하지만 여기서는 트랙사이드에 배치되어 화재 사고가 벌어졌을 때 초동 대응을 하는 마샬을 뜻한다. 소방 마샬에게는 개인 방호 장비와 소화기가 지급된다.

파이어 텐더

본격적으로 화재가 번지면 파이어 텐더 fire tender가 투입된다. 파이어 텐더는 기동성이 좋은 트럭이나 밴에 다량의 소화기 또는 소형 소화약제 분사 장치를 설치하여 운용한다. 각 팀은 드라이버, 커뮤니케이터, 마샬 2명으로 구성된다.

파이어 펌프

레이스 초반에 차량 밀집 상태에서 벌어진 화재 사고나 피트 개러지에서 발생한 화재와 같이 대규모 화재가 일어났을 때에는 파이어 펌프 fire pump가 투입된다. 파이어 펌프는 전문 소방 차량으로 대량의 소화 약제를 분사할 수 있다. 하지만 적재 용량이 큰 만큼 차체가 크고 무거워 현장에 빠르게 투입하기 어려운 한계가 있으므로, 대형 화재가 일어날 가능성이 높은 피트 근처에 배치하여 움직이는 거리를 최소화한다.

파이어 펌프를 사용한 차량 화재 진화

주의 사항

모터스포츠는 보통 겨울을 제외한 모든 계절에 진행된다. 개인 방호 장비는 밀폐성이 높아서 상당한 보온 효과를 가지므로 더운 날씨에는 몸의 열이 잘 빠지지 않아서 매우 불편하다. 이런 경우에 탈진하지 않도록 수분 및 전해질 섭취에 주의를 기울여야 한다. 아울러 개인 방호 장비는 착용하는 데 상당한 시간이 걸리므로 불편하다고 해도 어떤 상황에서도 트랙 주행 세션 중에는 절대로 벗으면 안 된다.

  MIV나 구출 팀의 메디컬 닥터는 사고 발생 시점으로부터 3분 안에 응급 처치를 개시해야 한다. 만약 이 시점까지 차량 전체에 대한 화재 진압이 힘들다면 될 수 있는 대로 운전석 쪽으로 접근 경로를 확보하여 의료 팀이 활동할 수 있도록 해야 한다.

14.6 의료 팀

의료 팀medical team은 이머전시 플랜의 중심으로 사상 사고에 대해 구출, 응급처치, 메디컬 센터 후송 및 처치, 지정 병원 후송에 이르는 모든 의료 지원을 담당한다.

큰 운동에너지가 강한 충격을 몰고 오는 모터스포츠의 사고 특성으로 볼 때, 피해자는 척수나 장기 파열을 비롯하여 눈으로 보이지 않는 내부 손상을 동반하는 경우가 많다. 이럴 때 일반인이 섣부르게 심폐소생술CPR 등을 시행하면 추가 손상을 유발할 수 있다. 따라서 경기 중 사고에 대한 의학적 조치는 전문 의료교육을 받은 의료 마샬만 할 수 있다. 이머전시 플랜에 따라서 트랙 내 어떤 곳에서 사고가 나도 의료 마샬이 심박정지로 인한 뇌손상 이전에 도착할 수 있기 때문에, 사고 피해자의 상태가 급박한 상황처럼 보여도 다른 오피셜들은 의료 팀이 올 때까지 기다려야 한다.

의료 팀은 다음과 같이 구성된다.

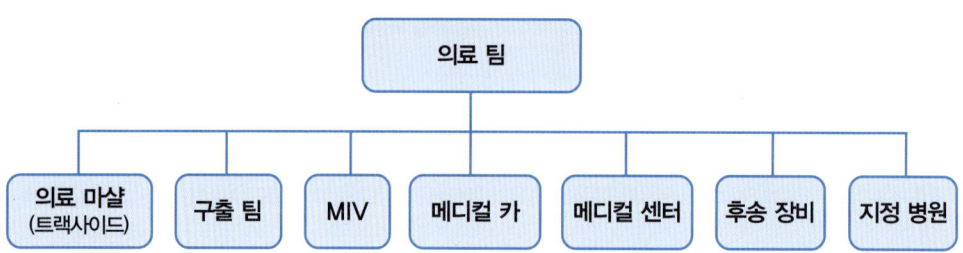

의료 마샬

의료 마샬medical marshal은 전문 의료교육을 받은 의료 팀의 구성원을 통틀어 뜻하는 말이기도 하지만 여기서는 트랙사이드에 배치되어 사고가 벌어졌을 때 최초 단계에서 의학적인 초동 조치를 시행하는 파견 마샬을 의미한다.

트랙사이드에서 초동 조치 이후에는 곧 후속 팀이 부상자를 이어받아서 후속 조치를 시행하므로 트랙사이드에서 초동 조치는 호흡계 및 순환계를 유지하는 조치, 예를 들어 기도를 확보하거나 출혈을 막는 조치와 같은 정도로 국한된다. 초동 조치 이후 의료 마샬은 현장에 출동한 다른 의료 팀의 지휘를 받아 보조 역할을 한다.

MIV

의료 처치 차량 medical intervention vehicle, MIV 은 사상 사고가 벌어졌을 때 개입하는 첫 번째 또는 두 번째 의료 팀이다. MIV는 드라이버, 메디컬 닥터, 의료 오피셜로 구성되며 현장에 도착하여 필요한 전문 의료 자원을 파악, 요청하고 부상자의 호흡계 및 순환계를 유지하면서 척추 보호 장비로 몸을 고정하는 일을 한다. 현장에 있는 장비로는 대응이 어려울 때, 예를 들어 화재로 기도에 화상을 입었다면 MIV의 메디컬 닥터는 즉각 지정 병원으로 후송을 요청한다. MIV의 판단은 앞으로 어떤 의료 지원이 필요한지를 판가름하며, 이에 따라 앞으로 필요한 시간도 가늠되므로 레이스 컨트롤이 경기를 어떻게 진행할 것인지 판단하는 데 중요한 근거가 된다.

MIV의 메디컬 닥터는 사고 발생 후 2분 이내에 부상자를 확인하고 확인 후 15초 이내로 상황을 보고해야 한다. 그리고 상황 보고 후 45초 이내, 즉 사고 발생 후 3분 이내에 응급 처치를 시작해야 한다.

구출 팀

구출 팀 extrication team 은 사고 차량 안에 드라이버가 갇혔을 때 추가 사상 손실을 최소화하며 될 수 있는 대로 빨리 드라이버를 사고 차량 밖으로 구조하는 임무를 수행한다. 익스트리케이션 닥터 및 최소 3명 이상의 팀원으로 구성된다.

구출 작업은 최대한 빨리 진행되어야 한다. 만약 구출 작업이 필요하다면 구출이 이루어진 다음에야 최초의 의학적 조치가 시행될 수 있으며, 방치하면 차량에 추가 사고가 발생할 수도 있다. 임무를 수행하는 과정에서 추가 손상 방지와 구조 시간 단

포뮬러 카는 드라이버가 앉아 있는 채로 좌석 전체를 들어내서 구출한다.

축이라는 두 가지 문제가 상충될 때에는 구조 시간 단축이 우선한다.

구출 방법은 경기 차량의 종류에 따라 다르다. 포뮬러 카에서는 좌석에 머리와 척추를 고정한 뒤, 좌석 자체를 들어내는 방법을 쓰는 반면, 박스 카는 부상자에게 KED Kendrick Extrication Device 를 부착 및 고정해서 들어내는 방법을 쓴다. 전복 사고가 발생하거나 차체가 변형되어 문이 열리지 않는 경우 유압 절단기 등 특수 구조 장비를 써서 차체를 파괴할 수도 있다.

메디컬 카

메디컬 카 medical car 는 닥터 카 doctor car 라고도 하며 의료 후송을 주 임무로 한다. 레이스 닥터와 마취 전문의가 탑승하며 부상자 후송 중에 필요한 모니터링 장비 및 후송용 고정식 침대와 같은 각종 의료 장비를 갖추고 있다.

메디컬 카는 부상자를 경기장 안에 있는 메디컬 센터로 이송하며 경우에 따라 앰뷸런스, 메디컬 헬리콥터 등 후송 장비로 경기장 밖 지정 병원으로 이송할 수 있다.

메디컬 센터

메디컬 센터 medical centre 는 서킷 내 모든 의료 지원의 거점으로, 긴급 진단 및 응급 수술을 할 수 있는 인력과 장비를 갖춘다. 국제 경기 기준으로는 4명 이상을 수용할 수 있는 병상을 필요로 하며 2팀의 외상 전문 팀을 두고 교대로 직무에 배치한다. 오피셜이나 관람객들에게 의료 서비스가 필요할 때에도 메디컬 센터에서 지원한다.

후송 장비

서킷 내에서는 불가능한 수준의 의료 처치가 필요한 경우 외부의 지정 병원으로 부상자를 이송하기 위한 운송 수단을 뜻한다. 이는 후송용 앰뷸런스와 메디컬 헬리콥터로 나뉜다. 경기의 종류와 규모에 따라서 준비되는 후송 장비는 달라지지만 국제 경기를 기준으로 한다면 다음과 같은 수준의 준비가 필요하다.

먼저 앰뷸런스는 산소 호흡장비를 필수로 갖춰야 한다. 또한 지정 병원까지의 이동 경로를 사전에 파악해야 하며 경기 중 시간대에 맞춰 해당 이동 경로의 혼잡 상태가 미리 파악되어 실제 환자 이송에 걸리는 예상 시간이 계산되어 있어야 한다.

메디컬 헬리콥터는 응급치료 장비를 갖춰야 하며 1대가 이송을 위해서 출발하면 다른 1대가 착륙하여 대기해야 한다. 국제 경기 중 F1, GP2 이상, GT 경기는 반드시 메디컬 헬리콥터를 운용해야 하며 헬리콥터가 경기장에 도착하지 않으면 경기가 시작되지 않는다. 메디컬 헬리콥터가 있는 대회에서는 경기 1시간 전에 훈련을 실시한다.

지정 병원

의료 팀의 담당자는 미리 지정 병원의 담당자를 확인하고 시설 상태, 당일 근무자 및 비상 연락 체계 등을 확인해야 한다. 지정 병원에는 외상 전문 시설 및 인력이 있어야 하며 메디컬 헬리콥터를 운용하는 경기의 지정 병원에는 헬리콥터 착륙장(헬리포트)이 반드시 설치되어 있어야 한다.

14.7 구난 팀

구난 팀 recovery team은 사고가 일어났을 때에 최대한 빨리 경기를 속개할 수 있도록 사고 차량을 안전한 곳으로 옮기는 일을 한다.

구난 마샬은 구출 팀을 제외하고는 대부분 상황에서 최초로 차량에 접근하는 오피셜이다. 사고 차량은 언제나 화재 및 감전의 위험이 있으므로 구난 마샬은 방염 소재의 오버롤 슈트, 헬멧, 보호 고글, 절연 장갑과 같은 보호 장비를 갖춰야 한다. 또한 경기장에서는 늘 여분의 구난 장비를 보유하여 현장에서 장비가 소모되었을 때에는 곧바로 보충할 수 있어야 한다.

구난 팀과 구난 장비는 다음과 같은 체계로 구성된다.

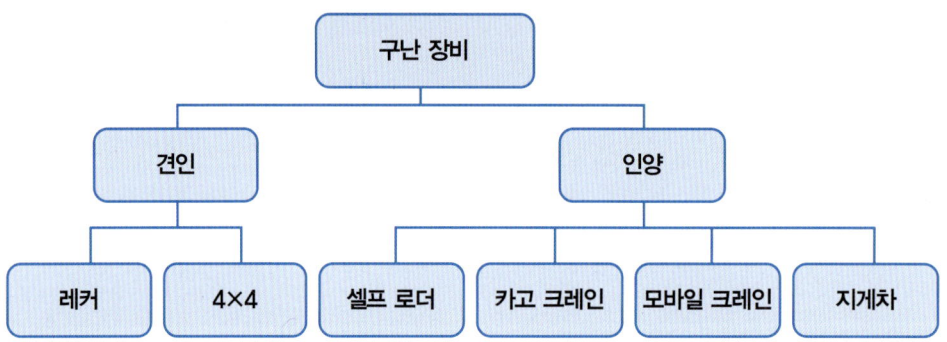

리커버리 치프

리커버리 치프 recovery chief는 사고가 일어났을 때 레이스 컨트롤의 지시를 받아 트랙에 분산 배치되어 있는 구난 자원을 운용하는 역할을 한다. 구난 플랜을 수립, 관리하고 사전에 구난 팀을 교육하며, 순찰 점검을 통해 필요한 물자 배분 및 투입 계획을 세우고 보완 및 점검하는 임무도 맡는다. 보통 견인 트럭을 같이 운용한다.

견인 장비

사고가 일어났을 때 4륜구동 차량 4×4 또는 레커 wrecker 를 활용해서 사고 차량을 견인하며 플랫 토우 flat tow 라고도 한다. 구난 차량 중 가장 신속하게 움직일 수 있으나 차량 견인은 다음과 같은 조건이 모두 충족되는 상황에만 국한된다.

- 브레이크가 정상으로 작동해야 한다.
- 조향을 할 수 있어야 한다.
- 타이어에 문제가 없어야 한다. 곧 기어를 중립으로 놓으면 밀거나 끌어서 바퀴를 굴릴 수 있어야 한다.
- 누수 또는 누유가 없어야 한다.
- 트랜스미션에 장애가 없어야 한다.

사고 차량에 견인을 위한 줄을 연결하는 지점은 대부분의 경우 차량 앞쪽에 있지만 뒤쪽에 있을 수도 있다. 견인은 주로 박스 카에 적용되지만 포뮬러 차량도 상황과 조건에 따라서는 견인 방법으로 옮길 수 있다.

견인 차량은 사고가 났을 때에는 파이어 텐더 차량의 기능을 겸할 때도 있다. 이런 경우에는 현장에 출동하여 초기 단계의 상황을 판단하기도 하며 다른 구난 차량이 출동했다면 이를 호위하고 보호하는 일을 맡기도 한다.

인양 장비

견인 방법으로는 차량을 옮기기가 힘들 때, 또는 견인에 필요한 조건을 충족시키지 못했을 때에는 차량을 완전히 들어 올리거나 다른 차량에 싣고 옮겨야 하며, 이를 인양 또는 리프트 토우 lift tow 라고 한다. 인양 방법과 그에 쓰이는 장비는 사고의 종류, 차량의 종류 및 상태에 따라서 다양하다.

플랫 토우 방식의 견인 작업

- **셀프 로더** self-loader 틸트 트레이 트럭 tilt tray truck, 또는 플랫베드 flatbed라고도 하며 사고 차량을 먼 거리까지 견인할 수 없을 때 차량을 견인 또는 인양하여 적재 공간에 싣고 옮기는 임무를 수행한다. 사고 차량을 실을 때에는 반드시 고정 스트랩을 이용하여 사고 차량의 앞뒤 바퀴를 고정해야 한다.

- **카고 크레인** cargo crane 차량 위쪽에 인양용 고리가 있다면 카고 크레인을 이용하여 사고 차량을 인양하고 적재 공간에 실은 다음에 운송한다. 보통 차량 아래쪽에 견인 고리를 달기 어려운 포뮬러 차량에 많이 쓰는 방법이다. 카고 크레인을 쓸 때에는 사고 차량이 운송 과정에서 움직이지 않도록 앞뒤 바퀴를 스트랩으로 고정해야 한다. 포뮬러 차량이 아니어도 특수 제작된 인양 장비를 연결하여 카고 크레인으로 인양하는 경우도 있다. 이 경우 인양 장비를 사고 차량의 휠 또는 섀시에 연결하여 인양한다.

- **모바일 크레인** mobile crane 포뮬러 차량이 사고를 당했거나 사람의 힘으로는 옮길 수 없을 때 현장에서 쉽게 차량을 인양할 수 있는 장비다. 모바일 크레인은 사고 차량의 위쪽에 있는 인양 고리를 이용해서 차량을 들어서 옮긴다. 이때 트랙사이드의 지원 인력이 사고 차량의 차체를 잡으면서 같이 움직여줘야 한다. 인양되는 차체가 좌우로 흔들이 운동을 하는 스윙 현상 때문에 자칫 주위의 시설물이나 사람, 장비에 부딪칠 위험이 있기 때문이다. 경기용 차량에는 매우 뜨거운 부품들이 있으므로 모든 구난 마샬들은 경기 전에 인양에 관한 안전 교육을 받아야 한다. 텔레스코픽 핸들러 telescopic handler 라고도 부른다.

- **지게차** 사고 차량을 견인할 수 없으며 카고 크레인도 활용할 수 없다면 지게차로 인양하여 직접 옮기거나 셀프 로더와 같은 다른 운송 차량 위에 올려놓는다. 하지만 인양할 때 사고 차량의 하체 부품들이 파손되는 일이 많으므로 사용이 줄어드는 추세다. 지게차는 이동 속도가 느리며 사고 발생 장소에 따라 접근이 어려운 경우가 많으므로 배치와 활용에 주의가 필요하다. 또한 견인할 수 없는 사고 차량을 지게차를 이용하거나 셀프 로더에 실어 데드 카 존(사고나 고장으로 움직이지 못하는 차량을 트랙 주행 세션 동안에 임시로 보관해 놓는 구역으로 코스 주변 여러 곳에 마련되어 있다) 또는 피트·개러지와 같은 장소로 옮긴다면 차량을 내릴 때에도 지게차가 필요할 수 있으므로 이 점을 고려해야 한다.

14.8 경기 중에 벌어질 수 있는 여러 가지 사고들

경기 중에는 다양한 형태의 사고가 벌어진다. 가장 쉽게 생각할 수 있는 차량의 추돌 또는 충돌 사고에서부터 동물이나 사람의 코스 난입, 관객 시설물 파손, 질병과 같은

지게차를
활용한
차량 운반

사고들이 벌어질 수 있으며 지금까지 한 번도 겪어보지 못한 종류의 사고를 만날 수도 있다. 여기서는 경기 중에 벌어질 수 있는 다양한 형태의 사고를 살펴본다.

스타트 라인 사고

모터스포츠 경기 중 가장 대규모 사고가 발생할 수 있는 순간이 바로 레이스 시작이다. 이때는 차량들이 밀집되어 있어 충돌이 쉬우며 사고가 발생할 경우 연쇄적으로 여러 대가 휘말릴 수 있으므로 파급 효과가 크기 때문이다. 예를 들어 비가 오는 상황에서 시작된 1998년 포뮬러 1 벨기에 그랑프리 레이스에서는 첫 랩에서 13대가 연루된 사고가 벌어졌다.

스타트 라인 사고에서 다중 충돌에 따라 불이 나면 대규모 화재 사태로 번지기 쉬우므로 경기 시작 때 화재 사고가 나면 피트·개러지에 대기 중인 파이어 텐더나 대형 파이어 펌프가 출동한다. 또한 MIV, 익스트리케이션 카, 메디컬 카 역시 곧바로 출동하여 초동 대응 시간을 최소화한다.

구난 팀은 경기 중에는 각 지역에 퍼져 있지만 경기 시작 때에만 서비스 로드를 통해 구난 차량을 스타트 라인 근처로 배치해서 초동 대응 시간을 줄이기도 한다.

피트/개러지 사고

피트·개러지는 연료, 오일을 비롯한 다양한 가연성 물질로 가득 차 있으므로 언제나 화재 또는 폭발 사고의 위험을 안고 있으며, 화재가 발생하면 대규모 사고로 번질 수 있다. 이러한 사고는 경기 중은 물론 경기 전이나 경기 뒤에도 일어날 수 있다.

피트·개러지에서 불이 났을 때에는 피트 입구에서 대기하고 있는 파이어 펌프나 파이어 텐더가 출동하여 화재 확산을 막는다. 동시에 레이스 컨트롤에서는 화재 규모에 따라 사고 발생 지점으로부터 일정한 거리에 이르는 지역을 위험 지역으로 설정하고 해당 지역 안에 있는 사람들을 모두 안전한 곳으로 대피시켜야 하며, 가스나 전력을 차단하여 추가 사고를 일으킬 요소들을 제거해야 한다.

경기 중 질병

아주 드문 일이지만 2007년 F1 일본 그랑프리에서 레드 불 팀의 마크 웨버 선수가 경기 도중 식중독으로 구토를 한 사례가 있다. 더운 날씨에서 벌어지는 경기에서는 선수, 오피셜 또는 관중이 경기 중에 탈수 또는 열사병과 같은 증상으로 쓰러지거나 의식을 잃는 경우도 있다. 드라이버가 질병 때문에 차량을 트랙이나 런오프 지역에 정차시켰다면 일반 사고로 간주하고 의료 팀을 통해 환자에게 의료 지원을 한다.

관람석 붕괴 또는 관람객의 질병이나 사고

의료 팀은 경기장 안에 있는 모든 사람들을 위한 의료 서비스를 제공하며, 경기 관계자뿐만 아니라 관람객의 의료 지원도 맡고 있다. 국제적으로는 축구 경기를 비롯한 여러 스포츠의 경기 도중에 관람석 붕괴와 같은 사고로 대규모 인명 피해를 입은 사례가 있으며, 1955년 르망 24시 경기 도중에는 경기 차량과 파편이 관람석에 날아들어서 83명의 관람객과 사고 차량의 드라이버가 사망하고 120명이 넘는 부상자가 발생한 참사도 있었다[9]. 과거 국내 모터스포츠에서도 드래그 레이스에서 차량이 관중을 덮쳐서 사상 사고를 일으킨 바가 있다. 다수의 의료 팀 인력을 필요로 하는 대규모 사고가 발생했을 때에는 레이스 컨트롤은 이에 필요한 각종 조치를 발동하여 의료 조치를 지원한다.

경기 중 사람 또는 동물 난입

때로는 경기장, 특히 코스 안으로 허가 받지 않은 사람이 난입하거나 동물이 뛰어드는 일이 벌어지기도 한다. 2011년 포뮬러 1 인도 그랑프리의 첫 번째 연습주행 도중에 개 한 마리가 트랙으로 들어와 적색기가 발령된 적이 있으며, 국내 및 해외의 모터스포츠 경기에서 야생동물이 코스에 뛰어드는 모습은 자주 목격된다.

사람이 코스로 난입하는 사례도 있는데, 사람들의 관심을 끌거나 시위를 목적으로 하는 경우가 많다. 2000년 포뮬러 1 독일 그랑프리에서는 해고된 데 앙심을 품은 전직 메르세데스-벤츠 직원이 레이스 도중 코스에 난입해서 돌아다니는 바람에 세이프티 카가 발령되기도 했다.

---

[9] 당시 사고 차량의 부품 가운데는 마그네슘 소재로 만든 것들이 많았으며, 여기에 불이 붙으면서 인명 피해가 확대되었다. 한편 이런 사고에 대한 경험이 없던 소방 오피셜들은 불에다 물을 끼얹었는데 이는 마그네슘의 특성 때문에 오히려 화재를 크게 확산시키는 원인이 되었고 차량이 몇 시간 동안 계속 불길에 휩싸여서 피해를 더욱 키웠다. 따라서 화재의 종류, 화재를 일으킨 원인이나 불이 붙은 물체의 특성에 따라서 적절한 대응을 하지 않으면 오히려 문제를 더욱 확대시킬 수 있다는 점에 유의해야 한다.

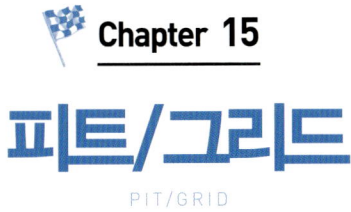

Chapter 15
피트/그리드
PIT/GRID

15.1 피트, 그리고 그리드란?

피트의 정의

서킷 안에 마련된 간이 정비소인 피트pit는 경주 차량의 정비는 물론 경기 중 차량과 팀의 베이스캠프 구실을 한다. 서킷의 피트는 경기장에서 다른 대부분의 곳과는 달리 경기 중에 차량과 사람이 뒤섞여 있고 심지어는 달리는 차량과 사람이 섞여 있는 경우도 종종 있다. 따라서 차량의 속도 제한 및 피트 구역에 대한 철저한 이해, 그리고 피트 안에 상주하는 모든 사람들의 안전 의식이 극히 강조되는 공간이기도 하다.

그리드의 정의

자동차 경주에서 가장 긴장되는 때는 예선을 통해 출발 순위를 부여 받은 경주 차량들이 출발을 위해 정렬해 있는 순간이다. 그리드grid는 예선을 통해 각 차량들이 부여 받은 출발 순위를 말하기도 하지만 이 순서에 따라서 차량이 정렬하는, 서킷의 직선 구간 내 스타트 아치와 피니시 라인 사이 구역을 통틀어 부르는 이름이기도 하다.

경기장 안에서 피트/그리드의 위치

피트와 그리드는 일반적으로 서킷의 직선 구간 안에 배치되어 있으며 이 구간 안에는 스타트 아치 혹은 스타트 라인이 포함되어 있다. 피트와 그리드는 이 둘을 가르는 방호벽인 피트 월로 나뉘어서 나란히 배치되어 있으며 그리드 구간에는 일정한 수의 그리드 라인이 도로에 그어져 있다.

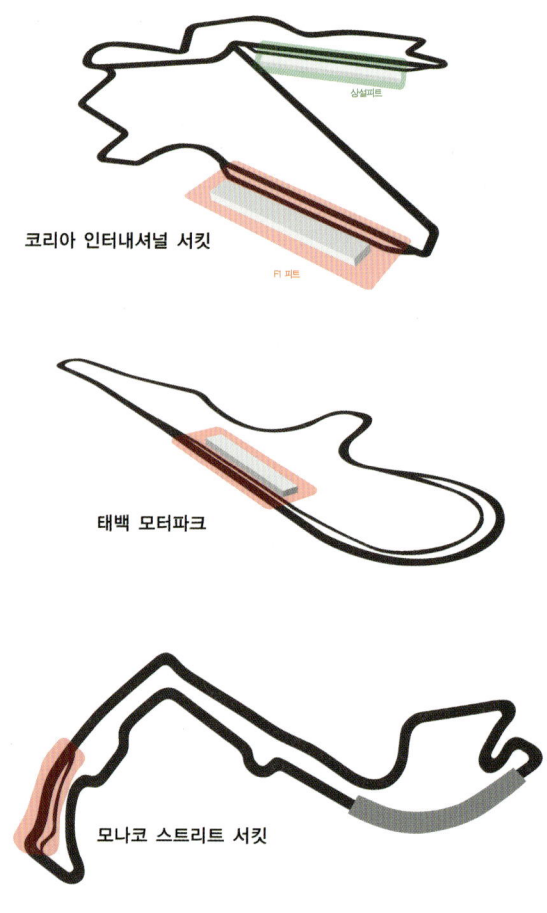

다양한 서킷의 피트 위치

15.2 피트의 구조

피트의 구조는 크게 개러지, 작업 구간, 주행로, 피트 월로 구분할 수 있다. 또한 피트 입구, 출구 및 게이트, 스타트 포스트도 피트 구역에 속한다.

포뮬러 1 코리아 그랑프리의 피트

개러지

피트 안에 마련되어 있는 개러지 garage는 이름처럼 경주 차량의 차고 구실을 함은 물론 차량의 정비를 위한 각종 장비들이 구비되어 있으며 서킷을 달리는 경주 차량으로부터 정보를 수집해 경기 전략을 수립하기도 한다.

개러지는 피트 건물 1층에 자리 잡고 있으며 각 경주 팀이 주최 측으로부터 경기 기간 동안 쓸 공간의 장소와 규모를 배정 받는다. 만약 개러지의 공간에 비해서 참가하는 팀이나 차량의 수가 더 많을 때에는 패독 공간 안에 임시 가설물을 세워서 추가 개러지로 활용하기도 한다.

작업 구간

작업 구간 inner lane 은 피트 안에서 개러지와 맞닿아 있는 공간으로 간단한 정비와 점검을 할 수 있도록 차량을 정차시킬 수 있는 구간이다. 미캐닉, 드라이버, 미디어, 오피셜이 함께 움직이는 공간이므로 작업 구간 안에 차량을 세우거나 작업 공간에서 주행로로 나가기 위한 목적을 제외하고는 모든 차량의 주행이 금지되어 있다.

주행로

주행로 fast lane 는 피트인 한 차량과 코스인 하려는 차량이 피트 구역 안에서 주행할 수 있는 공간이며 작업 구간과 피트 월 사이에 자리 잡고 있다. 이 구역은 차량의 이동, 그리고 사람의 이동(개러지 또는 작업 구간과 피트 월 또는 그리드 사이를 오가기 위한)만을 위해 이용되며 따라서 어떤 차량, 사람, 물건도 규정에 따라서 특별히 허용되는 경우가 아니라면 이곳에 정차하거나 정지 상태에서 오래 머물 수 없다.

피트 월

피트 월 pit wall 은 서킷과 피트 안의 주행로 사이에 자리 잡은 공간으로 그리드 오피셜이 레이스 출발 절차를 진행하기 위해 활동하며, 트랙 주행이 진행되는 중에는 소방 오피셜과 피트 오피셜이 피트 구역 내에서 벌어지는 긴급한 사고 상황을 처리하거나 피트 구역을 통제하는 것과 같은 직무를 수행하기 위해서 상주하는 공간이기도 하다. 각 팀에서는 이곳에 임시 시설물을 설치하고 경주 중 서킷을 주행하고 있는 차량과 교신을 하고 각종 정보를 수집하여 드라이버에게 정보나 작전을 전달하는 공간이기도 하므로 피트 사인 월 pit sign wall 이라고 부르기도 한다.

피트 입구

피트 입구 pit entry 는 서킷에서 주행 중인 차량이 피트로 들어오기 위한 입구이며 트랙 위에는 피트 구역의 시작을 알리는 선이 그어져 있다. 모든 경주 차량은 이 선을 넘어서면 규정에 따른 제한 속도를 지켜야 한다.

피트 출구

피트 출구 pit exit 는 피트에 있던 차량이 코스로 진입하는 출구이며 피트 구간이 끝났음을 알리는 선이 트랙에 그어져 있다. 차량은 피트 구간에서는 규정된 제한 속도를 유지하다 피트 구간이 끝나면 속도를 붙여서 코스로 진입할 수 있다.

피트 출구에는 신호등이 있으며 코스로 진입하는 차량은 신호를 반드시 준수해야 한다. 예를 들어 세이프티 카가 발령되어 세이프티 카가 선도하는 차량의 대열이 피트 출구 옆을 지날 때에는 적색등이 들어오며, 이 경우 코스로 나가기 위해서 피트 주행로를 달리던 차량은 신호등 앞에서 멈춰서 녹색등으로 바뀔 때까지 기다려야 한다.

피트 출구에 오피셜이 배치되어 따로 깃발 신호를 내는 경기도 있다. 예를 들어 피트 주행로를 따라서 피트를 빠져나가려는 차량이 있을 때 코스에서 피트 출구로 접근하는 차량이 있다면 피트 주행로에 있는 차량에게 청색기를 제시해서 코스에서 피트 출구로 접근하는 차량에게 양보를 지시할 수 있다.

경주 도중에 주행하던 차량이 스톱 앤 고 페널티 stop and go penalty 를 받았을 때에는 경기 규정에 따라서 자기 팀의 개러지 앞 작업 구간에서 벌칙을 수행하기도 하지만 보통 국내 경기에서는 피트 출구에 벌칙을 수행하는 공간이 따로 마련되어 있으며 피트 오피셜이 차량의 정지와 출발을 통제한다.

피트 게이트

피트 게이트 pit gate 는 피트에서 서킷으로 바로 통할 수 있는 통로이며 차량들이 레이스를 시작하기 위해서 그리드에 정렬할 때에는 이 게이트를 통해 미캐닉과 오피셜, 그밖에 경기 관계자들이 그리드로 나갈 수 있다. 또한 레이스 출발 절차 중에 문제가 있어서 출발하지 못한 차량이 있다면 차량을 밀어서 이 게이트를 통해 피트로 옮긴다. 트랙 주행이 진행되는 동안에는 반드시 단단하게 잠가야 하며 차량이 게이트에 충돌했을 때에도 열리지 않도록 튼튼한 잠금 장치가 설치되어 있다.

스타트 포스트

스타트 포스트 start post 는 일반적으로 그리드 구간에 있는 스타트 아치 근처에 설치되며 스타트 신호등의 조작, 깃발 제시, 레이스 출발 과정에서 포메이션 랩 또는 레이스 출발 때까지 남은 시간을 알리는 미닛 보드 minute board 등을 제시하기 위해서 쓰이는 포스트다. 포스트 자체는 피트 구역에 있으나 레이스 컨트롤이 관할권을 가진다. 피트 안에 스타트 포스트와 피니시 포스트 finish post, 트랙 주행 또는 레이스가 끝났을 때 체커 깃발을 제시하는 포스트가 별도로 설치되는 서킷도 있고, 스타트 포스트가 피니시 포스트의 역할까지 겸하는 서킷도 있다.

15.3 그리드의 구조

그리드는 크게 그리드와 안전지대, 두 영역으로 구분할 수 있다. 또한 스타트 라인 start line 을 알리는 스타트 아치 start arch 와 스타트 신호등 start signal 도 설치되어 있다.

그리드

그리드에는 각 차량이 정렬할 장소를 가리키기 위해서 아스팔트 위에 일정한 간격을 두고 흰색으로 일자 또는 ㄷ자 모양의 선을 그어 놓으며, 이러한 선을 그리드 라인 grid line 이라고 부른다. 예선에서 선두를 차지한 차량은 제일 앞의 그리드에 자리를 잡는데, 이를 폴 포지션 pole position 이라고 한다.

코리아 인터내셔널 서킷에서 열린 슈퍼레이스의 그리드

안전지대

안전지대는 서킷의 그리드 라인이 그려져 있는 아스팔트의 양 옆으로 조성되어 있는 공간으로 보통은 잔디밭으로 구성되지만 아스팔트로 구성되는 경우도 있다. 레이스 시작 과정에서는 포메이션 랩이 시작될 때 미캐닉이나 오피셜이 도로 바깥에서 대기하는 공간으로 쓰인다. 경기가 진행되는 동안에는 런오프 영역 구실을 한다.

15.4 피트/그리드의 안전

피트의 안전

자동차 경주에서 차량이 직선 구간을 통과하는 속도는 도로에서 느끼는 일반 차량의 속도에 비해 굉장히 빠르다. 경주용 자동차는 일반 차량보다 빠른 가속력, 코너링,

추진력 등을 얻기 위해 전용 차량을 제작하거나 일반 차량을 개조하기 때문이다. 이런 경주 차량과 사람이 동시에 상주하는 서킷 안의 유일한 공간인 피트는 그래서 안전에 대한 주의가 더욱 필요한 공간이기도 하다.

피트의 안전을 위해서 피트 주행로를 달리는 차량은 속도를 줄이도록 규정하고 있다. 경기장에 따라서, 경기의 종류와 참가 차량의 클래스에 따라서 규정에서 제한하는 속도가 다르지만 통상 60km/h에서 70km/h으로 주행 속도를 제한하고 있으며, 코리아 인터내셔널 서킷에서 열리는 포뮬러 원의 예선 및 결승 레이스 동안에는 속도를 100km/h로 제한하고 있다.

그러나 이러한 제한 속도도 일반 도로 또는 고속도로의 속도와 별 차이가 없으므로 피트에서는 언제 차량이 피트로 들어올지 모른다는 생각을 하면서 행동에 각별히 유의해야 한다. 피트에 상주하는 미캐닉, 오피셜, 미디어, 그밖에 관계자들은 작업 구간에서 주행로를 건너서 피트 월로 갈 때에는 최단거리로 신속히 이동해야 하며, 시선은 차량이 피트 안으로 진입하는 피트 입구 쪽을 향하도록 해야 한다. 또한 피트 안에서는 연료 또는 유증기에 불이 붙어 화재를 일으킬 위험이 있기 때문에 흡연은 엄격하게 금지되어 있다. 피트는 뜨겁게 가열된 경주 차량이 빠른 속도로 주행, 정차, 정비를 하는 곳이므로 보통 주의력이 떨어지는 16세 이하 어린이, 그리고 애완동물의 출입을 엄격하게 금지하고 있다.[10]

그리드의 안전

그리드는 서킷 내의 공간으로 차량이 스타트를 위해 이동, 정차하는 공간이며 그리드 또한 레이스의 출발 절차가 진행되는 동안에는 피트와 마찬가지로 차량과 사람이

---

[10] 단, 어린이인 경우에는 서킷의 특성이나 경주의 종류에 따라 그 규정이 다르며, 트랙 주행이 벌어지지 않는 동안 진행되는 피트 워크 행사, 또는 보안 관계자의 관리를 받을 때에는 허용되기도 한다. 참가가 허가된 드라이버인 경우에는 나이 제한을 받지 않는다.

뒤섞여 있는 공간이다. 따라서 이 시기에는 피트만큼이나 안전이 최우선시 되어야 하는 공간이다. 출발 절차가 진행되는 동안 오피셜, 미캐닉, 미디어, 그밖에 관계자나 게스트들은 출발 절차 전체에 대한 규정, 그리고 절차의 각 단계에 따라서 적용되는 규정에 엄격히 따라서 행동해야 한다. 트랙에서 주행이 진행되는 동안에는 그리드도 코스의 일부이므로 그에 따른 엄격한 통제가 이루어진다.

15.5 피트의 운영 규정

경기에 따라서 자세한 사항은 달라질 수 있으나 여기서는 국내외 온로드 경기에서 일반적으로 지켜지고 있는 규정 및 관례에 바탕을 둔 피트의 운영 규정을 살펴보고 그 의미를 이해해 보도록 한다.

- **화기의 사용을 엄격히 금한다** 피트는 높은 온도의 엔진과 연료, 오일, 전자·전기 부품들이 사용되는 공간이므로 피트 안에서 화기 사용은 엄격히 금지하고 있다. 흡연 역시 엄격히 금지되며 국내 경기에서는 이를 위반하면 선수 혹은 팀에 벌금 또는 벌칙이 부과되기도 한다.

- **피트 사용 후 주변 청소를 깨끗이 한다** 피트 오피셜은 피트 안에 이물질이나 쓰레기가 없는지 항상 관찰하고 관리해야 하며 이런 물질이 있다면 최대한 빨리, 그리고 안전하게 치워야 한다. 팀의 미캐닉이나 관계자들도 항상 피트 작업 구간의 청결에 유의해야 한다.

- **트랙 세션이 끝난 뒤에는 다음 사용자를 위해 즉시 피트를 비워 주어야 한다** 자동차 경주 대회는 보통 여러 가지 종목 또는 등급의 경기로 구성되어 있으며, 하나의 피트를 여러 경기의 차량이 공유하여 함께 사용하는 경우가 많다. 따라서 다음에 피트를 사용할 차량을 위해 사용한 피트 작업 구간을 최대한 빨리, 그리고 청결히 비워주는 것은 자동차 경주에 참가하는 팀의 기본 매너다.

- **사고 위험성이 있는 복장을 금한다** 개러지를 제외한 피트 공간 안에서는 위험성이 있는 복장을 금하고 있다. 예를 들어 발이 노출되는 슬리퍼나 하이힐과 같은 신발은 피트에서 엄격하게 금지하고 있다. 발의 많은 부분이 그대로 노출되면 차량에서 튕겨 나오는 뜨거운 부품으로부터 신체를 보호할 수 없으며, 하이힐은 사고 때문에 신속히 대피해야 할 상황에서 방해가 되기 때문이다.

- **피트 내에는 허가된 차량이 아닌 모든 차량의 이동 및 주·정차를 금한다**

- **피트인 하는 차량은 코스인을 위해 작업 구간에서 피트 주행로로 나가려는 차량보다 우선권을 가지고 있다**

- **피트 내에서 차량의 역방향 주행 및 후진기어 사용을 금한다** 차량이 자체 동력으로 후진을 하게 되면 뒤에 있는 사람이나 다른 차량, 물체를 정확히 보지 못해서 사고를 일으킬 위험이 높다. 따라서 차량이 후진을 해야 할 때에는 사람이 끌거나 밀어야 한다. 피트 오피셜은 피트 내 안전을 위해 차량의 후진기어 사용을 규제하고 만약 자체 동력으로 후진하는 차량이 있다면 이를 무선 교신 또는 보고서로 레이스 컨트롤에 보고한다.

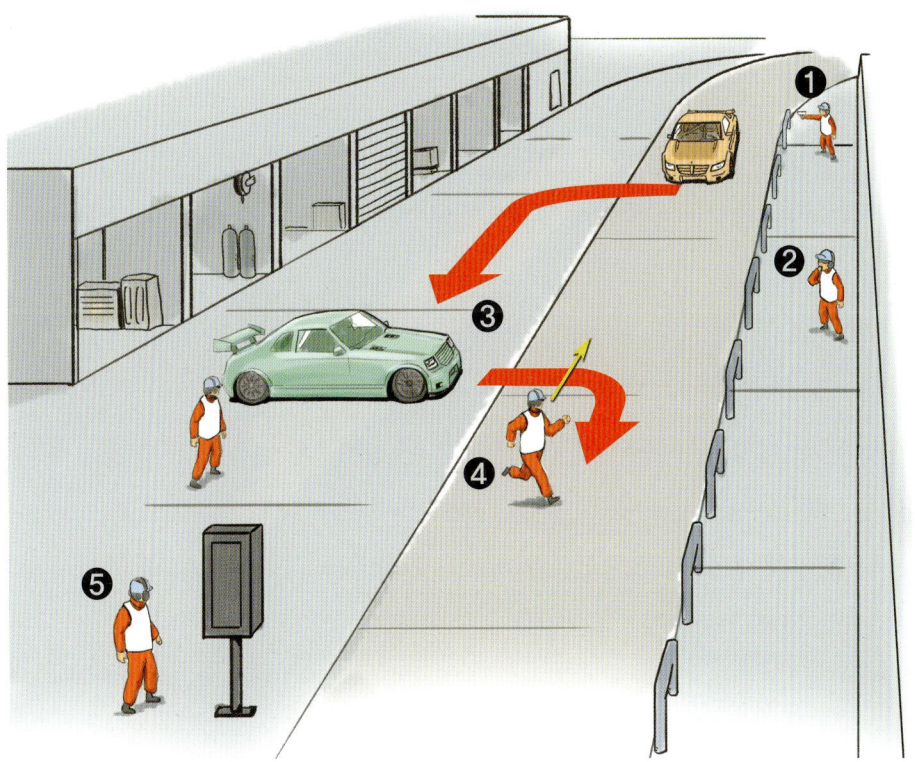

❶ 스피드 건을 가진 오피셜은 피트를 주행하는 차량의 속도를 측정하고 제한속도를 넘는 경우에는 즉시 레이스 컨트롤에 보고한다.
❷ 차량이 다가오면 호루라기 신호로 주위에 경고한다.
❸ 피트아웃하려는 차량은 피트인 하는 차량에 양보해야 한다.
❹ 피트 주행로를 건널 때에는 항상 시선을 차량이 오는 쪽으로 향하고 최대한 빨리 건너간다.
❺ 피트 출구에는 신호등이 설치되어 있으며, 차량은 이 지점까지는 제한 속도를 지켜야 한다.

■ **주행로를 횡단하는 사람은 피트를 주행하는 차량에 방해가 되어서는 안 된다** 피트 주행로를 건너는 미캐닉, 오피셜은 피트인 하거나 코스인 하는 차량의 진행을 방해해서는 안 된다. 이는 안전을 위해서도 매우 중요한 규정이며 다른 차량의 경기를 방해하는 결과가 될 수도 있으므로 피트 작업 구간에서 피트 월로 건너갈 때에는 시선을 항상 피트 입구 쪽에 두고 오는 차량이 없는지 확인한 후 최단 거리로 재빨리 이동해야 한다. 피트 오피셜은 피트 내에서 차량이 움직이고 있다면 이를 주시하고 호루라기로 주변 사람들에게 알려 사고를 방지하도록 한다.

15.6 그리드의 운영 규정

그리드에서는 예선을 통해 출발 순위를 부여 받은 차량이 제 위치에 정렬하고, 정해진 순서에 따라 포메이션 랩을 거쳐 레이스를 시작하는 절차가 진행되며 따라서 이에 관한 운영 규정이 적용된다. 이 규정 또한 차량의 특성, 클래스, 경기의 진행 방식, 주변 환경 등 조건에 맞게 구성되어 있으며 각 경기에 따라 상황에 맞게 변경하여 진행하는 경우도 많다. 예를 들어 해외 경기에서는 포메이션 랩 없이 그리드 정렬 뒤 바로 레이스를 시작하기도 한다.

레이스 경기를 시작하는 방식은 크게 다음의 두 가지로 나눌 수 있다.

- **스탠딩 스타트** standing start 포메이션 랩을 마치고 그리드의 직선 구간으로 돌아온 차량들이 엔진을 정지시키지 않은 상태에서 그리드에 정렬한 후, 미리 규정된 신호에 맞춰서 동시에 출발하는 방식이다. 일반적인 투어링 카 경주나 포뮬러 경주에서 주로 사용되는 방식이다.

- **롤링 스타트** rolling start 포메이션 랩을 마친 후에 그리드에 정렬하지 않고, 예선에서 1위를 한 차량의 선도에 따라서 전체 경주 차량이 예선의 그리드 대열을 유지하면서 주행하다가 메인 포스트의 스타트기나 신호등의 출발 신호에 맞춰 레이스를 시작하는 방식이다. 주로 스톡 카 stock car 레이스나 배기량이 높은 스포츠카 레이스에서 사용되는 방식이다. 또한 경기 도중 발령되는 세이프티 카 상황이 해제된 뒤, 경기를 재개할 때에도 롤링 스타트 방식이 적용된다. 롤링 스타트에서는 출발 신호가 나기 전에는 추월이 금지되며 대열을 선도하는 예선 1위 차량이 유지해야 하는 속도는 국내 경기에서는 일반적으로 80km/h로 정하고 있다. 이 속도 제한을 넘었을 경우, 차량의 대열이 유지 되지 못할 경우, 혹은 후미 차량이

선두 차량의 대열에 제대로 따라붙지 못했을 경우에는 레이스 컨트롤의 판단에 따라 레이스 시작을 연기시키고 포메이션 랩을 한 바퀴 추가하여 안전하고 공정한 경기 시작을 유도 할 수 있다.

여기서는 스탠딩 스타트의 좋은 예를 보여주는 포뮬러 원의 스탠딩 스타트 방식과 그 규정을 기준으로 레이스 출발 절차를 알아보도록 한다.

포메이션 랩 30분 전 사인이 나오기 전
그리드 오피셜은 그리드에서 각자 지정 받은 위치에 자리를 잡는다.

포메이션 랩 30분 전
- 피트 출구가 열리고 경주 차량이 코스로 진입할 수 있다.
- 코스로 나간 차량은 코스를 한 바퀴 도는 정찰 랩 reconnaissance lap을 끝낸 뒤에 바로 자신의 그리드에 멈춰 설 수도 있지만 정찰 랩을 더 돌고 싶을 때에는 그리드를 피해 피트로 들어와서 주행한 뒤에 코스로 다시 나가야 한다. 따라서 피트가 대단히 혼란스러울 수 있으므로 각별히 주의해야 한다.
- 자신의 그리드에 멈춰선 차량은 반드시 엔진을 꺼야 한다.

포메이션 랩 17분 전
피트 출구 폐쇄까지 2분이 남았다는 신호로 경고음을 울린다.

포메이션 랩 15분 전
- 피트 출구 신호등이 붉은색으로 바뀌어 출구가 폐쇄된다.
- 이때까지 코스인 하지 않은 차량은 피트가 폐쇄되면 코스로 나갈 수 없다. 이들

은 피트 출구에서 기다리고 있다가 레이스가 시작되고 그리드에 있던 모든 차량이 피트 출구를 지나간 후에야 코스에 진입해서 레이스에 합류할 수 있다.

포메이션 랩 10분 전
미캐닉, 기술 관련 팀 직원, 레이스 오피셜, 드라이버를 제외하고 그리드에 있던 모든 사람들은 게이트를 통해 그리드에서 떠나야 한다.

포메이션 랩 3분 전
모든 차량은 타이어 장착을 완료해야 하며 이때까지 모든 타이어를 완전하게 장착하지 못한 차량은 10초 스톱 앤 고 페널티를 받는다.

포메이션 랩 1분 전
- 경주 차량은 엔진을 시동한다.
- 엔진 시동이 완료된 차량의 미캐닉, 그리고 오피셜은 그리드를 떠나야 한다.
- 포메이션 랩 15초 전까지는 드라이버를 제외한 사람이 그리드에 있어서는 안 된다.

포메이션 랩 시작
- 메인 포스트에서 레이스 컨트롤의 지시에 따라서 녹색기를 흔들거나 신호등의 녹색등을 켜면 포메이션 랩이 시작되고, 예선 1위 차량을 선두로 전체 경주 차량은 한 줄로 대열을 이루어 코스를 한 바퀴 돈다.
- 포메이션 랩 15초 전 이후, 만약 어떤 드라이버 또는 차량에 문제가 있다면 해당 드라이버는 손을 들어 오피셜에게 문제가 있음을 알려야 한다. 다른 차량이 모두 포메이션 랩 스타트를 완료한 뒤, 해당 차량의 미캐닉은 차량 재시동을 시도할 수 있으나, 이마저도 실패하면 오피셜은 그 차량을 밀어서 피트로 옮긴다.

- 그리드 오피셜은 포메이션 랩에서 드라이버가 손을 들어서 문제를 알리거나 차량에 문제가 있어 출발하지 못할 때에는 황색기를 흔든다. 이때는 해당 차량을 맡은 그리드 오피셜만이 황색기를 흔든다.
- 포메이션 랩 동안에는 급가속, 급출발, 레이스 스타트 연습이 금지된다. 또한 기계적 결함으로 현저하게 느려진 차량이 아니라면 추월이 금지 된다.
- 포메이션 랩을 위해 차량들이 모두 그리드를 떠날 때까지 출발하지 못한 차량이 그 이후에야 출발에 성공했다면, 그 차량은 포메이션 랩 대열의 후미를 따라가야 하며 원래의 그리드 순위를 되찾기 위해서 다른 차량을 추월할 수 없다. 그리고 최후미에서 레이스를 시작해야 한다.
- 후미 차량이 스타트 아치를 지나면 그리드 오피셜은 원래 배정되었던 피트 월 자리로 돌아와 그리드 패널을 제시하고 황색기를 준비한다.

레이스 시작

- 포메이션 랩을 마치고 차량들이 그리드에 다시 정렬하면 그리드 오피셜은 해당 그리드의 차량이 정렬 될 즈음에 그리드 패널을 거둬들인다. 이때 차량이 완전히 그리드에 정지할 때까지 그리드 패널을 들고 있으면 안 된다. 그렇지 않으면 드라이버는 그 그리드 패널의 위치를 보고 그리드 라인에 정렬 할 수도 있으며, 이는 특정 드라이버에게만 혜택을 주는 결과가 되어 공정한 경기에 방해가 된다. 정확한 그리드 위치에 서는 것은 오피셜이 아닌 드라이버의 책임이며, 그리드 패널의 주된 기능은 레이스 컨트롤이나 스타터가 어느 차량까지 그리드 정렬을 완료했는가를 쉽게 확인할 수 있도록 돕는 것이다.
- 그리드 정렬이 문제없이 완료되면 스타트 신호등에서는 1~2초 정도의 간격을 두고 적색등이 하나하나 켜진다. 다섯 개가 모두 켜지면 잠시 후 다섯 개 모두가 동시에 꺼지면서 차량들이 출발한다. 이때 드라이버가 적색등이 꺼지는 시점을

예측해서 출발하는 것을 막기 위해서 적색등이 모두 들어오는 시점과 꺼지는 시점 사이의 간격은 무작위로 결정된다.

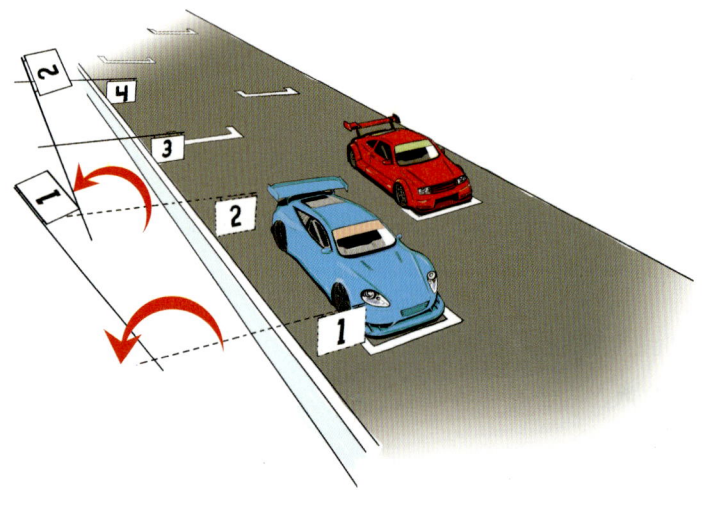

- 최후미까지 차량 정렬이 완료되면 이를 알리는 신호로 그리드의 끝에서 오피셜이 녹색기를 흔들며, 국내 레이스에서도 스탠딩 스타트에서는 대부분 비슷한 절차를 진행한다.
- 만약 그리드에 정렬한 드라이버가 차량에 문제가 있다고 판단되면 손을 들어 문제가 있음을 오피셜에게 알린다. 해당 차량을 맡은 그리드 오피셜은 드라이버가 손을 들면 재빨리 황색기를 흔들어서 다른 드라이버들과 레이스 컨트롤에 신호를 주며, 포메이션 랩과는 달리 문제가 있는 차량은 물론 그 뒤에 있는 모든 차량의 그리드 오피셜도 함께 황색기를 흔들어야 한다.
- 레이스 출발이 이루어지기 전에 문제가 있는 드라이버가 생기면 출발이 중단되며, 문제가 정리된 뒤에 다시 한 번 포메이션 랩을 돌게 된다. 새로운 포메이션 랩은 전체 레이스 랩 수에 포함 된다.

차량에 문제가 있어서 드라이버가 손을 들어 신호를 하면, ❶ 포메이션 랩 직전이라면 해당 차량을 감시하는 피트 오피셜만이 ❷ 레이스 시작 직전이라면 해당 차량은 물론 그 뒤의 차량들을 맡은 모든 피트 오피셜들이 황색기를 흔든다.

예외 사항

- 위 출발 진행 순서에서 예외가 되는 사항은 주로 기상 조건이다.
- 만약 포메이션 랩 3분 전 또는 그 이후에 비가 오기 시작한다면 출발 절차가 중단된다. 팀에서는 차량의 타이어를 웨트 타이어로 바꿀 수 있으며, 비가 많이 내린다면 레이스 컨트롤에서 모든 차량에게 웨트 타이어를 의무화할 수 있다. 출발 절차 진행은 포메이션 랩 10분 전으로 다시 돌아간다.
- 만약 기상 조건이 예외적으로 좋지 않거나 계속해서 상황이 개선되지 않는다면 레이스 컨트롤에서는 여건이 나아질 때까지 출발 절차를 중단시키거나, 세이프티 카 상황으로, 곧 롤링 스타트로 레이스를 시작하도록 지시할 수 있다.

절차	롤링 스타트	스탠딩 스타트
포메이션 랩 시작	차량이 그리드에 정렬한 뒤 메인 포스트의 신호에 따라 포메이션 랩을 시작한다.	
포메이션 랩 시작 직후	그리드 오피셜 : • 피트 월에서 황색기를 준비한 상태로 각자 지정된 제 위치에 선다. • 속도 측정을 맡은 오피셜은 스타트 아치 아래를 지나는 선두 차량의 속도를 측정할 스피드 건을 준비한다.	그리드 오피셜 : • 피트 월에서 각자 지정된 제 위치에 서서 그리드 패널을 제시하고 황색기를 준비한다.
레이스 시작	선두 차량이 대열을 이끌고 스타트 라인으로 진입하면서 그리드에 멈춰 서지 않고 스타트 신호에 맞춰 바로 레이스를 시작한다.	모든 차량이 각자 지정된 그리드에 엔진을 정지시키지 않고 정차한다. 5초 전 사인 보드가 나간 뒤, 스타트 신호에 맞춰 동시에 레이스를 시작한다.
	그리드 오피셜 : • 황색기를 들고 스타트 때에 생길 수 있는 경주 차량의 사고에 대비한다. • 스피드 건을 맡은 오피셜은 선두 차량의 속도를 체크하여 레이스가 시작되기 전에 규정 속도를 넘어섰을 때에는 이 사실을 레이스 컨트롤에 무전으로 신속하게 보고한다.	그리드 오피셜 : • 그리드 오피셜은 각자 자신이 맡은 차량이 그리드에 정렬할 즈음 그리드 패널을 거두고 황색기를 준비한다. • 전체 차량이 그리드 정렬을 끝마치면 오피셜 한 명이 서킷을 가로지르며 녹색기를 흔들어 스타터와 레이스 컨트롤에 최후미까지 정렬이 완료되었다는 신호를 보낸다. • 5초 전 상황에서 스타트를 못 하는 차량이 있을 경우, 또는 스타트 신호 이후에 차량이 출발을 못 한 경우에는 해당 차량은 물론 그 뒤에 있는 차량을 맡은 모든 오피셜은 황색기를 흔들어 다른 경주 차량과 레이스 컨트롤에 알린다.

롤링 스타트와 스탠딩 스타트의 비교

15.7 피트/그리드 오피셜의 역할과 의무

피트 오피셜

피트 오피셜은 피트 내 차량과 사람, 장비, 그밖에 피트를 오가는 모든 것들에 대한 책임을 지며 경기가 원활하게 운영되도록 피트의 안전과 일정에 따른 절차의 진행을 맡는다. 피트 오피셜은 다음과 같은 의무를 진다.

- **피트의 1차 구난 의무** 피트에서 안전사고나 화재가 일어났을 때 가장 먼저 상황을 정리하는 의무를 가진다. 예를 들어 피트에 배치된 소화기를 사용해서 피트에서 일어난 화재를 1차 진압하고, 차량 오일이 새어 나올 때에는 흡착제로 처리한다.

- **피트에서 일어난 사건·사고를 보고할 의무** 피트에서 일어난 사건·사고에 관해서 레이스 컨트롤에 정확한 정보를 전달하여 레이스 컨트롤에서 상황을 정확히 인지하고 올바른 판단을 내릴 수 있도록 돕는다.

- **피트를 항상 청결히 유지할 의무** 차량에서 나오는 이물질 등에 의한 안전사고를 방지하기 위해서도 중요하지만, 피트는 항상 텔레비전을 비롯한 미디어에 많이 노출되는 공간이므로 자동차 경주의 얼굴이라고도 부른다. 그러므로 피트를 청결히 유지할 의무는 매우 중요하다.

- **다른 분야의 오피셜을 지원할 의무** 피트는 피트·그리드 오피셜뿐만 아니라 안전, 기술, 소방, 의료 등 다른 분야의 오피셜들도 함께 근무하는 공간이다. 그러므로 각 분야 사이의 긴밀한 업무 협조가 매우 중요하다. 예를 들어 그리드에서 차량 사고가 난 경우에 1차적으로 피트·그리드 오피셜이 이에 대응하며, 기술 오피

셜은 사고 차량의 문제가 무엇인지를 판단하고, 안전 팀에서는 사고 차량을 견인하거나 밀어 옮겨서 코스 밖으로 대피시켜야 한다.

- **이동의 통제와 지원 의무** 피트 안에 여러 대의 경주 차량과 사람이 뒤섞여 있을 때에는 피트 오피셜이 차량과 사람의 이동을 통제, 관리해야 하며 간혹 피트에서 개인 자격으로 참가하는, 따라서 충분한 팀 미캐닉을 동반하지 않은 차량에 문제가 생겨서 제대로 움직이지 못하면 오피셜의 간섭이 가능한 범위 안에서 해당 차량을 밀어 옮기거나 차량의 유도에 도움을 주기도 한다.

- **피트 내의 피트 워크 및 이벤트에 도움을 줄 의무**

피트에서 화재 사고가 났을 때, 소화기로 진압할 수 있는 정도의 작은 규모라면 피트 오피셜이 1차 진화에 나설 수 있다.

그리드 오피셜

그리드 오피셜은 레이스의 시작을 위해 차량을 지정된 그리드에 정차시키고 그리드 배치가 모두 완료되면 레이스 컨트롤과 출발 신호기를 조작하는 오피셜인 스타터 starter에게 그 사실을 알린다. 또한 레이스 시작 과정에서 차량이 정지하거나 사고를 일으켰을 때에는 1차 대응을 해야 한다. 그리드 오피셜은 다음과 같은 의무를 진다.

- **차량을 그리드에 정렬시킬 의무** 레이스를 위해 코스인 한 차량들을 순서에 맞게 그리드 라인에 정렬시키는 것은 그리드 오피셜에게 매우 중요한 업무 중 하나다.

- **연습주행 및 레이스에서 그리드를 정리할 의무** 한 번의 레이스가 끝나거나 연습 및 예선 주행이 끝났을 때에는 그리드의 오염물질이나 이물질을 신속히 정리하여 이어지는 레이스에 방해가 되지 않도록 한다.

- **미캐닉 및 팀 크루의 작업을 관찰할 의무** 포메이션 랩이 시작되기 전, 그리드에 정차되어 있는 차량에 대해서는 규정에 따라 제한된 범위의 정비 또는 점검이 가능하다. 그리드 오피셜은 미캐닉 및 팀 크루가 어떤 행위를 하는지 관찰하고, 규정에서 허용되는 범위를 벗어나는 작업을 하는 모습이 발견되면 레이스 컨트롤에 보고한다. 이러한 관찰 의무는 기술 오피셜과 긴밀한 협조 속에서 진행된다.

- **트랙 오피셜로서의 의무** 만약 경기 중 서킷의 그리드 구간 안에서 차량에 사고나 화재가 일어난다면 그리드 오피셜은 트랙 오피셜로서 1차 사고 대응을 하게 된다. 또한 레이스 시작 때 발생하는 사고에도 가장 근접한 그리드 오피셜이 1차로 트랙 오피셜의 역할을 하며 사고 상황에 대응하도록 한다.

- **팀워크를 바탕으로 다른 오피셜을 보조할 의무** 항상 상황에 집중해야 하는 오피셜의 업무에서 팀워크는 매우 중요한 요소다. 팀워크가 제대로 맞지 않는다면 사고에 잘 대처할 수도 없을 뿐만 아니라 간혹 사고의 원인을 제공할 수도 있기 때문에 많은 훈련과 시뮬레이션을 통해 팀워크를 높이는 것이 중요하다.

- **그리드 패널과 황색기로 신호를 보낼 의무** 레이스 컨트롤과 스타터가 포메이션 랩 이후에 레이스 출발 절차가 잘 진행되는지, 레이스를 중단시켜야 할 사건이 발생했는지 여부를 확인하는 가장 신속한 방법이 바로 그리드 패널과 황색기다. 차량이 지정된 그리드에 잘 정렬하면 그리드 패널을 거둬들이는데 이는 시각적으로 스타터와 레이스 컨트롤에 상황 진행에 대한 정보를 제공하게 된다. 또한 출발 때에 차량에 문제가 생겨 황색기를 내보이면 스타터와 레이스 컨트롤이 이를 보고 출발 중지를 결정하게 된다. 다른 경기 차량들에게도 이 신호는 중요하다. 이들은 출발 신호를 보고 최대한 빨리 반응하는 데에 집중하므로 움직이지 못하는 차량이 있을 때 황색기로 명확한 신호를 보내지 않으면 그 뒤의 차량들이 연쇄 추돌 사고를 일으킬 위험이 높다. 그리드 패널과 황색기는 스타터, 레이스 컨트롤, 선수와 신속하게 커뮤니케이션할 수 있는 가장 좋은 방법이다.

- **피트 게이트의 개방과 폐쇄에 대한 의무**

- **출발하지 못한 차량을 밀어서 그리드를 정리할 의무**

- **경기에 따른 레이스 시작 절차를 연습을 통해 숙지할 의무** 레이스의 시작 절차는 앞에서 언급한 바와 같이 경기 및 차량의 특성, 기타 환경 조건에 의해 다르게 적용된다. 그러므로 각 경기마다 다른 출발 방식을 채택할 수 있으며 같은 방식을 채

택하더라도 세부 절차는 다른 방법을 적용하는 사례가 많다.

15.8 피트/그리드 오피셜이 숙지해야 할 내용들

- 아침 브리핑에서 설명 또는 지시되는 내용을 숙지하고, 수신호를 연습해서 필요할 때 정확하게 제시할 수 있어야 한다.
- 자신이 맡은 직무를 숙지하고 정해진 시간에 직무 위치에 자리를 잡아야 한다.
- 경기 기간에는 충분한 휴식 시간이 없을 때가 많으므로 주변에서 가장 가까운 화장실이 어디에 있는지 확인해서 급한 볼일을 최대한 빨리 해결할 수 있어야 한다.
- 메디컬 센터와 피트·그리드 오피셜의 휴식 장소는 어디에 있는지 숙지해야 한다.
- 자신이 배치된 장소 주변에 소화기가 어디에 있는지, 차량에서 오일이 새어 나올 때 다른 차량들이 미끄러져 2차 사고를 일으킬 위험을 막기 위해서 오일을 흡착 처리할 오일 스필 키트 oil spill kit가 어디에 있는지 확인해야 한다.
- 자신의 신체 컨디션을 점검하고 업무를 수행하는 데 문제가 있으면 선임 오피셜에게 알려야 한다.
- 다양한 날씨 변화 속에서도 몸을 보호하고 정상 업무를 수행할 수 있도록 필요한 장비를 갖춰야 한다.

15.9 피트/그리드 오피셜의 장비

피트·그리드 오피셜이 쓰는 장비 중에는 트랙사이드의 다른 오피셜들이 쓰는 것과 같은 장비들이 있는 반면, 피트·그리드 오피셜에게 특화된 장비들이 있다. 또한 모든 피트 · 그리드 오피셜에게 필요한 장비가 있는 반면 지정된 오피셜만이 쓰는 장비도 있다. 피트 · 그리드 오피셜이 쓰는 장비에는 다음과 같은 것들이 있다.

- 레이스 출발 때 드라이버들에게 위험을 알릴 황색기
- 레이스 출발 때 차량의 정렬을 위한 그리드 패널
- 차량의 그리드 정렬 완료를 알리기 위한 그리드 후미의 녹색기
- 최종 레이스 그리드 순위가 기재되어 있는 그리드 표
- 피트를 주행하는 차량, 롤링 스타트에서는 선두 차량의 속도를 측정할 스피드 건
- 트랙에 떨어진 차량의 오일을 흡착 처리하기 위한 오일 스필 키트

Chapter 16

패독
PADDOCK

16.1 패독이란?

자동차 경기장에서 경기를 준비하는 예비 차량, 지원 차량, 보조 차량 및 이에 관련된 물자들을 보관하며 경주 차량에 대한 정비 및 차량 검사 등을 위해서 서킷 내에 마련된 특별한 구역을 패독paddock이라고 부른다. 일반적으로는 트랙의 안쪽 구역에서 피트를 제외한 부분을 패독이라고 부르기도 한다. 예선이나 결승이 끝난 뒤에는 파크 퍼미가 패독 안에 설치되기도 한다.

패독의 구조

패독은 경기에 출전하기 위해 대기하는 차량들을 보관 또는 정비하는 공간으로도 활용되므로 서킷 안에서 피트 또는 코스로 이동하기 손쉽도록, 그리고 경기 후 파크 퍼미가 해제되면 보관되어 있던 차량들이 원래 있던 피트나 패독의 다른 구역으로 다시 돌아가는 동선이 원활하도록 그 위치를 정한다. 패독은 여러 가지 기능을 하며 그

국내 경기장의 패독

에 따라 구획이 나뉘어 있으므로 대형 텐트나 러버콘 등으로 손쉽게 구획과 동선을 식별할 수 있도록 한다.

패독의 규정

패독은 일반적으로 피트의 개러지와 피트 작업 구간에 대해서 적용되는 안전 규칙 및 규정을 동일하게 적용 받는다. 흡연과 화기의 사용은 엄격히 금지되며 패독에 출입할 수 있도록 승인 받은 패스를 발급 받은 관계자에 한해서 패독 출입이 허가된다.

16.2 패독 오피셜의 직무

패독 오피셜은 경기의 원활한 진행을 위해서 반드시 필요한 패독 구역을 관리하는 책임을 맡고 있다. 패독에는 경기에 관련된 각종 차량들이 정차되어 있는 경우가 대부분이므로 이 차량들이 경주를 위해 피트 또는 코스로 나가는 동선을 확보하고 경기의 세부 일정을 잘 숙지하여 차량의 이동에 혼선을 주지 않도록 하는 것이 중요하다.

또한 예선 및 결승이 끝난 뒤, 파크 퍼미가 패독에 마련되어 있다면 코스에 있던 차량들이 다른 차량이나 사람에게 방해를 받지 않고 원활하게 파크 퍼미로 들어올 수 있도록 유도와 관리를 하며, 파크 퍼미가 종료되면 이곳에 보관되어 있던 차량들이 원래 있던 피트, 또는 패독의 다른 구역으로 돌아갈 동선도 미리 점검하여 이동 과정에서 안전사고가 나지 않도록 주의 깊게 관리해야 한다.

패독 오피셜은 패독의 안전과 경주의 원활한 진행을 위해서 패독 내의 차량 및 사람과 물자의 흐름이 원활하고 안전하게, 또한 규정을 준수하면서 이루어지도록 책임지며, 패독 안에서 일어나는 모든 일들에 대한 관리 책임을 가지고 있다. 패독 오피셜은 다음과 같은 의무를 진다.

- **패독에서 일어난 사건, 사고에 대해 구두 및 보고서로 보고할 의무** 패독은 코스 및 피트와는 달리 큰 사고가 일어날 위험은 상대적으로 적다. 그러나 패독은 사람과 차량, 장비가 뒤섞여서 매우 바쁘게 오가는 공간이므로 언제나 사고의 위험은 존재한다. 따라서 사고를 미연에 방지할 수 있도록 피트를 관리 · 통제함은 물론 사건이나 사고가 발생했을 때에는 무전 교신 또는 보고서를 통해서 레이스 컨트롤에 이를 보고할 의무가 있다.

- **패독을 항상 청결히 유지할 의무** 패독에서도 차량 정비, 급유와 같은 작업이 이루어지는 경우가 있으며, 연료나 오일을 비롯한 위험 물질 또는 오염 물질이 새어 나올 위험이 있다. 그리고 패독은 드라이버와 팀 관계자, 그밖에 경기 관계자나 초청 받은 VIP 게스트들이 오가는 공간이며 따라서 미디어에도 자주 노출되므로 패독 오피셜은 패독을 항상 청결한 모습으로 잘 관리할 의무가 있다.

- **차량의 이동에 대한 유도 및 통제, 지원의 의무**

- **패독 내에서 열리는 이벤트 지원 의무** 패독 안에서는 선수, 팀 관계자, 미디어, VIP 게스트와 관련된 다양한 프로모션 행사나 인터뷰, 기자회견 등이 이루어진다. 이러한 행사 역시도 성공적인 경기를 위하여 중요하므로 패독 오피셜은 행사 관계자 및 보안 요원들과 협력하여 이벤트가 이루어지는 구역이 잘 통제되고 이벤트가 원만하게 진행될 수 있도록 지원할 의무가 있다.

Chapter 17
기술
SCRUTINEERING

17.1 기술 오피셜이 하는 일

기술 오피셜 scrutineer 은 경기에 참가하는 차량은 물론 경기 기간 동안 트랙을 주행하는 모든 차량 및 선수의 개인 장비, 그리고 규정의 적용을 받는 팀의 경기 관련 장비에 대한 기술적 검사를 수행하는 한편, 차량 상태 및 팀의 차량 관련 작업에서 경기에 위험을 일으킬 만한 문제는 없는지, 규정을 위반하는 것으로 의심되는 문제는 없는지를 감시하고 이를 보고한다. 또한 연료 및 타이어와 같이 규정에서 엄격하게 정하고 있는 차량 관련 소모품들이 규정에 맞게 쓰이고 있는지 관리하고 감시하는 일을 수행한다.

기술 오피셜의 직무는 경기에서 따라서, 또는 경기에 적용되는 규정에 따라서 달라질 수 있으나, 공통으로 다음과 같은 의미를 가진다.

직무의 의미

- 모터스포츠가 가지고 있는 위험한 본질을 인식하고, 위험을 최소화하기 위한 검사를 수행함으로써 경기가 안전하게 치러질 수 있도록 돕는다. 이는 기술 오피셜의 직무가 가지는 가장 중요한 의미다.
- 경기에 참가하는 차량이 해당 경기에 참가할 수 있는 자격이 있는지를 판단함으로써 공정한 경기가 이루어질 수 있도록 돕는다.
- 경기 도중, 또는 경기 이후에 기술적인 문제에 관련하여 규정에 따른 항의가 접수되었을 경우에 그에 관한 검사를 수행하여 문제를 해결하는 일을 돕는다.
- 경기 기간 내내 차량 또는 관련 장비나 소모품에 대해 기술적인 관점에서 감시를 수행함으로써 경기가 안전하고 공정하게 진행될 수 있도록 돕는다.

직무의 특성

- 기술 오피셜은 다른 분야의 오피셜과는 달리 두 가지 규정, 곧 경기 규정과 기술 규정을 모두 이해하고 있어야 하므로 규정에 대한 사전 준비가 많이 필요하다.
- 기술 오피셜은 경기가 시작되기 전부터 트랙을 주행할 모든 차량에 대한 검사를 수행해야 하며, 경기가 끝난 뒤에도 경기 후 차량 검사 또는 항의에 따른 검사를 수행하므로 대부분의 다른 분야 오피셜보다 근무 시간이 긴 편이다.
- 차량의 성능은 모터스포츠의 경쟁력에서 중요한 요소 중에 하나며, 팀에서는 차량에서 최상의 성능을 뽑아내기 위한 노하우를 가지고 있다. 이러한 노하우는 팀에게는 가장 중요한 기밀 사항 가운데 하나다. 또한 경쟁을 벌이는 과정에서 서로 부정한 방법으로 성능을 향상시키려 한다는 의심도 종종 벌어지며, 사실로 밝혀지는 사례도 있다. 기술 오피셜은 이러한 민감하고 은밀한 정보에 접근하게 되는 경우가 종종 있으며 따라서 직무 수행 동안에 알게 된 정보에 대한 각별한 보안을 필요로 한다.

17.2 기술 오피셜 팀의 조직

기술 오피셜 팀의 조직은 경기의 종류에 따라서, 또한 성격에 따라서 달라지지만 보통은 다음과 같은 직위를 두고 있다.

기술위원장

기술위원장 chief scruitneer 은 기술 오피셜 팀에 대한 전체 책임을 지며 기술 오피셜을 지휘하는 일을 맡는다. 또한 경기위원장, 레이스 디렉터, 심사위원회와 소통하면서 차량 검사를 진행하고 그 결과를 보고한다. 경기 기간 동안에 기술위원장은 다음을 포함한 여러 가지 업무를 맡으며, 주최 측 또는 ASN에서 지명한 기술위원이 따로 있다면 일부 업무는 기술위원이 맡을 수도 있다.

- 차량 검사의 지휘와 감독(일부 검사는 직접 진행할 수도 있다)
- 검사 대상 차량 및 검사할 항목 지정
- 경기위원장 또는 심사위원회에 제출할 기술 보고서 작성
- 기술 오피셜 팀 내부의 업무 분담과 조직 편성
- 경기위원장, 심사위원회, 레이스 디렉터, 팀 관계자와 의사소통

만약 차량 검사 과정에서 규정을 위반한 내용이 발견되어도 그에 따른 벌칙은 기술위원장이 내리는 것이 아니며, 검사 결과를 보고하면 심사위원회에서 조사와 심의를 거쳐서 결정을 내리게 된다.

기술부위원장

기술부위원장 deputy chief scruitneer 은 기술위원장의 업무를 보좌하며, 기술위원장의 업

무 가운데 일부를 나눠서 맡을 수 있다.

기술 오피셜 팀은 경기의 종류와 성격에 따라서 그 내부에 소규모의 팀 조직이 구성된다. 기술 오피셜은 경기 일정에 따라서 여러 가지 다른 업무를 맡게 되므로 경기 기간 동안에도 조직의 구성은 유연하게 변할 수 있다. 예를 들어 포뮬러 1 경기에서 기술 오피셜은 다음과 같은 조직 구성을 가진다.

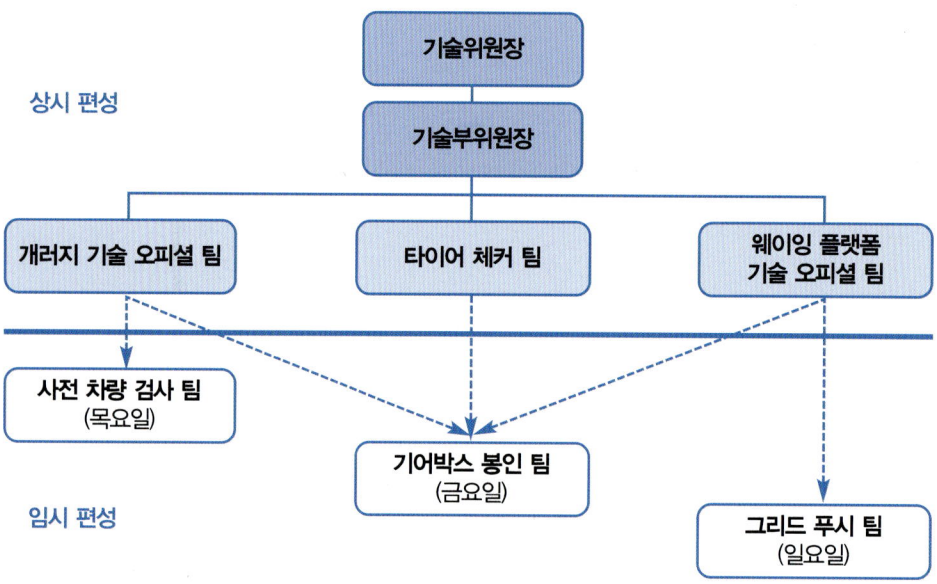

17.3 기술 오피셜의 직무 태도

기술 오피셜은 그 직무의 특성 때문에 높은 윤리 의식과 자제력을 필요로 한다. 기술 오피셜은 경기 차량과 팀 관계자, 선수와 가장 가까이 있을 기회가 많다. 또한 기술 오피셜 가운데는 자동차에 대한 폭넓고 깊이 있는 지식과 지적 호기심을 가지고 있는 이들이 많다. 그 때문에 다음과 같은 함정에 빠지기 쉬우며 실제로 자주 발견되는 문제점이기도 하다.

함정 1 "평소에 자동차에 대해서 많은 관심을 가지고 있었기 때문에, 기술 오피셜은 경기 차량을 가까이서 자세하게 들여다 볼 좋은 기회라고 생각했다. 팀 개러지에서 차량을 감시하면서 차량의 요모조모를 자세하게 들여다보면서 궁금한 점이 있으면 팀 관계자에게 물어 보았다."

기술 오피셜이 경기에서 일을 하는 목적은 자신의 지적 호기심을 만족시키기 위한 것이 아니다. 자신이 해야 할 임무를 잊고 지적 호기심에 빠져드는 것은 기술 오피셜이 흔히 저지르기 쉬운 잘못 가운데 하나다. 또한 직무 때문에 반드시 필요한 경우가 아닌, 단순한 지적 호기심을 충족시키기 위해서 팀 관계자에게 이것저것 물어보는 것은 직무의 범위를 벗어난 것일 뿐만 아니라 팀에게 의심을 살 수도 있는 행동이다.

함정 2 "경기장에서 평소에 좋아하던 선수를 만났다. 너무나 좋아하던 선수이기 때문에 순수한 팬의 마음으로 사인을 부탁했다. 고맙게도 선선히 사인을 해 주었다. 차량을 배경으로 사진도 찍을 수 있었다. 경기가 끝날 때 기쁜 마음을 오래 간직하기 위해서 기념품을 부탁했다. 그 덕분에 선수의 사인이 되어 있는 팀의 모자를 얻어 올 수 있었다."

기술 오피셜은 차량을 가장 가까이, 그리고 자세히 볼 수 있으며 선수 또는 팀의 관계자와 밀접하게 일할 수 있는 기회가 가장 많다. 다른 분야의 오피셜은 이를 특권으로 여길 수도 있다. 또한 경기 차량 그리고 팀 관계자와 가까이서 일하는 만큼 특정한 팀이나 선수에게 편향된 모습을 보이는 것은 절대로 삼가야 한다. 선수 또는 팀 관계자에게 사인을 받거나 기념품을 요구하는 것은 기술 오피셜에게 엄격하게 금지하는 행동 가운데 하나다.

함정 3 "차량 검사 과정에서 규정에 어긋난 점이 발견되었다. 그러나 안전에 영향이 없고, 그 위반 때문에 다른 차량에 비해서 특별한 이득을 볼 만한 여지도 없는 것으로 생각되어 문제가 없는 것으로 판단했다."

오피셜은 규정에 바탕을 두고 규정을 기준으로 판단해야 한다. 특히 기술 오피셜이 빠지기 쉬운 함정 가운데 하나는 규정이 아닌 자신의 생각을 기준으로 판단을 하는 것이다. 모든 판단의 기준은 그 경기에 적용되는 규정이어야 하며 최종 권한은 심사위원회에 있다.

17.4 경기 전 준비

규정 숙지

기술 오피셜은 경기 규정과 기술 규정 모두에 대한 이해가 필요하므로, 참가하려는 경기의 규정을 사전에 읽으면서 그 내용을 이해해야 한다. 모든 규정을 외울 수는 없지만 적어도 어떤 상황에서 어떤 규정이 적용되는지를 이해하고 필요할 때 빠르게 찾아 볼 수 있어야 한다.

경기 일정이 다가옴에 따라서 특별규칙 또는 공지를 통해서 변경되는 내용, 규정에서 좀 더 정확하게 정할 내용, 또는 해당 경기에서만 적용될 내용들이 발표되므로 해당 경기의 웹사이트를 방문하여 이러한 사항들을 점검하고, 필요하면 인쇄한다.

검사 장비 점검

차량 검사에 필요한 장비가 정확한 값을 측정하지 못한다면 검사의 결과도 정확할 수가 없다. 규정을 어겼는데도 규정을 지킨 것처럼 결과가 나올 수 있으며, 반대로 규정을 지켰는데도 규정을 어긴 것처럼 결과가 나올 수도 있다. 꼭 필요한 장비를 고장으로 쓸 수 없다면 업무에 큰 지장을 일으킨다. 따라서 장비가 정상 상태에 있는지, 측정 결과값에 문제가 없는지를 미리 점검할 필요가 있다. 측정 장비는 시간이 지나면 결과값이 부정확해질 수 있으므로 정기적으로 이를 확인하고 조절해야 한다.

참고로, 기술 오피셜의 장비와 팀이 가지고 있는 장비 사이에 측정값에 차이가 있을 때에는 기술 오피셜의 장비가 고장 난 것으로 명확하게 입증되지 않는 한은 기술 오피셜 장비의 측정값만을 인정한다.

17.5 경기 기간 동안의 업무

기술 오피셜이 경기 기간 동안 수행하는 업무는 다음과 같다.

사전 차량 검사

경기가 시작되기 전, 곧 출전 차량이 그 경기에서 처음으로 트랙에서 주행하기 전에 기술 오피셜은 출전 차량들이 참가 자격을 갖추고 있는지, 그리고 트랙에서 주행하는 데 안전 문제가 없는지를 검사한다. 여기에는 다음과 같은 검사들이 포함된다.

- 차량, 또는 선수의 자격을 확인하기 위한 서류 검사 (사무국에서 하는 경우도 있다)
- 차량의 외형, 외부 안전 장비, 등화 확인
- 선수의 개인 장비 확인

- 차량 내부의 구조 및 안전 장비 확인
- 무게 측정
- 차량의 소음 측정
- 차량의 기계 구조에서 연료 또는 다른 액체가 새어 나오는 부분이 없는지 확인

차량은 트랙 주행을 해야 하므로 주행 능력에 영향을 미칠 수 있는 검사, 또는 차량을 분해해야 하는 검사는 하지 않는 것이 보통이다. 단, 휠을 떼어내고 브레이크를 검사하는 것과 같이 복잡한 작업을 필요로 하지 않는 검사는 할 수 있다.

타이어 마킹

모터스포츠에서 타이어는 차량의 성능, 그리고 경기 결과에 중요한 영향을 미친다. 따라서 대부분의 경기 규정에서는 경기 차량이 쓸 수 있는 타이어의 제원과 개수를 엄격하게 제한하고 있다. 각 차량과 관련 팀이 이 규정을 준수하고 있는지 관리하는 것 역시 기술 오피셜의 업무 가운데 하나다.

타이어를 팀에서 준비하는 경기에서는 사전 차량 검사 때 팀에서 각 차량이 쓸 타이어를 기술 오피셜에게 제시하면 이 타이어의 바깥쪽 사이드 월에 표식을 하며, 이를 타이어 마킹 tyre marking 이라고 한다. 타이어 마킹을 하는 방법은 경기에 따라서 다를 수 있지만 보통 차량의 참가번호와 타이어 번호를 포함하고 있다.

각 경기 차량은 트랙을 주행할 때 이렇게 마킹 받은 타이어만을 쓸 수 있으며, 다른 차량을 위해 마킹 받은 타이어는 쓸 수 없다. 같은 팀에 소속된 다른 차량의 타이어라고 해도 바꿔 쓸 수 없다.

규정에 따라서 미리 바코드 스티커를 붙이거나 미리 마킹이 되어 있는 타이어가 팀에게 분배되는 경기도 있다. 만약 바코드 스티커가 마킹을 대신한다면 바코드를 읽고 그 타이어가 어떤 차량에게 분배되었는지를 판독할 수 있는 장비가 주최 측으

로부터 제공된다.

 랠리에서는 경기 기간에 쓸 타이어를 한꺼번에 마킹하지 않고 각 차량이 서비스 파크에서 나갈 때 아직 마킹되지 않은 타이어에 대해서만 마킹을 하는 경우도 있다.

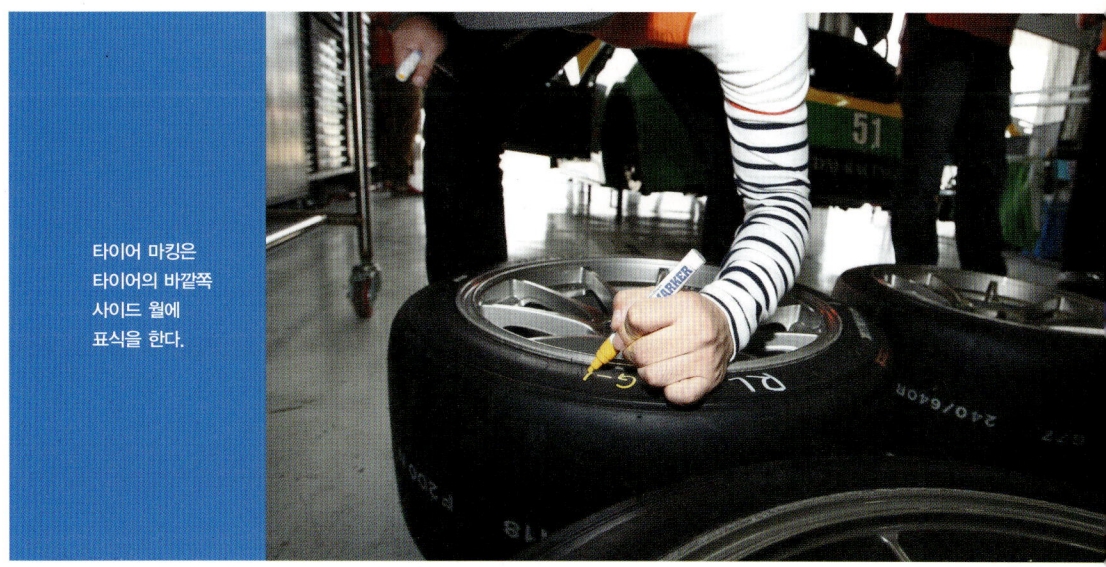

타이어 마킹은 타이어의 바깥쪽 사이드 월에 표식을 한다.

트랙 및 피트 감시 업무

트랙 주행 전에 차량을 웨이팅 에어리어에 미리 모아 놓는 경우에는 차량 및 선수가 주행에 문제는 없는지 간단한 점검을 할 수 있다. 피트에서 바로 트랙으로 들어가는 경기에서는 피트 출구에서 할 수도 있다. 여기에는 다음과 같은 항목들이 포함된다.

- 헬멧, 또는 안전띠와 같은 안전 장비를 올바르게 착용하고 있는가?
- 액체, 특히 바닥을 미끄럽게 할 수 있는 오일, 또는 화재를 일으킬 위험이 있는 연료가 새어 나오지 않는가?
- 소화기는 제자리에 있는가?
- 창문, 또는 이를 대신하는 그물망은 규정에 따라 쓰이고 있는가?

트랙 주행이 진행되는 동안에는 주로 피트에서 감시 업무를 수행하면서 레이스 컨트롤로부터 문제가 있는 것으로 보고된 주행 차량을 확인하거나 피트에서 차량에 대해 이루어지는 작업의 내용을 감시한다. 만약 파손이나 차량 고장으로 차량이 피트에 들어왔다면 다시 트랙에 들어갔을 때 안전에 문제를 일으킬 위험이 없는지 확인한다. 트랙으로 들어가기에 안전하지 않다고 판단했다면 기술 오피셜은 차량이 트랙으로 나가는 것을 막을 권한이 있다.

피트나 개러지에서 작업 감시를 할 때에는 팀 관계자들이 차량에 대해서 규정에 어긋난 작업을 하는 듯 한 의심이 들어도, 규정을 위반하고 있다는 것을 알리거나 그 작업을 막아서는 안 된다. 규정을 준수하고 규정에 따르는 작업만 해야 하는 것은 선수와 팀의 의무이며 이 의무를 어겼다면 그에 따른 대가를 치러야 한다. 규정을 어기고 있다는 의심이 들 때에는 보고 체계를 따라서 그 상황을 레이스 컨트롤을 통해 심사위원회로 전달한다. 만약 정말로 규정을 어긴 것으로 확인되면 심사위원회로부터 그에 따른 벌칙이 내려질 것이다.

트랙 주행 뒤 차량 검사

트랙 주행이 끝난 뒤 차량이 피트로 들어오면 전부 또는 일부 차량에 대한 검사를 진행할 수 있다. 무게를 재거나 주행 도중에 문제가 보고되었던 차량에 대해서 이상이 없는지 검사할 수 있다.

사고 차량 검사

경기 차량이 트랙 주행 도중에 사고에 관련되었거나 그밖에 이유로 파손되었을 때에는 이 차량의 상태를 점검하고 다음 트랙 주행에 참가해도 안전한지 여부를 검사한다. 이 검사는 차량은 물론 드라이버의 헬멧과 같이 사고를 당했을 때 파손될 수 있는 개인 안전 장비도 포함된다.

차량 반출과 차량 재검사

경기 기간 도중에 사고 또는 고장을 일으킨 차량을 수리하기 위해서 경기장 바깥으로 내보내야 할 경우, 또는 규정에서 허용하는 범위를 넘는 수리 작업이 필요한 경우에 규정에 따라 심사위원회, 주최 측의 기술위원 또는 기술위원장으로부터 차량 반출 승인을 받을 수 있는 경기도 있다. 반출을 승인 받은 차량은 다음 경기 일정에 참가하기 전에 반드시 기술 오피셜에게 재검사를 받아야 한다.

파크 퍼미 관리

보통 파크 퍼미는 서킷 레이스에서는 예선과 결승이 끝난 뒤 차량 검사를 모두 마칠 때까지, 랠리에서는 경기의 하루 일정이 끝난 뒤부터 다음 날 일정이 시작될 때까지, 그리고 경기 일정이 모두 끝난 뒤 차량 검사를 모두 마칠 때까지 운영된다.

선수나 팀 관계자는 이득을 보기 위해서 차량을 기술 규정을 위반하면서까지 개조한 뒤에, 경기가 끝나면 이 사실을 숨기려고 할 수도 있다. 예를 들어, 차량의 무게 하한선을 기술 규정으로 정해 놓은 경기에서 어떤 팀이 이득을 보기 위해서 차량을 하한선보다 가벼운 무게로 만들어 놓고서는 기술 오피셜이 차량의 무게를 측정할 때 무거운 물체를 몰래 차량 안에 넣어서 무게를 늘리는 속임수를 쓸 수도 있다. 따라서 파크 퍼미에서는 차량 검사가 끝나고 최종 결과가 발표될 때까지 트랙을 주행했을 때와 똑같은 상태로 경기 차량을 보관해야 하며, 차량에 대한 작업은 물론이고 파크 퍼미 출입 자체도 규정에 따라서 엄격하게 통제한다.

파크 퍼미의 관리는 보통 기술 오피셜이 맡지만 피트 또는 패독 오피셜, 보안 요원과 협력해서 관리하는 경기도 있다. 파크 퍼미를 관리할 때에는 규정에 따라서 허가된 팀 관계자 및 출입이 허용되는 오피셜을 제외하고는 선수, 팀 관계자, 오피셜, 관중을 비롯한 그 누구도 그 안에 들어오지 못하도록 통제해야 한다. 규정에 따라서 파크 퍼미 안에서 허용되는 작업을 하는 팀 관계자라고 해도 허용되지 않은 작업을 몰래 하지는 않는지 주의 깊게 관찰해야 한다.

　경기에 따라서는 구역에 관계없이 특정한 기간 동안 전체 또는 일부 경기 차량에 대해서 엄격하게 작업을 제한하는 경우가 있다. 이 기간을 파크 퍼미 기간 parc fermé condition이라고 하며 이럴 때에는 기술 오피셜은 파크 퍼미 기간의 적용을 받는 차량이 있는 곳에서 작업 감시 업무를 수행한다.

파크 퍼미 차량 검사

파크 퍼미에 보관되어 있는 차량에 대해서는 좀 더 정밀한 차량 검사를 진행할 수 있다. 이때에는 차량의 기계 구조를 분해하고 정밀한 측정 장비를 동원한 검사를 진행할 수 있으나, 작업 시간이 오래 걸리고 복잡하다면 예선보다는 레이스 뒤 파크 퍼미에서 검사를 진행한다. 파크 퍼미 차량 검사에서는 엔진, 기어박스, 브레이크 시스템을 비롯한 여러 가지 구조물들을 분해하고 주요 부품의 제원이 규정을 준수하고 있는지 검사할 수 있다. 또한 경기 차량의 탱크에 남아 있는 연료를 뽑아내어 규정에 적합한 제원인지 검사할 때도 있다.

항의 차량 검사

만약 경기가 끝난 뒤, 어떤 차량에 대해서 규정 위반이 의심되어 다른 팀 또는 선수로부터 사무국을 통해서 공식 항의가 접수되었다면 이를 확인하기 위한 추가 검사를 진행할 수 있다. 보통 항의는 경기가 끝나고 잠정 결과가 발표된 시각으로부터 30분이 지날 때까지 접수 받으며, 항의는 그 이유에 의심스러운 차량의 부분을 명시한다. 기술 오피셜은 항의 대상이 된 차량에 대해서 항의 이유에 명시된 부분을 검사하게 되며 필요하면 이를 위해서 항의 사유가 된 부분을 분해할 수도 있다.

17.6 차량 검사에 대한 이해

기술 오피셜은 경기 차량이 트랙을 주행하기에 안전한지, 그리고 경기 규정과 기술 규정을 준수하고 있는지를 확인하기 위하여 다양한 검사를 수행한다. 그 범위는 경기 차량에만 그치지 않고 코스 카, 메디컬 카를 비롯하여 오피셜 또는 경기 관계자들이 트랙 주행을 위해서 쓰는 차량들까지도 포함된다.

차량 검사의 종류

차량 검사는 다양한 분류 방법으로 나눌 수 있지만 앞에서 설명한 일정에 따른 분류법 이외에 어떤 도구를 필요로 하는지에 따라서 다음과 같이 분류할 수 있다.

- **관능 검사** 특별한 장비 없이 기술 오피셜의 감각 기관을 활용하는 검사다. 차량의 파손 부위를 확인하거나 부착물이 규정에 따라 제자리에 붙어 있는지, 드라이버의 개인 장비에 규정을 만족하는 인증 라벨이 붙어 있는지 여부를 확인하는 검사와 같은 것들이 이 범주에 속한다.

- **기계조작 검사** 차량의 여러 부분을 시험 조작해서 정상으로 동작하는지 여부를 확인하는 검사다. 차량의 와이퍼가 정상으로 움직이는지, 각종 전등이 제대로 켜지고 꺼지는지, 엔진의 최대 회전수가 규정으로 제한되어 있을 경우에 이 제한을 넘는지, 회로 차단기가 엔진과 전기 전자 계통을 한 번에 모두 끄는지 확인하는 검사와 같은 것들이 이 범주에 속한다.

- **템플릿 검사** 템플릿 template, jig은 특정한 치수 또는 외형을 재기 위한 도구로서 일정한 모양을 가진 단단한 형틀이다. 예를 들어서 어떤 경기에서 차체와 지면 사

이가 적어도 80mm는 되어야 한다고 규정되어 있다면, 80mm 길이의 막대를 만들어서 차체와 지면 사이에 대어 보았을 때 막대가 그 사이에 들어가지 못하면 간격이 80mm보다 작으며 따라서 규정을 위반했다는 것을 알 수 있다. 이와 같이 여러 가지 모양의 템플릿으로 차량의 치수나 모양이 규정을 따르고 있는지를 측정할 수 있다.

- **정밀 계측 검사** 측정 장비를 필요로 하는 검사다. 무게 측정은 자동차용 저울을, 소음 측정은 소음계를 쓰며, 엔진의 실린더 내부 지름, 스트로크의 길이와 같은 치수를 재기 위해서는 0.1mm 또는 그보다 작은 단위 수준으로까지 정밀한 측정이 필요하기 때문에 보어게이지나 버니어캘리퍼스, 마이크로미터와 같은 정밀한 측정 도구를 필요로 한다.

- **실험실 검사** 실험실 수준의 장비를 써서 정밀한 분석을 하는 검사다. 연료의 성분이 규정에 맞는지를 확인하기 위해서는 화학 분석을 위한 실험실 장비를 필요로 한다. 실험실 검사는 경기장 안에서 진행하기는 어려우며, 시료를 뽑아낸 다음에 대학교 실험실이나 전문 연구 기관에 분석을 의뢰한다. 그러나 포뮬러 1과 같이 실험실 장비를 경기장에 설치하고 직접 분석 작업을 하는 경우도 있다.

차량 검사에서 유의할 기본 사항

- **측정 장비 점검** 측정 장비가 고장 나거나 잘못 동작한다면 차량 검사에 큰 차질을 일으킬 수 있다. 검사 과정에서 측정 장비가 제대로 동작하고 있는지 자주 점검해야 하며 만약 문제가 있다면 지체 없이 선임 기술 오피셜에게 이 사실을 알려서 대책을 세우도록 해야 한다.

- **측정 환경** 모든 측정 작업은 적절한 환경에서 이루어져야 한다. 예를 들어서, 차량의 엔진 소음을 측정하는 장소가 시끄럽다면 실제보다 높은 소음 수치가 나올 것이다. 지면을 기준으로 차량의 높이나 지면과 차체의 간격을 재는 검사가 울퉁불퉁하거나 경사진 지면 위에서 진행된다면 정확한 측정값을 얻기 어렵다. 차량 검사를 진행할 때에는 그 장소가 검사를 진행하기에 알맞은 환경인지 확인해야 하며, 문제가 있다면 장소를 옮기거나 적당한 시기에 다시 검사해야 한다.

- **규정 숙지** 차량을 검사할 때에는 자신이 검사하는 항목의 규정을 숙지하고 중요한 내용은 외우고 있거나 간단한 메모로 바로 확인할 수 있어야 한다. 만약 규정된 수치, 예를 들어서 무게의 하한선을 잘못 알고 있다면 틀린 판단을 하게 되며 검사를 받는 선수나 팀이 기술 오피셜 전체를 믿지 못하게 만드는 원인이 된다.

17.7 차량을 다루는 방법

차량을 밀어서 옮길 때, 검사를 위해서 차량을 조작해야 할 때, 차량의 부품을 분해해야 할 때에는 각별한 주의가 필요하다. 경기 차량은 팀과 선수에게는 생명과도 같은 가장 소중한 재산이며 만약 차량을 부주의하게 다루었다가 고장이나 파손이 일어나면 설령 우연의 일치라고 해도 큰 문제를 일으킬 수 있다. 따라서 차량을 다룰 때에는 다음과 같은 점에 유의해야 한다.

- **될 수 있으면 만지지 말라** 경기 차량을 다루는 가장 좋은 방법은 될 수 있는 대로 만지지 않는 것이다. 직무를 위해서 꼭 필요한 경우가 아니라면 직접 만지지 않고 팀에게 맡기는 것이 좋다. 검사를 위해서 차량을 조작해야 할 때, 또는 부품

을 분해해야 할 때에는 오피셜이 직접 하지 않고 팀 관계자에게 맡기는 것이 원칙이다. 차량에 대해서 가장 잘 알고 가장 안전하게 다룰 수 있는 사람은 팀 관계자들이며 부품을 분해하거나 조립하는 과정에서 문제가 생겼을 때 오피셜이 그 책임을 질 수는 없기 때문이다. 특히 직무에 필요하지 않으면서 불필요하게 차를 만지거나 조작한다면 팀과 선수를 불쾌하게 만들 수 있다는 점을 염두에 두어야 한다.

- **천천히 행동하라** 차량을 밀거나 조작할 때에는 천천히, 침착하게 행동해야 한다. 시간에 쫓긴다고 해서 급하게 행동하면 사고를 일으키는 원인이 된다. 저울 위로 차량을 밀어 옮길 때에 너무 빨리 밀면 정확한 위치를 넘어가서 다시 차량을 뒤로 밀어야 하므로 시간을 낭비하는 원인이 된다. 멈춰서 있는 차량을 밀 때에는 처음에는 힘이 많이 들어가지만 일단 움직이기 시작하면 훨씬 적은 힘으로도 움직인다. 차량이 움직이기 시작하면 미는 힘을 줄이고 천천히 다뤄야 한다.

- **위치를 정확히 파악하라** 차량을 밀어 옮길 때에는 어느 곳을 밀어야 할지를 정확히 알아야 한다. 차량에는 강한 부분과 약한 부분이 있으며, 약한 부분을 밀면 자칫 파손될 수 있다. 선임 오피셜의 지시를 받아서 차량의 어느 곳이 안전한지를 이해해야 한다. 직무 때문에 필요해서 차량을 조작할 때에는 어떤 곳을 어떻게 조작해야 할지 정확하게 파악해야 한다. 주의를 기울이지 않고 조작하면 다른 스위치나 레버를 건드려서 예상하지 못한 사고를 일으킬 수 있다.

- **동료와 호흡을 맞춰라** 대부분의 차량은 혼자 힘으로는 밀어 옮길 수 없으며 여러 사람이 함께 움직여야 한다. 이때 서로 호흡이 맞지 않으면 힘만 들이고 차량을 제대로 움직이지 못하거나, 엉뚱한 방향으로 차량이 움직여서 다른 차량 또는 구

조물과 부딪치면서 파손될 수도 있다. 여러 명이 호흡을 맞춰서 일사불란하게 움직여야만 문제없이 업무를 수행할 수 있다.

17.8 주요한 차량 검사와 유의할 점

기술 오피셜이 진행하는 차량 검사의 종류는 광범위하며, 각각의 검사에 따라서 절차가 다르다. 대부분 경기에서 주로 수행되는 검사는 다음과 같다.

무게 측정

같은 출력을 가진 자동차 두 대가 있다고 가정하고 어느 한 대의 무게를 가볍게 만들었다면 그 차량이 더 좋은 성능을 낸다. 무게를 줄이는 것은 차량 성능을 향상시키는 가장 손쉬운 방법 가운데 하나다. 그러나 이 과정에서 차체의 강성을 지탱해 주는 부품들을 떼어냄으로써 차량의 구조를 위험하게 만들 수도 있으며, 자금 사정이 넉넉한 팀은 탄소섬유와 같은 가벼우면서도 강도가 높은 값비싼 소재를 써서 월등한 이득을 볼 수도 있다. 따라서 거의 모든 경기의 규정은 차량 무게의 하한선을 정하고 있다. 무게 측정은 어떤 경기에서든 가장 널리, 그리고 가장 자주 수행되는 검사 가운데 하나다.

- 무게를 재기 전, 저울이 0kg을 표시하고 있는지 확인한다. 그렇지 않다면 먼저 저울의 영점 조절 기능을 작동시킨 다음에 차량을 저울에 올려야 한다.
- 저울에 차량을 올릴 때에는 엔진을 끄고 밀어서 올리는 것이 좋다. 엔진의 진동 때문에 무게 값이 계속 바뀔 수 있으며 진동으로 저울의 센서가 손상될 위험도 있다. 또한 차량이 정확하게 저울 위에 자리를 잡도록 차량을 앞뒤로 밀어서 그

- 자리를 조절해야 하는데, 차량의 동력으로 전진과 후진을 되풀이하는 것보다 밀어서 자리를 잡는 쪽이 훨씬 빠르다.
- 경기 종류에 따라서, 또는 규정에 따라서 드라이버의 몸무게를 포함하는 경우와 그렇지 않은 경우가 있다. 드라이버의 몸무게를 포함하지 않는 경기에서는 차량에서 드라이버의 개인 장비도 모두 빼내야 한다. 무게를 재기 전에 차량 안에 불필요한 물건이 없는지 확인하고, 그런 물건이 있다면 모두 차량 바깥으로 빼내야 한다.
- 반대로 드라이버의 몸무게가 포함될 때에는 드라이버는 물론 헬멧이나 장갑과 같은 개인 장비도 같이 잰다. 시상식이나 기자회견의 편의를 위해서 드라이버의 몸무게부터 먼저 재고 차량 무게는 나중에 재는 경우도 많다.
- 차량을 저울에 올리고 나면 정확하게 올라왔는지, 곧 차량의 바퀴가 저울 바깥의 다른 물체 또는 지면과 닿아 있지 않은지 확인해야 한다.
- 연료는 차량 무게에 포함되지 않으며 냉각수나 오일 같은 다른 액체들은 보통 수준으로 들어 있는 것으로 가정한다. 무게를 측정할 때 차량에 남아 있는 연료량이 얼마인지 점검하며, 의심스럽다면 연료를 모두 빼낸 다음에 측정할 수도 있다.
- 무게 측정 결과 하한선에 미치지 못하는 것으로 나타났을 때에는 한두 차례 다시 측정해서 팀의 책임자와 함께 그 결과를 확인한다.

외관 검사

차량의 외형을 확인함으로써 파손된 부분이나 고정이 제대로 되어 있지 않은 부품이 있는지 확인한다. 만약 고정이 제대로 되어 있지 않다면 트랙에서 주행하는 도중에 고정이 풀리면서 차량으로부터 떨어져 나오거나 지면에 끌려서 위험한 상황을 일으킬 수 있다.

또한 차량에는 규정에 따라서 차체 위에 붙여야 하는 여러 가지 부착물이 있다. 여기에는 다음과 같은 것들이 포함된다.

- 차량 번호
- 경기의 로고, 경기를 후원하는 스폰서의 브랜드 및 로고
- 차량 바깥에 있는 안전장치를 가리키는 표식, 예를 들어 회로 차단기, 소화 장치

이렇게 의무로 붙여야 하는 부착물은 그 장소와 방향도 정해져 있으며, 주최 측에서 이를 지정하는 도면을 제공한다. 차량이 규정과 도면에 맞게 부착물을 붙이고 있는지 확인한다.

엔진실 검사

보닛을 열면 보이는 엔진실에는 엔진은 물론 이와 관련된 냉각수와 오일 계통, 배터리, 발전기를 비롯한 수많은 기계 장치들이 설치되어 있다. 파크 퍼미 차량 검사에서는 기계 장치를 분해해서 정밀하게 검사를 할 수 있으나 그밖에 다른 차량 검사에서 가장 중요한 점은 액체가 새어 나오지 않는지를 점검하는 것이다. 특히 오일이 떨어지면 트랙을 미끄럽게 만들어서 다른 차량을 위험하게 만들 수 있으므로 오일이 새어 나오지 않는지 주의 깊게 관찰한다.

규정에 따라서 엔진실에 반드시 설치되어 있어야 할 장치들, 예를 들어서 오일 캐치 탱크, 스타트 모터와 같은 것들이 규격에 따라 설치되어 있는지도 확인하고 배선의 피복이 해어지지는 않았는지도 확인한다.

등화 검사

자동차에는 앞을 밝히거나 다른 차량에 신호를 보내기 위한 여러 가지 등화 장치가 달려 있다. 특히 기상 상황이 나쁠 때, 또는 야간에 열리는 경기에서는 등화를 통한 신호는 안전에 무척 중요하다.

- 등화 조작은 팀 관계자에게 맡기고, 기술 오피셜은 등화가 제대로 켜지는지를 앞뒤에서 확인한다. 기술 오피셜이 어떤 등을 켜라고 지시하고, 팀 관계자가 차량을 조작하면 실제로 등이 켜지는지 확인하는 방식으로 검사를 진행한다.
- 단지 등이 켜지는 것만으로 검사를 통과하는 것은 아니다. 등화가 너무 어두워서 다른 차량이나 오피셜이 등화가 켜졌다는 것을 판단하기 어렵다면 검사를 통과했다고 볼 수 없다. 깜빡여야 하는 등화가 계속 켜져 있거나 계속 켜져 있어야 하는 등화가 밝기가 불안정하게 변한다면 수리 또는 보완할 대상이 된다.
- 와이퍼 작동 여부를 검사할 때에는 보통 등화에 대한 검사를 마치고 곧바로 차량 조작을 맡은 팀 관계자에게 와이퍼를 작동시키도록 지시한다.

선수 및 피트 크루의 개인 장비

경기에 참가하는 선수, 곧 드라이버와 코드라이버, 그리고 피트에서 작업을 하는 팀 관계자인 피트 크루는 규정에 따라서 안전 장비를 착용해야 한다. 이러한 장비는 충격이나 화재와 같은 위험으로부터 개인을 보호할 목적을 가지고 있기 때문에 FIA를 비롯한 여러 공인 기관으로부터 엄격한 검사를 거쳐 규격 인증을 받게 된다.

- 인증을 받은 장비에는 이를 입증하는 라벨이 붙어 있다. 제조사에 따라서, 제품에 따라서 그 장소나 모양은 조금씩 다를 수 있다.

- 라벨에 쓰여 있는 인증 규격이 규정에서 정하는 최소 요구 제원과 일치하는지 확인한다. 경기에 따라서 최소 제원은 다르며, 같은 대회에서도 각 경기의 종류에 따라서 제원이 다르므로 헷갈리지 않도록 주의해야 한다.
- 구멍이 난 곳은 없는지, 이음매가 터진 곳은 없는지 확인한다. 선수 또는 피트 크루의 개인 장비는 대부분 방염 소재로 되어 있으나 구멍이나 틈이 있다면 그 사이로 불꽃이 새어 들어올 수 있다.
- 헬멧을 검사할 때에는 바깥쪽으로는 금이 가 있는 곳이 없는지 살펴보고, 안쪽으로는 구조물이 변형되어 있는 곳이 없는지 검사한다. 보통 헬멧 안쪽에는 충격을 흡수하기 위한 패드가 있으며, 이 패드는 한 번 충격을 받으면 변형되어 다시 충격을 받았을 때에는 제구실을 하지 못한다.

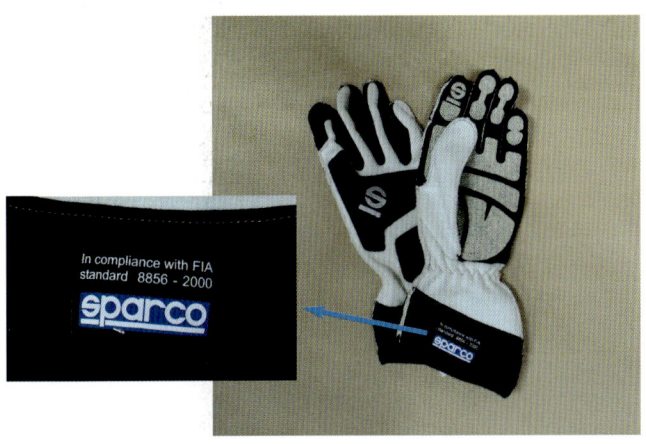

장갑에 붙어 있는
FIA 8856-2000
인증 라벨

레이싱 슈즈에 붙어 있는 인증 라벨

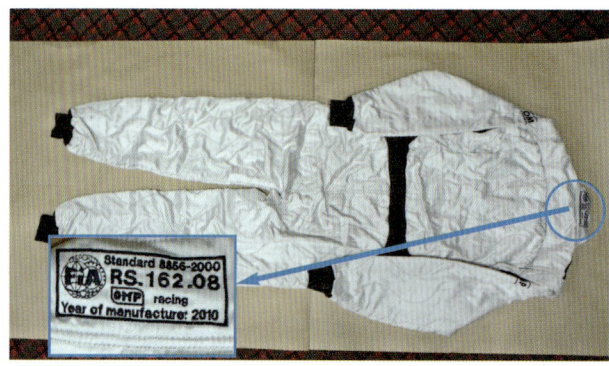

오버롤 슈트의 인증 라벨

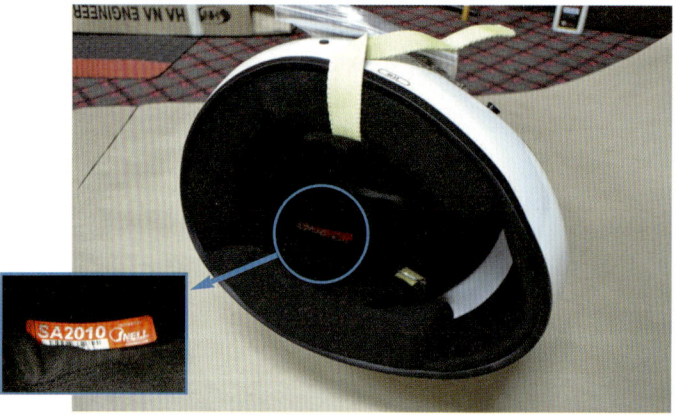

헬멧은 인증 라벨이 안쪽 보호 패드 안에 있는 경우가 많으므로 패드를 뒤집어가면서 찾아야 한다.

문서 검사

드라이버나 차량이 경기에 참가하기에 적합한지 여부를 입증하는 문서를 검사하는 것으로, 전부 또는 일부 검사를 사무국에서 진행할 수도 있다. 경기와 규정에 따라서 요구하는 문서가 다르지만 검사 대상에는 다음과 같은 것들이 있다.

- **선수** 운전면허증, 선수 라이선스, 참가신청서
- **차량** 로그북, 차량등록증(일반 도로용 차량인 경우)

콕핏 검사

선수가 타는 공간인 콕핏 안에는 다양한 구조물과 안전장치들이 있다. 경기에 따라서, 규정에 따라서 다르지만 대체로 다음과 같은 검사를 하게 된다.

- 선수가 앉는 좌석이 튼튼하게 고정되어 있는지, 고정부는 충격을 받았을 때 부러질 염려는 없는지 확인한다. 규정에서 공인된 기관으로부터 인증 받은 좌석을 요구할 수도 있으므로 이럴 때에는 좌석에 인증 라벨이 부착되어 있는지 확인한다.
- 안전벨트는 규정에서 요구하는 인증 규격을 만족하는지 확인한다. 안전벨트의 인증 라벨에는 유효 기간이 명시되어 있다. 경기에 따라서는 이 유효 기간에 일정한 햇수를 더한 기간까지를 실제 유효 기간으로 인정하기도 한다. 그리고 벨트가 해어지거나 올이 풀린 곳이 없는지, 안전벨트가 고정되어 있는 부분은 튼튼하고 움직이지 않는지 확인한다.

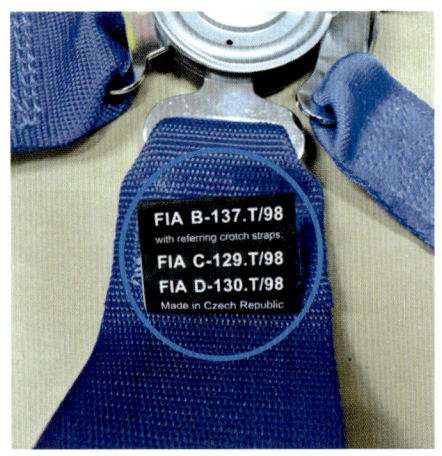 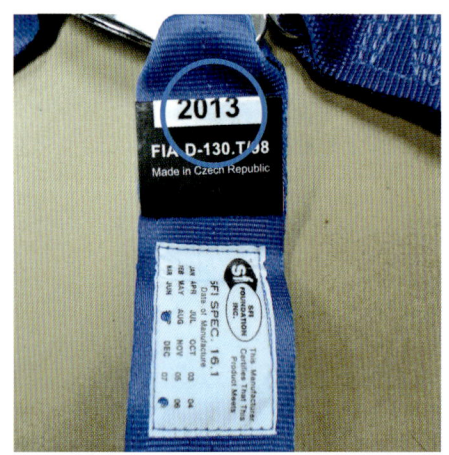

안전벨트의 각 띠마다 FIA의 인증 제원과 유효기간을 표시한 라벨을 확인해야 한다.

- 차량 안에 장착되어 있는 소화기가 규정에서 요구하는 제원을 만족하는지 검사한다. 여기에는 용량, 소화약제의 종류와 같은 것들이 포함된다. 압력 게이지를 확인하여 정상 상태인 녹색 범위를 가리키고 있는지 확인한다. 때때로 게이지가 고장 난 경우가 있으므로 의심스러울 때에는 소화기를 꺼내서 흔들어 볼 필요도 있다. 한편 소화기는 사고가 났을 때 그 충격으로 튕겨 나가면 선수에게 큰 피해를 입힐 수 있으므로 충격을 받아도 소화기가 튕겨 나가지 않도록 튼튼하게 고정되어 있는지 확인해야 한다. 수동 소화기는 불이 났을 때 빨리 꺼내 쓸 수 있도록

소화기의 압력 게이지. 바늘이 녹색 구간 안을 가리키고 있으면 정상이다.

한 번에 고정이 풀리는 시스템으로 장착되어 있는지도 확인한다.
- 콕핏 안의 롤 케이지는 사고가 났을 때, 특히 차량이 뒤집어졌을 때 선수를 보호하는 중요한 구조물이다. 롤 케이지의 파이프들은 용접으로 연결되며, 이 용접이 부실하면 충격을 견디지 못하고 부러지기 쉽다. 따라서 용접은 튼튼하게 되어 있는지, 금이 간 곳은 없는지 확인한다. 롤 케이지를 차체에 고정하는 부분도 규정에 고정 방법과 부품의 제원이 정해져 있으므로 이를 준수하는지 확인해야 한다. 롤 케이지에 쓰이는 파이프의 최소 지름 및 소재의 최소 두께도 규정에서 정하고 있으며 롤 케이지의 한 지점에는 두께를 측정할 수 있도록 구멍이 뚫려 있다.
- 배터리는 보통 엔진실 안에 있지만 경우에 따라서는 콕핏 안으로 옮겨 놓았을 수 있다. 콕핏 안에 배터리가 있을 때에는 바닥에 단단하게 고정되어야 하며 배터리 안에는 강한 산성을 띤 유독성 액체가 들어 있기 때문에 액체가 새어 나와서 선수에게 닿으면 위험하다. 따라서 배터리가 깨어져도 액이 뿜어져 나오지 않도록 보호 덮개로 배터리를 완전히 덮어야 한다.

소음 측정

크고 맹렬하게 울려 퍼지는 엔진 소음은 모터스포츠의 매력 가운데 하나다. 그러나 지나친 소음은 환경에 나쁜 영향을 미치며, 경기장 주변 주민들이 민원을 제기하는 주요한 원인 가운데 하나다. 규정에서 소음의 상한선을 정하고 있거나 소음 규제 관련 법률의 적용을 받는 경기장에서는 차량의 소음을 측정해서 상한선을 넘는지 여부를 검사해야 한다.

- 측정하는 곳의 배경소음, 곧 주변 소음이 너무 크지는 않은지 확인해야 한다. 규정에서는 보통 배경소음의 상한선을 정하고 있으므로 측정하는 곳의 배경소음이 이를 넘으면 더 조용한 곳으로 장소를 옮겨야 한다.

- 규정에 따른 측정 방법을 준수해야 한다. 보통 규정에서는 차량의 배기구와 소음을 재기 위한 측정 마이크 사이의 거리. 그리고 배기 파이프가 향하는 방향을 축으로 한 마이크의 각도를 규정한다.
- 소음 측정 마이크를 올바른 곳에 두었다면 선수 또는 팀 관계자에게 공회전을 하도록 지시한다. 규정에는 소음 측정 기준이 되는 엔진 회전수가 정해져 있으므로 공회전 상태에서 엔진을 이 회전수까지 올리도록 한다. 기준 회전수까지 올라갔다면 잠시 그 상태를 유지하도록 한 다음 소음계를 확인하고 그 수치를 기록한다.

차량 분해 검사

파크 퍼미 차량 검사, 특히 경기가 모두 끝난 뒤에 진행되는 검사는 차량의 부품을 분해해서 정밀하게 검사를 할 수도 있다. 또한 항의에 따라서 진행되는 검사 역시도 엔진이나 기어박스를 비롯하여 부품의 분해작업을 필요로 할 수 있다.

- 부품을 분해하는 작업은 해당되는 차량의 팀 관계자가 진행한다. 기술 오피셜은 이러한 분해 작업 과정에서 부정한 행위를 하지 않는지 감시한다.
- 분해한 부품을 측정하고 확인하는 작업은 기술 오피셜이 수행한다. 경우에 따라서는 팀 관계자에게 도움을 받을 수 있으나 검사의 결과는 기술 오피셜이 직접 확인해야 한다. 검사에 쓰이는 측정 장비 역시 기술 오피셜이 직접 다뤄야 한다.
- 검사 과정은 기술 오피셜과 해당 차량의 관계자만이 볼 수 있어야 한다. 다른 차량 또는 팀의 관계자가 보려고 한다면 막아야 한다. 차량 검사 결과는 극히 민감한 기밀 사항 가운데 하나다.

17.9 피트/트랙 감시

트랙 주행이 진행되는 동안 기술 오피셜은 트랙을 주행하는 경기 차량과 피트에 있는 경기 차량을 감시한다.

주행하고 있는 차량에 문제가 생겼을 때 이를 트랙사이드 오피셜이 발견했다면 레이스 컨트롤로 보고하며, 레이스 컨트롤에서는 다시 기술 오피셜에게 이를 확인하도록 지시한다. 피트에 있는 기술 오피셜은 해당 차량이 피트 옆 트랙을 주행할 때 피트 월에서 차량을 관찰하고 문제를 확인한다. 대체로 다음과 같은 문제가 관찰된다.

- 차량 외부의 부품 또는 차체 일부가 떨어져 나가거나 고정이 풀려서 도로에 끌리거나, 보닛이나 트렁크가 열리는 경우도 있다.
- 차량의 엔진실 쪽에서 연기가 난다면 엔진이나 냉각수, 오일 계통에 문제가 생겼을 가능성이 높다. 엔진에 문제가 있을 때에는 오일이 실린더 안으로 새어 들어와서 같이 연소되어 배기구로 하얀 연기가 피어오른다. 바퀴 쪽에서 계속해서 연기가 심하게 나고 불꽃이 보이면 브레이크 과열을 의심해 볼 수 있다.
- 차량에서 액체가 새어 나오는 경우. 특히 오일이 새는 경우에는 도로를 미끄럽게 만들어서 주행하고 있는 다른 차량을 위험하게 만들 수 있다.

문제가 있는지 여부가 확인되면 레이스 컨트롤에 보고한다. 차량에 실제로 문제가 있다면 그 차량은 물론 주행하고 있는 다른 차량을 위험하게 만들 수도 있으므로 빨리 보고해서 강제 피트인과 같은 조치를 할 수 있도록 해야 한다. 레이스 컨트롤의 지시가 없더라도 주행 중인 차량을 자주 관찰하면서 문제가 없는지 확인한다.

한편 주행 도중에 피트로 들어온 차량에 대해서는 다음과 같은 관찰을 한다.

- 차량에 위험을 일으킬 수 있는 문제가 있는지 확인한다.
- 피트에서 차량에 대한 작업이 진행되었다면 어떤 부분에 어떤 작업을 했는지 관찰하고 그 내역을 지정된 서식에 기록한다.
- 작업을 할 때 관련 규정을 준수했는지 확인한다. 예를 들어서 레이스 도중에 피트에서 타이어를 바꿀 때에는 이 작업을 할 수 있는 피트 크루의 수가 규정으로 제한될 수 있다.
- 차량에 문제가 있어서 피트에 들어 온 뒤에 다시 트랙으로 나가려고 할 때, 트랙 주행이 안전하지 않다고 확신한다면 기술 오피셜은 코스인을 막을 권한이 있다. 팀에서 항의할 때에는 정확하게 어떤 문제가 있어서 차량이 코스인 하는 것을 막았는지 설명할 수 있어야 한다.
- 차량이 피트로 들어와서 리타이어 했을 때에는 그 이유를 확인하고 레이스 컨트롤에 이 사실을 보고해서 경기 기록에 반영될 수 있도록 한다.

17.10 문서/보고서

다른 분야와 마찬가지로 기술 오피셜은 직무를 수행하는 과정에서 다양한 형태의 문서 또는 보고서를 작성한다. 이러한 문서들은 경기의 종류에 따라서 차이가 있지만 국내 경기에서는 대체로 다음과 같은 문서를 작성한다.

사전 차량 검사 체크리스트

사전 차량 검사가 진행되는 과정에서 발견되는 문제를 기록하는 문서다. 사전 차량 검사는 그 대상 차량이 많으며 빠르게 진행되어야 하므로 발견된 문제를 체크리스트에 간단히 표시하는 것만으로도 각 차량의 검사 결과를 기록할 수 있어야 한다. 따라서 체크리스트에는 차량 또는 드라이버 장비의 각 부분별로 자주 발견되는 문제의 패턴들이 목록으로 나열되어 있다.

사전 차량 검사 보고서

사전 차량 검사가 끝나면 기술위원장은 경기위원장과 심사위원회에 검사 결과를 보고할 문서를 작성한다. 여기에는 대체로 다음과 같은 내용들이 포함된다.

- 차량 검사를 진행한 경기 또는 클래스의 종류
- 검사 시작 시간과 종료 시간
- 검사 대상 차량 대수와 실제 검사한 대수
- 문제가 발견된 차량 번호와 문제의 내역

타이어 마킹 시트

타이어 마킹을 기술 오피셜이 직접 진행할 경우, 각 차량별로 몇 개의 타이어를 마킹했는지를 기록하는 문서다. 논란을 없애기 위해서 팀에게 개수를 확인하도록 하고 책임자의 서명을 받아두는 것이 좋다.

차량 반출 신청서

차량의 문제를 수리하고자 하는 팀에서 차량 반출을 요청하기 위해 작성하는 신청서다. 기술위원장은 신청서에 접수 시간을 기록하고 재검사를 받을 시간을 지정한 뒤 서명을 하며, 팀은 이 신청서를 사무국에 접수함으로써 반출 승인 절차가 끝난다.

재검사 보고서

차량 검사 과정에서 중요한 문제가 발견되었거나 사고를 당했을 때, 차량 반출을 했을 때와 같이 차량 검사를 다시 받아야 할 차량에 대한 재검사 결과를 경기위원장과 심사위원회에 보고하는 문서다.

피트 작업 보고서

트랙 주행 기간 동안 피트에서 차량에 대해 이루어진 작업의 내용을 기록하는 보고서로 차량의 피트 인·아웃 시각이 함께 기록된다.

파크 퍼미 차량 검사 보고서 / 항의 차량 검사 보고서

예선 또는 레이스 뒤에 파크 퍼미에서 진행된 차량 검사, 또는 항의에 따라서 진행된 차량 검사의 결과를 경기위원장과 심사위원회에 보고하는 문서다.

모든 문서에는 반드시 문서를 작성한 사람의 서명이 있어야 하며, 기술위원장을 거쳐서 외부로 전달되어야 한다. 전달 자체는 기술위원장이 지명한 기술 오피셜이 할 수 있으나 기술위원장의 승인을 거친 뒤에 전달이 이루어져야 한다.

부록

HOW MOTORSPORT WORKS

찾아보기

ㄱ

개러지	63, 211
게이트	171
견인	203
경기 규정	51, 158
경기 기록	146
경기부위원장	129
경기위원장	107, 128
고카트	30
공식 통지	49
공지	146
관제위원장	131
관측 포스트	170
구난 마샬	111, 202
구난 팀	202
구출 팀	199
국내 규정	48
국제 스포츠 규칙	46
부록	47
일반 규정	48
국제공인자동차클럽연합(AIACR)	70
국제스포츠위원회(CSI)	70
국제자동차스포츠연맹(FISA)	70
국제자동차연맹(FIA)	37, 70
그랑프리	69
그랜드 투어러	28
그랜드 투어링(GT)	28
그랜드스탠드	65
그리드	209, 214
그리드 라인	214
그리드 마샬	113
그리드 오피셜	229
금강산 랠리	81
기록 오피셜	115
기술 규정	54
기술 보고서	151
기술 오피셜	114, 237
기술부위원장	239
기술위원장	239
깃발	168, 173

ㄴ

나스카(NASCAR)	29, 72
내구 레이스	29
녹색기	174

ㄷ

다카르 랠리	32
닥터 카	200
대체에너지 경기	35
데드 카 존	205
드라이 타이어	49
드래그 레이스	30
드리프트	33

ㄹ

랠리	31
랠리 레이드	32
랩 타임	60
레귤러리티	25

레이스	25	뱅크	61
레이스 디렉터	109	버지	173
레이스 운영 팀	142	보조 경기위원장	128
레이스 컨트롤	105, 127	부상 보고서	151
레이스 컨트롤 기록	129	블라인드 코너	170
레인 타이어	49	블랙 플래그 릴레이	179
로드 섹션	31, 62		
로드 코스	60	**ㅅ**	
롤링 스타트	220	사고	189
르망 24시	30, 71	사고 보고서	150
리커버리 치프	202	(사)한국자동차경주협회(KARA)	37
리프트 토우	203	사무 채널	135
		사무국	110, 140
ㅁ		사무국장	110, 142
마샬	110	사상 대응	191
마샬 서비스 팀	142	사인온	98, 142
메디컬 닥터	197, 199	상설 서킷	61
메디컬 센터	201	서비스 파크	63
메디컬 채널	135	서킷	60
메디컬 체크	112	서킷 담당 매니저	130
메디컬 카	200	세이프티 카	178
메디컬 헬리콥터	201	셀프 로더	204
메인 포스트	64	소방 마샬	112, 196
모바일 크레인	205	소방 팀	195
무전기	136	소화기	167, 195
무전기 관리 엔지니어	129	손실	189
문서	146	숏컷	43, 185
문서 대장	146	수신호	179
미닛 보드	214	슈퍼레이스 챔피언십	83
미러 포스트	170	스노우 레이스	34, 80
미캐닉	40	스윔 현상	205
		스콜라십	26
ㅂ		스타터	229
바운더리 라이더	144	스타트 포스트	214

스타트기	176
스탠딩 스타트	220
스터드 타이어	34
스톡 카	28
스톡 카 레이스	29
스트리트 서킷	61
스페셜 스테이지	31, 62
스포츠카 레이스	28
스프린트 레이스	29
스핀	182
슬라럼	33
슬릭 타이어	49
시니어 채널	135
심사위원회	106

ㅇ

아이스 레이스	34
안전 펜스	172
안전위원장	194
안전지대	215
앰뷸런스	201
에버랜드 스피드웨이	77
연석	63, 172
오렌지볼기	177
오버롤	164
오벌 트랙	61
오염 대응	191
오일 스필 키트	231
오일 흡착제	168
오프로드	25
오프로드 레이스	32
오픈 휠 자동차	26
온로드	25
옵저버	162
옵저버 루프	135
와이드 런	185
운동에너지 회수 시스템(KERS)	57
원메이크 레이스	29
월드 랠리 챔피언십(WRC)	31
월드 투어링 카 챔피언십(WTCC)	27
웨트 타이어	49
위험 요소 및 기술 요청 보고서	151
의료 마샬	198
의료 오피셜	112
의료 처치 차량(MIV)	199
의료 팀	198
의료위원장	193
이머전시 채널	135
이머전시 커뮤니케이터	194
이머전시 코디네이터	129
이머전시 팀	188
익스트리케이션 닥터	199
인디카 시리즈	26
인양	203
인제오토테마파크	85
인터텍 인 코리아	81
임시 서킷	61

ㅈ

작업 구간	212
장비 팀	143
적색기	174
적색기 추월	184
전도	182
전복	182
정찰 랩	221
주최자	39
주행로	212

지게자	205	투어링 카	27
짐카나	33	투어링 카 레이스	27
		트랙	63, 169
ㅊ		트랙 마샬	111, 162
차량 반출	247	트랙사이드 오피셜	110, 157
참가자	40	특별 규정	49
챔피언십/시리즈/대회 규정	48	틸트 트레이 트럭	204
청색기	175		
체커기	176	**ㅍ**	
추돌	181	파손 대응	191
충돌	182	파이어 텐더	196
치프 옵저버	129	파이어 펌프	196
치프 커뮤니케이터	128	파크 퍼미	247
		랠리	63
ㅋ		파크 퍼미 기간	248
카고 크레인	204	패독	65, 233
카트	30	패독 오피셜	114, 234
카트 레이스	30	포뮬러 1(F1)	26, 72
캐나디안-아메리칸 시리즈	73	포뮬러 레이스	26
컨트롤 타워	65	포뮬러 원 매니지먼트(FOM)	39
코리아 스피드 페스티벌(KSF)	85	포뮬러 원 어드미니스트레이션(FOA)	74
코리아 인터내셔널 서킷(KIC)	84	포뮬러 카	26
코스부위원장	161	포스트	64, 169
코스위원장	161	포스트 관할 구역	171
콩코드 협정	74	포스트 치프	162
크로스컨트리 랠리	32	폴 포지션	214
		푸싱	184
ㅌ		프로덕션 카	27
타막 랠리	31	프로덕션 카 레이스	27
타이어 마킹	244	프로모터	38
타이어벽	172	프로토타입	28
타임 트라이얼	25	플래그 마샬	110, 162
태백 레이싱 파크	82	플랫베드	204
텔레스코픽 핸들러	205	플랫 토우	203

피니시 포스트	214	**A**	
피트	63, 209	Action for Road Safety	23
피트 게이트	213	ASN	37
피트 레인	63		
피트 마샬	113	**C**	
피트 사인 월	212	CCTV 오퍼레이터	131
피트 스톱	64		
피트 오피셜	227	**F**	
피트 월	212	F3 코리아 슈퍼프리	80
피트 입구	212		
피트 출구	213	**H**	
피트 크루	64	HANS	56
ㅎ		**K**	
한국모터챔피언십 시리즈	78	KERS	57, 118, 196
화재 대응	190		
화재 영역	196	**M**	
황색기	173	MIV	199
황색기 추월	184		
황적줄무늬기	175	**P**	
흑백반기	177	PTT(push-to-talk)	138
흑색기	177		
흰색기	175	**S**	
히스토릭 대회	34	SC 보드	178

모터스포츠 용어 모음

이 용어 모음은 본문에 설명되어 있지 않거나 설명이 충분하지 않은 용어들에 대한 이해를 돕기 위한 것이다. 궁금한 용어가 있다면 먼저 찾아보기를 살펴본 다음, 없다면 이 용어 모음에서 찾아보도록 한다.

ㄱ

거니 플랩 (Gurney flap) 날개의 뒤쪽 끝에 날개의 끝단을 따라서 더 높은 각도로 붙이는 작은 부품으로 끝단에서 강한 다운포스를 만들어낸다. 이 장치를 고안한 댄 거니(Dan Gurney)의 이름을 따서 붙인 이름이다.

격벽 (bulkhead) 차량 안쪽에 구획을 만들기 위해서 설치하는 부품으로 각 구획을 격리시켜서 어느 한 구획에서 불, 유독가스, 유독물질, 연료 또는 오일이 새어나와도 다른 구획으로 침범하지 못하도록 막아준다. 충격을 흡수하거나 충돌했을 때 외부 물체가 안쪽으로 뚫고 들어오는 것을 막아서 드라이버를 보호하는 기능을 하는 격벽도 있다.

견인 고리 (towing eye) 차량이 자체 동력으로 움직일 수 없는 경우, 견인 차량이 줄이나 갈고리를 걸어서 쉽게 끌고 갈 수 있도록 차량 바깥에 설치하는 고리 모양의 구조물. 경기의 규정에 따라 다르지만 보통 차량의 앞뒤에 하나씩 설치하며 견인할 때 부러지지 않도록 튼튼하게 고정되어야 한다. 또한 쉽게 알아볼 수 있도록 눈에 잘 띄는 색깔로 칠해야 한다.

공인 (authorisation, sanction) 어떤 경기, 대회, 이벤트가 관할 기구가 규정에 따라서 요구하는 기준을 충족한다는 것을 해당 관할 기구가 인증하는 것. 한국의 ASN인 KARA는 FIA로부터 국내에서 열리는 모든 모터스포츠 대회에 대한 공인 권한을 위임 받았으며, FIA의 직접 공인이 필요한 국제 경기라고 해도 반드시 경기가 개최되는 국가의 ASN을 거쳐야만 FIA에게 공인 받을 수 있다.

공인 (homologation) 차량, 차량의 부품, 또는 그밖에 다른 장비가 특정한 제원으로 구성되어 있으며 같은 범주의 다른 제원과 구분하여 식별할 수 있다는 사실을 입증하는 것. FIA의 공인 시스템에서는 공인을 받고자 하는 제조사는 공인서(homologation form)의 내용을 채워서 ASN을 통해서 FIA에 전달하고, FIA는 공인서에 기재된 제원이 실제 제원과 일치하는지 확인하여 공인 여부를 결정한다. 공인은 특정 제품의 개발을 동결함으로써 비용을 절감하는 방안으로도 쓰이며, 예를 들어 포뮬러 1에서는 2007년에 쓰인 엔진의 제원을 공인하고 2013년까지 특정한 몇몇 부품을 제외하고는 엔진의 제원을 바꿀 수 없도록 동결하고 있다.

과급(supercharging) 엔진이 회전수가 높아지면 더 많은 공기가 필요하지만 피스톤이 내려가면서 한 번에 자연적으로 빨아들이는 공기의 양은 오히려 줄어들기 때문에 공기 흡입부에 터빈을 설치해서 진공청소기처럼 외부 공기를 강제로 빨아들이는 것. 터빈을 돌리기 위해서 엔진 동력의 일부를 활용하는 슈퍼차저(supercharger)와 배기가스의 흐름을 활용하는 터보차저(turbocharger)로 나뉜다.

그라운드 이펙트(ground effect) 차량이 달릴 때 지면과 차체 사이 공간을 지나가는 기류의 속도가 빨라지면 이 공간 사이의 압력이 낮아지면서 상대적으로 기압이 높은 차체 위에서 아래를 향해 누르는 힘, 곧 다운포스가 생기는데 이러한 효과를 그라운드 이펙트라고 한다. 앞뒤 날개와 같은 특정한 부위에서 다운포스를 만드는 것이 아니라 차량 자체의 모양, 특히 차량 밑바닥의 모양을 이용해서 많은 다운포스를 내면서도 상대적으로 드래그는 적다.

그래블 트랩(gravel trap) 트랙 옆, 특히 코너에서 바깥쪽에 마련되는 영역으로 자갈을 깔아서 트랙을 벗어난 차량이 빠르게 속도가 줄어들고 멈출 수 있도록 한다.

그립(grip) 타이어가 지면을 붙잡는 힘, 곧 타이어가 지면 위에서 미끄러지지 않고 엔진으로부터 나오는 구동력을 제대로 지면에 전달해서 차량이 앞으로 나가도록 하는 힘을 뜻한다. 특히 코너에서는 구동력의 방향이 바뀌므로 차체가 원래 진행 방향으로 나가려고 하는 관성을 그립이 얼마나 잘 극복하는가가 중요하다.

그립 주행(grip driving) 타이어를 미끄러뜨리지 않고 타이어의 그립을 최대한 활용하여 코너를 도는 주행 방법. 타이어를 미끄러뜨려서 코너링을 하는 드리프트와는 반대 개념으로, 온로드 레이스에서는 드리프트보다는 그립 주행이 더 좋은 결과를 낸다.

ㄴ

내비게이터(navigator) '코드라이버'를 달리 이르는 말.

넉아웃(knockout) 레이스의 출발 순서를 결정하는 예선 방식 가운데 하나로, 예선을 둘 또는 그보다 많은 단계로 나눈 다음 각각의 단계에서 일정한 수의 참가자를 탈락시켜서 하위 그리드를 정하고 남은 차량들이 다음 단계에 참가하는 방식이다. 포뮬러 1에서는 예선을 세 개의 단계로 나누며, 전체 참가 차량이 22대인 경우에는 1, 2차 예선에서 각각 6대씩을 탈락시켜서 하위 그리드를 정하고 나머지 10대가 3차 예선에서 폴 포지션부터 10위까지 그리드를 결정한다.

노즈투테일(nose-to-tail) 레이스에서 두 대의 차량이 접전을 벌이고 있는 상황. 뒤쫓는 차량의 앞쪽 끝(nose)이 앞선 차량의 끄트머리(tail)에 바짝 붙어 있을 정도로 접전이라는 뜻. '휠투휠'과 비슷한 뜻이다.

ㄷ

다운포스(downforce) 물체를 공중으로 떠오르게 하는 힘인 양력(lift)을 반대 방향으로 작용하게 하면 물체를 지면으로 내리누르는 힘이 되는데 이를 다운포스라고 한다. 포뮬러 1에 장착된 앞뒤 날개는 비행기 날개와는 반대되는 단면을 가지고 있으며 따라서 다운포스를 만들어 낸다. 차량의 다운포스가 커지면 타이어와 지면이 더 잘 밀착되고 접지면이 넓어지므로 더 빠르게 코너를 돌 수 있다. 그러나 다운포스가 커질수록 차량을 뒤로 미는 힘인 드래그(drag)가 강해지기 때문에 직선 구간에서는 속도 면에서 손해를 보게 된다.

더블 클러치(double clutch) 주행 중 부드럽게 기어단수를 낮추기 위한 클러치 조작 테크닉 중 하나다. 중립기어 상태에서 클러치 페달에서 발을 뗀 뒤 액셀러레이터를 순간적으로 깊게 밟아 엔진의 회전수를 높이며 낮은 기어로 변속하는 방식이다

더티 에어(dirty air) 두 대의 차량이 서로 추격전을 벌이고 있을 때 앞쪽 차량이 만들어낸 난기류 때문에 뒤쪽 차량이 공기역학적으로 손해를 보는 것, 또는 이러한 난기류를 뜻한다. 일부러 차량 뒤쪽에 더티 에어를 만들어서 뒤쫓아 오는 차량을 방해하려는 설계를 하기도 한다. '클린 에어'와 반대 개념이다.

데드 히트(dead heat) 무승부. 두 대 또는 그보다 많은 차량이 똑같이 결승선을 통과했거나, 정밀 계측 장비로도 시간 기록의 격차가 없는 것으로 나온 경우.

델타 타임(delta time) 레이스에서 트랙을 주행하던 차량이 피트로 들어왔을 때부터 피트 스톱을 마치고 다시 코스로 들어올 때까지 걸린 시간으로, 피트 스톱 델타(pit stop delta)라고도 한다. 같은 구간을 피트가 아닌 트랙으로 정상 주행했을 때 걸리는 시간과 비교하면 피트 스톱으로 얼마나 시간을 손해 보았는지 알 수 있다.

드라이버 브리핑(driver briefing) 경기 전에 드라이버들을 모아 놓고 사무국장 또는 경기위원장과 같은 고위급 오피셜이 이 경기에서 주의할 점에 대해 설명하는 회의. 이 과정에서 경기에서 특별히 합의할 필요가 있는 사항들을 드라이버들과 논의하기도 한다.

드라이브스루 페널티(drive-through penalty) 레이스가 진행되는 도중에 규칙을 위반한 드라이버가 받는 벌칙으로, 한 차례 피트 레인을 주행한 뒤에 코스로 복귀하는 것. 피트 레인에는 속도 제한이 있으므로 그만큼 손해를 보게 된다. 이 과정에서는 피트 작업을 위해서 멈출 수 없으며 피트 작업이 필요하다면 이 벌칙을 수행하고 코스로 나간 다음에 다시 피트로 들어와야 한다.

드래그(drag) 물체가 양력이나 다운포스를 받을 때 공기의 저항 때문에 물체를 진행 방향의 뒤로 미는 힘. 모터스포츠 팀은 빠른 코너링을 위해서 차량에서 다운포스를 많이 만들어 내려고 하지만 그에 따라 드래그가 커지면 직선 구간의 속도에서는 손해를 보게 되므로 다운포스와 드래그 사이에서 최적의 타협점을 찾으려고 한다.

디퓨저(diffuser) 차체의 뒤쪽 끝부분 하체를 위쪽 방향으로 경사지게 만들어 놓은 장치. 차량 아래와 지면 사이를 흐르는 기류가 디퓨저에 오면 통로의 폭이 넓어져서 밀도가 떨어지므로 더 많은 공기를 앞쪽에서 끌어들여서 기류의 속도를 빠르게 하고 다운포스를 대폭 높이는 효과가 있다.

ㄹ

래키(recce) '정찰'을 뜻하는 'reconnaissance'를 줄인 말로, 랠리에서 선수들이 코스를 미리 주행해 보는 것을 뜻한다. 래키는 규정에 따라서 그 횟수나 시간, 주행 속도에 여러 가지 제한이 있으며, 래키를 통해서 드라이버와 코드라이버는 코스를 익히고 필요한 내용을 미리 기록한다.

레그(leg) 랠리에서 경기를 구분하는 단위 가운데 하나로, 보통 하루의 경기를 뜻한다. 하나의 경기는 하나 또는 여러 개의 레그로 이루어지고, 다시 하나의 레그는 여러 개의 스테이지로 이루어진다.

레이싱 라인, 레코드 라인(racing line, record line) 차량이 트랙을 가장 빠른 시간 안에 주파하기 위해서 따라 달려야 할 트랙 위의 가상의 선. 레이싱 라인은 가장 짧은 거리는 아니며 그보다는 차량의 감속을 최소화하고 코너 구간을 가장 빠른 속도로 돌아나기 위한 선이다. 드라이버의 주행 특성에 따라서 레이싱 라인은 약간씩 다를 수 있다.

로드 북(road book) 랠리에서 선수들에게 제공되는 코스 안내 책. 랠리는 일반 도로, 또는 산악의 험한 비포장도로를 활용하기 때문에 곡선 구간의 위치와 방향, 갈림길에서 어느 쪽으로 가야 하는지, 현재 위치를 파악할 수 있는 주요한 지표들이 거리 정보 및 그림과 함께 자세하게 표시된다.

롤 케이지(roll cage) 차량이 뒤집어지거나 큰 충돌 사고를 일으켰을 때 선수가 타고 있는 공간인 콕핏을 안전하게 유지함으로써 선수를 보호하는 튼튼한 구조물. 콕핏이 차체로 감싸여 있는 박스 카는 콕핏의 모양을 따라서 안쪽에 ㄷ자 형태의 파이프를 여러 개 설치하고 이를 이어주고 보강하는 파이프들을 설치해서 마치 우리(cage)와 같은 모습을 하고 있다.

롤 후프(roll hoop) 포뮬러 카 또는 오픈 카에서 롤 케이지와 비슷한 기능을 하는 장치로, 드라이버의 좌석 뒤에 ㄷ자 형태(후프)로 설치되는 파이프다. 차량이 뒤집어졌을 때 드라이버의 머리가 지면과 곧바로 부딪치지 않게 해서 드라이버를 보호하는 구실을 한다. 포뮬러 1과 같은 경우에는 드라이버의 앞쪽에 차체 안쪽으로 하나가 더 설치되기도 한다.

롤리 팝(lolly pop) 피트 스톱 때 드라이버에게 언제 기어를 넣고 출발하면 될지 알려주는 신호로, 긴 막대 끝에 작은 판을 달고 있는 모양이 막대 사탕을 닮았다는 뜻으로 이같이 부른다.

리더 보드(leader board) 레이스에서 관객들에게 현재 순위를 보여주는 전광판. 시간 격차를 표시하기도 하며 드라이버의 이름 대신 차량 번호만 표시하는 경우가 보통이다.

리타이어(retire) 경기를 끝까지 마치지 못하고 중간에 포기하는 것.

ㅁ

마샬링 에어리어(marshaling area) '웨이팅 에어리어'를 달리 이르는 말.

메인 스트레치(main stretch) 메인 그랜드스탠드 앞에 놓인 긴 직선 도로로 출발/결승선과 그리드가 있다.

무게추(ballast) 어떤 차량이 참가하고자 하는 경기의 규정이 무게의 하한선을 정하고 있으며 차량의 무게가 이 하한선보다 가벼울 때, 무게를 맞추기 위해서 차 안에 고정하는 무거운 물질. 일부러 차량의 무게를 가볍게 만든 다음에 차량 여러 곳에 무게추를 설치해서 무게의 균형을 맞추기도 한다.

ㅂ

박스 카(box car) 운전실이 상자(box) 형태로 구성되어 있는 차량으로, 운전실 위에 지붕이 있으며 차체에서 나온 여러 개의 기둥(필러)이 지붕을 떠받치는 구조다. '오픈 카'와는 반대되는 개념이다.

백 스트레치(back stretch) 메인 그랜드스탠드를 기준으로 메인 스트레치 반대편에 놓여 있는 직선 구간.

백마커(backmarker) 서킷 레이스에서 어떤 차량보다 한 바퀴 또는 그 이상을 뒤처져 있는 차량. 만약 백마커가 주행하고 있을 때 뒤에서 한 바퀴 또는 그 이상을 앞선 더 빠른 차량이 다가오면 앞지르기를 방해하지 말고 자리를 내어 주어야 한다. 포스트에서는 이를 알리기 위해서 백마커에게 청색기를 제시하며, 만약 앞지르기를 방해하면 벌칙을 받을 수 있다.

번아웃(burnout) 일부러 엔진의 회전수를 급격하게 올려서 타이어를 미끄러뜨리고 그 마찰을 이용해서 타이어 표면의 온도를 급속하게 올리는 것. 타이어 표면이 타면서 나는 흰 연기, 그리고 찢어지는 듯 한 높은 마찰음으로 관중들에게 볼거리를 제공할 목적으로 많이 쓰인다.

블로킹(blocking) 레이스 도중에 앞 차량이 뒤따라오는 차량의 진로를 방해해서 앞지르기를 막는 전술. 과도한 블로킹이나 위험한 블로킹은 규정에 따라서 금지된다.

ㅅ

사이드포드(sidepod) 차량 양 옆에 설치되어 엔진 냉각수나 각종 오일을 식히기 위한 공기를 받아들이는 부분. 차량 옆쪽으로 흐르는 공기의 흐름을 매끄럽게 최적화하기 위한 기능도 가지고 있다.

서킷 브레이커(circuit breaker) '차단 스위치'를 달리 이르는 말.

서포트 레이스(support race) 어떤 레이스 대회가 여러 종류 또는 등급의 경기로 구성되어 있을 때, 메인이벤트 경기를 제외한 다른 경기들.

세미슬릭 타이어(semi-slick tyre) '인터미디어트 타이어'를 달리 이르는 말.

셋업(setup) 차량의 기량을 최적화하기 위해서 차량의 각 부분을 조절하는 것. 같은 차량이리고 해도 드라이버의 특성, 서킷의 특성 및 기온이니 날씨를 비롯한 주위 환경에 띠리 셋업이 달라진다.

셰이크다운(shakedown) 새로운 경기 차량이 처음으로 도로에서 주행하는 것으로, 시운전과 같은 뜻이다.

슈트(suit) 보통은 정장을 뜻하는 말이지만 모터스포츠에서는 오버롤을 뜻한다.

슈퍼 스페셜 스테이지(super special stage, SSS) 랠리에서 관중들이 경기를 보기 쉽도록 비교적 작은 규모의 공간에 코스를 마련한 스페셜 스테이지. 관중들의 편의를 위한 여러 가지 시설물을 설치하기도 하며, 쉽게 올 수 있도록 서킷, 스타디움, 시가지 근처, 또는 접근성이 좋은 곳에 코스를 마련한다.

슛아웃, 슈퍼폴(shootout, superpole) 차량마다 단 한 차례의 랩 타임만을 기록할 수 있는 방식으로 진행되는 예선. 그 대신 다른 차량의 방해를 받지 않도록 순서를 정해서 일정한 간격을 두고 트랙에 나선다. 포뮬러 1에서는 2002년부터 2005년까지 슛아웃으로 예선을 진행했으며, 미국의 나스카, 호주의 V8슈퍼카, 일본의 슈퍼 GT와 같은 경기에서는 예선 상위권만을 대상으로 최종 그리드 순위를 가리기 위한 슛아웃을 진행하는 경우도 있다.

스위퍼(sweeper) 랠리에서 모든 경기 차량이 한 스페셜 스테이지를 주행한 뒤에 경기가 끝났음을 알리기 위해서 마지막으로 그 스테이지를 주행하는 차량.

스키드 블록, 스키드 플레이트(skid block, skid plate) 차량 밑바닥에 붙이는 나무 또는 금속 재질의 판. 규정에 따라서 의무로 되어 있는 경우가 있으며, 이를 의무로 하는 이유는 경기에 따라서 다르다. 보통은 차량의 하체를 보호하거나, 하체가 지면과 너무 붙지 않도록 제한하기 위해서다. 포뮬러 1에서는 윙 카를 금지하기 위해서 스키드 블록으로 하체가 평평한 모양을 가지도록 의무화했다.

스타터(starter) ① 레이스 시작 과정에서 출발을 알리는 신호등을 조작하는 오피셜. ② 자동차에서 시동을 걸 때 처음에 잠시 엔진을 돌려주는 모터.

스톨(stall) ① 경주 차량이 기계 결함으로 멈춰서서 움직이지 못하는 상태. ② 날개 주위에 난기류가 생겨서 양력 또는 다운포스가 갑자기 큰 폭으로 떨어지는 현상. '실속'이라고도 하며, 모터스포츠에서는 직선구간에서 다운포스와 드래그를 줄이기 위해서 스톨 현상을 일부러 일으키는 장치를 고안하기도 한다.

스톱 앤 고 페널티(stop and go penalty) 레이스가 진행되는 도중에 규칙을 위반한 드라이버가 받는 벌칙으로, 피트로 들어와서 자기 팀의 개러지 앞, 또는 벌칙 구역에서 지정된 시간 동안(보통 5초 또는 10초) 멈춰 있다가 코스로 복귀하는 것. 드라이브스루 페널티보다 훨씬 많은 손해를 보게 된다. 멈춰 있는 기간 동안에는 피트 작업을 해서는 안 되며 피트 작업이 필요하다면 이 벌칙을 수행하고 코스로 나갔다가 피트에 다시 들어와야 한다.

스티어링 브레이크(steering brake) 랠리에서 자주 쓰이는 주행 기술로, 코너링을 하다 스티어링 휠을 조작해서 앞바퀴의 각도를 차의 진행방향과 반대로 만들어서 주행저항을 높이는 방법이다. 브레이크만을 쓰는 방법과 비교하면 급격하게 속도를 줄일 수 있어서 각도가 예리한 코너에서 속도를 줄일 때 자주 쓰인다.

스틴트(stint) 레이스가 진행될 때 어떤 차량 또는 참가자에 대해서 피트 스톱을 기준으로, 내구 레이스에서는 드라이버 교체를 기준으로 구분하는 기간.

스페어 카(spare car) 참가자가 경기 기간에 예비로 가져오는 경주 차량. 규정에서 스페어 카를 허용한다면 원래 쓰고 있던 경주 차량이 고장 또는 사고에 따른 파손으로 더 이상 쓸 수 없게 되었을 때 승인을 받고 대체 투입한다.

스포일러(spoiler) 자동차가 달릴 때 차체를 타고 흐르는 기류를 조절 또는 정돈해서 공기역학 성능을 향상시키기 위해 차체에 붙이는 장치. 레이싱 카에는 성능 향상을 위해서 차체 여러 곳에 다양한 스포일러 장치를 붙이며, 차체 앞쪽 아래에 붙이는 장치를 에어 댐(air dam), 차체 옆쪽 아래에 붙이는 장치를 사이드 스커트(side skirt)로 부른다. 차체 뒤쪽에 붙이는 스포일러는 날개와 비슷한 모양을 하고 있는 경우도 있다. 이럴 때에는 날개는 다운포스를 만들어 내는 것을 주된 목적으로 하는 장치, 스포일러는 원하지 않는 난기류를 정돈해서 없애는(spoil) 것을 주된 목적으로 하는 장치로 두 가지를 구분한다.

스포터(spotter) 코스 전체가 잘 보이는 곳에서 코스의 상황을 팀이나 드라이버에게 무전으로 보고하는 임무를 맡은 팀 직원. 나스카와 같은 오벌 트랙 경기에서 많이 쓰인다.

스피드 트랩(speed trap) 경기가 벌어지는 코스에서 차량이 가장 빠른 속도를 낼만 한 지점. 이곳에 속도 측정 장비를 설치하고 어느 차량이 가장 빠른지를 측정한다. 이러한 최고 속도는 보통은 기록으로만 남기며 성적에는 반영되지 않는다.

슬로 인 패스트 아웃(slow in, fast out) 코너링을 빠르게 하기 위한 기본 주행법으로 말 그대로 코너에 진입할 때에는 브레이크를 밟고 기어를 낮춰서 느리게 진입하고, 에이펙스를 지날 무렵 액셀러레이터를 밟아서 속도를 올리는 것을 뜻한다.

슬릭 타이어(slick tyre) 접지면에 아무런 무늬(트레드)도 없는 타이어로서, 트랙이 말라 있는 상태에서는 가장 많은 그립을 얻을 수 있지만 비가 와서 트랙이 젖어 있을 때에는 타이어와 지면 사이에 있는 물을 뺄 수 없어서 쉽게 미끄러진다.

슬립스트림(slipstream) 달리고 있는 차량은 기류를 가르면서 나아가기 때문에 차량 뒤쪽의 일정한 공간은 공기의 밀도가 주위보다 낮으며 따라서 공기의 저항도 덜하며, 이를 슬립스트림이라고 한다. 뒤쫓아 오는 차량이 앞 차량과 간격이 충분히 가까워져서 슬립스트림 안으로 들어오면 공기의 저항이 덜하기 때문에 같은 출력으로도 앞 차량보다 더 빠른 속도를 낼 수 있으며, 이를 이용해서 앞지르기를 시도할 수 있다.

시케인(chicane) 서로 다른 방향의 코너가 연속으로 S자 형태와 비슷하게 배치되어 있는 것.

ㅇ

아웃랩(out-lap) 서킷에서 차량이 피트에서 나가서 코스를 한 바퀴 돌았을 때 그 랩을 뜻하는 말.

아웃인아웃(out-in-out) 코너에 진입할 때에는 코너 바깥쪽으로 들어서서 코너 안쪽을 거쳐 간 다음 다시 바깥쪽을 통해 코너를 빠져나가는 주행 방법. 가장 완만한 경로로 코너를 돌아

나가기 때문에 속도를 줄이지 않고 가장 빨리 돌 수 있다. 그러나 레이스에서는 뒤쫓아 오는 차량의 앞지르기를 방해하기 위해서 일부러 다른 방법으로 코너를 돌기도 한다.

아웃브레이킹(outbraking) 코너에 들어설 때 다른 차량보다 늦게, 그리고 더 강하게 제동을 걸어서 다른 차량을 앞지르는 것. 코너에서 이탈할 위험이 높아진다.

애프터 파이어(after fire) 엔진에서 완전히 연소되지 않은 연료 가스가 뜨거운 배기 파이프를 지나면서 발화해서 배기구에 불꽃을 내뿜는 현상. 보통 급하게 스로틀 밸브를 닫을 경우에 잠깐 동안 매우 진한 연료-공기 혼합 가스가 만들어져서 애프터 파이어가 일어나며, 볼거리를 제공하기 위해 일부러 애프터 파이어를 일으키기도 한다.

언더스티어(understeer) 차량이 코너를 돌 때 운전자가 원했던 것보다 실제 차량이 더 둔한 각도로 도는 현상. 의도했던 것보다 코너 바깥쪽으로 돌게 된다. 일반 도로 주행용 차량은 코너의 안정감이 중요하므로 언더스티어 특성을 가지고 있는 경우가 많으나 모터스포츠에서는 차량이 스티어링 휠 조작에 둔하게 반응한다는 뜻이므로 이를 피하는 경향이 있다.

에어 잭(air jack) 공기의 힘으로 작동되는 잭(차량을 밀어 올려서 바퀴가 지면에서 뜨도록 하는 장치)으로 차량 안에 설치되어 있다. 잭의 공기 주입구에 압축공기 호스를 연결하면 차체로부터 기둥이 내려와서 차량을 떠받치고 호스를 빼면 다시 기둥이 올라가면서 차량이 내려앉는다. 무거운 투어링 카의 피트 스톱에서 타이어 교환을 빠르게 할 목적으로 쓰인다.

에이펙스(apex) 코너에서 레이싱 라인을 따라서 아웃인아웃 주법으로 주행할 때, 코너의 안쪽에 가장 가까이 다가가는 지점.

엔진 블로우(engine blow) 경기 중에 엔진이 고장을 일으켜서 더 이상 주행할 수 없는 상태가 되어버리는 것. 특히 실린더로 넘어 들어온 엔진 오일이 타면서 피어오르는 흰 연기와 같이 눈에 잘 뜨이는 고장이 났을 때 이 용어를 많이 쓴다.

오버롤(overall) 선수가 입는 상하의 일체형 옷. 피트 크루 또는 마샬도 이 옷을 입기도 한다. 오버롤은 불 또는 위험한 액체가 옷의 틈을 타고 새어 들어올 위험을 최소화한다. 오버롤의 양쪽 어깨에는 손잡이 끈이 있는 경우가 많으며, 이는 사고가 났을 때 사람을 신속하게 끌어낼 수 있는 기능을 한다. 특히 선수 및 피트 크루, 위험한 작업에 투입되는 오피셜은 규정에 따라서 방염 기능을 가진 오버롤을 입어야 한다.

오버스티어(oversteer) 차량이 코너를 돌 때 운전자가 의도했던 것보다 실제 차량이 더욱 날카로운 각도로 도는 것. 모터스포츠에서 오버스티어는 차량이 스티어링 휠 조작에 민감하게 반응한다는 뜻이므로 약간 오버스티어 성향이 있는 차량을 좋아하는 드라이버가 많으나, 그만큼 차량을 다루기가 어려우며 오버스티어가 심하면 스핀 위험이 높다. 드리프트 주법은 일부러 강한 오버스티어를 일으켜서 차량의 뒷바퀴를 미끄러뜨림으로써 코너링을 한다.

오프닝 랩(opening lap) 레이스 경기를 시작한 첫 바퀴를 뜻하는 말. 전체 레이스 중에서 순위가 뒤집힐 확률이 가장 높으며, 추월이 힘든 좁은 코스에서는 오프닝 랩의 순위가 결과로 이어질 확률이 높다. 사고가 날 위험이 가장 많은 랩이기도 하다.

오픈 카(open car) 운전실 위에 지붕이 없는 차량으로 박스 카와는 반대되는 개념이다.

오픈 휠(open wheel) 타이어와 휠이 차체 바깥으로 완전히 나와 있는 차량. 포뮬러 카와 고카트 같은 차량들이 여기에 속한다.

워크스 드라이버(works driver) 자동차 회사와 스폰서 계약을 맺고 후원을 받는 드라이버.

워크스 팀(works team) 자동차 회사가 지분 전부를 가지고 있거나 대주주인 팀으로, 자동차 회사로부터 차량, 엔진, 차체와 같은 주요 부품을 지원 받는다. 포뮬러 1에서는 페라리, 메르세데스 GP와 같은 팀들이 이에 해당하며 한국에서는 쉐보레 팀이 대표적인 워크스 팀이다.

웜업(warm-up) 레이스 경기에서 예선과 결승 레이스 사이에 마련되는 트랙 주행 세션으로 레이스 전에 차량의 상태와 셋업을 점검하는 기회를 얻을 수 있다. 관중들에게 경주 차량을 보여주는 볼거리를 제공할 목적도 가지고 있다.

웨이팅 에어리어(waiting area) 트랙 주행 세션이 시작되기 전에 주행할 차량을 미리 한 곳에 모아서 정렬시키는 구역. 여러 종류 또는 여러 등급의 경기로 구성된 대회에서 일정을 빠르게 진행시키기 위해서 이러한 구역을 따로 만드는 경우가 많다.

웨트 타이어(wet tyre) 접지면에 배수 무늬가 파여 있는 타이어로 인터미디어트 타이어보다 무늬가 더 많고 깊게 파여 있다. 비가 많이 내려서 트랙에 물이 많이 고여 있을 때 쓴다. 인터미디어트 타이어와 좀 더 명확하게 구분하기 위해서 풀웨트 타이어(full-wet tyre)로 부르기도 한다.

웨트 트랙(wet track) 레이스 컨트롤에서 트랙이 물에 젖어 있는 상태임을 선언하는 것. 포뮬러 1에서는 연습주행 때에는 웨트 트랙이 선언되어야만 웨트 타이어를 쓸 수 있다. 웨트 트랙이 선언되어도 트랙 주행 세션의 시간이나 레이스의 랩 수가 단축되지는 않는다.

위닝 랩(winning lap) 레이스에서 우승을 차지한 드라이버가 느린 속도로 천천히 서킷을 한 바퀴 돌면서 관중들의 환호에 답하는 것.

윙 카(wing car) 그라운드 이펙트를 극대화여 드래그 대비 많은 다운포스를 이끌어내는 차량. 차량 전체를 하나의 날개 구조로 보고 특히 차량 밑바닥의 모양을 날개의 아래쪽 부분과 비슷한 모양으로 만든다. 코너링 속도가 드라이버가 감당할 수 없을 정도로 너무 빨라질 수 있으며, 차량이 균형을 잃으면 갑자기 뒤집어지거나 운동 특성이 급변하여 대형 사고를 일으킬 수 있다. 포뮬러 1에서는 70년대부터 윙 카가 유행했으나 여러 차례 사망 사고를 일으키는 원인이 되자 80년대 초부터는 엄격하게 금지하고 있다. 미국의 인디카에서는 제한된 범위 안에서 윙 카를 허용하고 있다.

인랩(in-lap) 서킷에서 차량이 코스를 한 바퀴를 돌고 그 마지막에 피트로 들어왔을 때 그 랩을 뜻하는 말.

인스톨레이션 랩(Installation lap) 랩 타임을 기록할 목적보다는 단지 차량의 상태를 점검하고 데이터를 얻을 목적으로 수행하는 랩. 또는 피트에서 코스로 나갔다가 그 랩 마지막에 다시 피트로 들어오는 랩.

인터미디어트 타이어(intermediate tyre) 비 때문에 트랙이 젖어 있지만 비가 심하지 않아서 트랙에 물이 많이 고여 있지 않을 때 쓰는 타이어. 인터미디어트 타이어는 웨트 타이어에 비해서 접지면에 파여 있는 무늬가 얕고 듬성듬성하며, 타이어와 지면 사이의 물기를 어느 정도 빼내면서도 웨트 타이어보다는 타이어가 지면에 닿는 넓이가 넓다. 슬릭 타이어와 웨트 타이어의 타협이라는 뜻으로 세미슬릭 타이어라고도 한다. 슬릭과 웨트 타이어가 따로 없이 인터미디어트 타이어만을 쓸 수 있는 경기도 있다.

ㅈ

점프 스타트(jump start) '플라잉 스타트'를 달리 이르는 말. 영어권에서는 이 말을 쓴다.

점핑 스폿(jumping spot) 도로 표면이 울퉁불퉁해서 차량이 튀는 느낌을 받는 지점.

제로 카(zero car) 랠리의 스페셜 스테이지 구간을 경기 차량들보다 앞서서 달리면서 곧 경기가 시작된다는 사실을 경고하는 차량. 구간을 달리면서 경기를 정상으로 진행할 수 있는 상황인지를 관찰하는 임무도 맡고 있다. 구간을 달릴 때에는 경광등을 켜고 경고음을 내보내며, 차량에 참가번호 0번을 붙이기 때문에 제로 카라고 부른다. 경기에 따라서는 제로 카에 앞서 더블 제로(00) 카나 트리플 제로 카(000)를 운영하는 경우도 있다.

제조사(manufacturer) 차량 또는 차량의 주요 동력인 엔진을 만드는 주체. 개별 선수나 팀을 넘어서 차량의 제조사나 엔진의 제조사 단위로 성적을 집계하는 챔피언십도 있으며 이를 매뉴팩처러 챔피언십(manufacturer championship)이라고 한다.

ㅊ

차단 스위치(circuit breaker) 차량의 동력과 전기 장치를 한꺼번에 끄는 스위치. 경기 중 차량이 멈춰 섰을 때, 차량을 옮기는 오피셜이 작동시킬 수 있도록 차량 바깥쪽에도 설치한다.

청킹(chunking) 차량이 빠른 속도로 달리면 타이어와 도로 사이 마찰도 커져서 타이어 표면이 매우 뜨거워지며 온도가 너무 많이 올라가면 타이어 표면의 고무가 작은 덩어리를 이루면서 떨어져 나갈 수 있다. 이를 청킹이라고 하며, 청킹이 심하면 타이어가 터질 수도 있다.

출력 대 무게 비율(weight-to-power ratio) 출력을 무게로 나눈 비율로 단위 출력 당 감당해야 할 무게를 뜻한다. 이 비율이 낮을수록 고성능 차량이라고 말할 수 있다. 스포츠카는 6~7 정도, 패밀리 세단은 10~15 정도의 비율을 보인다. 특히 경주 차량을 선택할 때 중요하게 고려되는 요소 중에 하나다.

ㅋ

카운터 스티어(counter steer) 차량이 빠른 속도로 코너에 들어서면 원심력을 받아 차체 뒤쪽 끝이 바깥으로 밀리면서 스핀하기 쉬워진다. 이런 상황을 미리 짐작하고 코너의 방향과 반대로, 곧 차량이 밀리는 쪽으로 스티어링 휠을 돌려서 차량의 자세를 잡아주는 것을 카운터 스티어라고 한다. 랠리나 오프로드 레이스, 비가 와서 미끄러지기 쉬운 상황에서 많이 쓰이는 기술이며, 포뮬러 레이스에서도 차가 중심을 잃었을 때는 카운터 스티어로 중심을 잡는다.

카울(cowl) 넓은 의미로 보면 어떤 부분을 보호하기 위한 외피 구실을 하는 부품을 뜻하지만, 모터스포츠에서는 보통 차량의 기계 구조물을 감싸는 외피 구조물을 뜻한다. 외피가 일반 차량처럼 단단한 금속 재질로 되어 있고 쉽게 떼어낼 수 없다면 외각(bodyshell)이라고 하지만 포뮬러 카나 개조한 스포츠카는 충격에 강하면서도 가볍고 탄성이 있는 탄소섬유나 유리섬유 강화 플라스틱과 같은 소재로 외피 부품을 만들고, 파손되었을 때에는 쉽게 바꿀 수 있도록 떼어내기 간편한 구조로 만든다. 보통 이러한 외피 부품을 카울이라고 부른다.

커스토머 카(customer car) 경기에 참가한 팀이 직접 차량을 제작하지 않고 다른 팀이 만든 차량을 사서 쓰는 경우, 또는 차량이나 섀시 제조사에서 경기를 위해서 제작한 차량을 사서 쓰는 경우를 뜻한다. F1에서는 팀(컨스트럭터)이 반드시 직접 차량을 설계, 제작해야 하지만 미국의 포뮬러 경기인 인디 카에서는 2012년을 기준으로 경기용 섀시 전문 제조사인 달라라에서 공급한 섀시를 커스토머 카로 쓰고 있다.

컨스트럭터(constructor) 팀과 비슷한 뜻이지만 차체를 직접 제작, 건조하는 팀이라는 뜻을 가지고 있다. 포뮬러 1에서는 섀시에 대한 지적재산권을 가진 팀, 곧 팀 안에서 직접 차체를 설계하고 제작하는 팀만이 컨스트럭터로 인정 받아서 경기에 참가할 수 있다.

컨트롤(control) 규정에 따라서 경기의 모든 참가자들이 똑같은 부품을 써야 할 때를 이르는 용어로, 단일 공급사의 타이어를 써야 한다면 컨트롤 타이어(control tyre), 단일 공급사의 엔진을 써야 한다면 컨트롤 엔진(control engine)이라고 한다. 포뮬러 1에서는 2013년 기준으로 이탈리아 피렐리 사가 공급하는 컨트롤 타이어만을 쓸 수 있다.

코드라이버(co-driver) 경기에서 드라이버와 함께 차량에 타는 선수로서 주로 랠리에서 필요하다. 일반 도로, 특히 험한 도로를 활용하는 랠리에서는 눈앞의 시야만으로는 코스를 판단하기 어렵기 때문에 코드라이버는 로드 북을 참조하면서 어떻게 주행해야 하는지를 드라이버에게 계속해서 알려준다.

코스 카(course car) 경주 차량의 공식 트랙 주행 일정 이외 시간에 코스 점검 및 보고서 수집과 같은 업무를 위해서 코스를 도는 차량으로 레이스 컨트롤의 지시에 따라서 오피셜이 운전한다.

콕핏(cockpit) 원래는 비행기나 보트, 우주선의 조종석을 뜻하는 말로, 모터스포츠에서는 경기 차량의 운전실을 뜻한다.

콜드 트랙(cold track) 경기 차량의 트랙 주행이 아직 시작되지 않았거나 끝나서 주행하는 경기 차량이 없는 상태. 콜드 트랙 상황에서는 사고 처리, 청소 및 그밖에 작업을 위해서 오피셜이 트랙으로 들어갈 수 있으며 프로모션 행사와 같은 상황에서는 관중이나 그밖에 경기 관계자들도 트랙에 들어갈 수 있다. 그러나 경기 기간 중에는 콜드 트랙이라고 하더라도 레이스 컨트롤의 통제에 따라서 트랙 출입이 허가 또는 금지된다.

쿨 슈트(cool suit) 특히 더운 날씨에 진행되는 경기에서 드라이버의 몸을 식혀서 열사병을 막기 위한 복장. 옷 안쪽, 주로 몸통 부분에 가느다란 호스를 붙이고 이를 통해서 냉매를 순환시킴으로써 열을 식혀준다. 냉매를 차갑게 하기 위해서는 운전실 안에 드라이아이스가 든 상자를 고정하고 여기에 쿨 슈트의 냉매 파이프를 연결하는 방법을 주로 쓴다.

크리스마스트리(Christmas tree) 주로 드래그 레이스에서 쓰는 출발 신호기로, 대결을 펼치는 두 대의 차량 바로 앞, 도로 가운데에 세워 놓는다.

클리핑 포인트(clipping point) '에이펙스'를 달리 이르는 말.

클린 에어(clean air) 달리고 있는 차량이 다른 차량이 만들어낸 난기류에 영향을 받지 않는 상태. 더티 에어(dirty air)와 반대 개념이다.

킬 스위치(kill switch) '차단 스위치'를 달리 이르는 말.

ㅌ

타임 어택(time attack) '타임 트라이얼'을 달리 이르는 말.

타임 페널티(time penalty) 경기에서 거둔 시간 기록에 심사위원회에서 결정한 시간을 가산하는 벌칙. 타임 트라이얼 방식 경기에서 주로 적용되며 레이스에서는 경기가 거의 끝나갈 무렵 규칙 위반이 일어나서 드라이브스루 페널티 또는 스톱 앤 고 페널티를 적용하기에는 너무 늦었을 때 경기 뒤에 적용하는 벌칙으로 활용한다. 스톱 앤 고 페널티를 타임 페널티로 부르는 경우도 있다.

턱(tuck) 특히 앞바퀴 굴림 자동차에서 일어나기 쉬운 현상으로, 액셀러레이터를 떼지 않은 상태로 코너링을 하면 앞바퀴가 바깥쪽으로 조금씩 밀리게 된다. 이 때 액셀러레이터에서 힘을 빼면 차량의 방향이 갑자기 코너 안쪽으로 휘어드는데 이를 턱이라고 한다. 모터스포츠에서는 속도를 크게 줄이지 않고 코너링을 하기 위해서 이 현상을 활용한다. 우리나라에서는 '턱인(tuck-in)'이라는 말을 많이 쓴다.

테어오프(tear-off) 드라이버의 헬멧 가운데 바깥을 볼 수 있는 투명한 부분인 바이저(visor) 위에 여러 겹으로 붙이는 투명 필름. 경기 중에 오일이나 먼지, 파편과 같은 물질들이 달라붙어 시야에 방해를 받으면 한 장씩 떼어낸다.

트랙션 컨트롤(traction control) 휠 스핀이 생기지 않도록 자동으로 네 개 휠의 구동력을 조절하는 장치로, 코너링에 큰 도움을 준다. 대부분 경기에서는 이를 금지하고 있다.

트랜스폰더(transponder) 시간 기록을 정밀하게 측정하기 위해서 경기 차량에 부착하는 장치. 트랜스폰더에서는 약한 전파 신호를 계속해서 특정한 방향으로 보내며, 차량이 트랙의 특정한 지점을 지날 때 그 지점에 설치된 장비에서 이 신호를 감지해서 시간을 기록한다.

팀 오더(team order) 어떤 경기에서 한 팀이 두 대 또는 그보다 많은 차량을 내보낸 경우, 어느 한 선수에게 이득을 주기 위해서 다른 선수들에게 명령을 내리는 것. 예를 들어 A 드라이버가 챔피언십 우승 경쟁을 벌이고 있으며, B 드라이버는 챔피언십 우승 가능성이 적을 때, 만약 경기에서 B가 A를 앞서고 있다면 팀에서 B에게 A를 위해 순위를 양보하라고 지시할 수 있다. 팀의 작전 가운데 하나이며 고유 권한이라는 옹호론과 승패 조작이라는 반대론이 맞서면서 자주 논란이 된다.

ㅍ

패스티스트 랩(fastest lap) 가장 빠른 랩 타임. 보통은 레이스에서 기록된 가장 빠른 랩 타임을 뜻한다. 패스티스트 랩을 기록한 선수에게 보너스 포인트를 주는 경기도 있다.

페이 드라이버(pay driver) 팀에 돈을 내고 경기에 참가할 기회를 얻는 드라이버. 재정이 부족한 하위 팀에서 페이 드라이버를 쓰는 경우가 많다.

페이스 카(pace car) '세이프티 카'를 달리 이르는 말로, 주로 미국에서 쓰이는 용어다.

포디엄(podium) 경기가 끝나고 1, 2, 3위가 상을 받기 위해서 올라서는 시상대. 보통 트로피가 수여되고 서로에게 샴페인을 뿌리는 축하 행사가 진행된다. 국제 대회에서는 국기 게양 및 국가 연주도 진행된다. 포디엄에서 열리는 시상식에 설 자격, 곧 3위 이내로 경기를 마친 경우를 포디엄 피니시(podium finish)라고 한다. 경기에 따라서는 1~3위보다 더 많은 선수들이 포디엄에 서기도 한다.

포메이션 랩, 퍼레이드 랩(formation lap, parade lap) 레이스를 시작 또는 재시작하기 전에 마지막으로 천천히 서킷을 한 바퀴 도는 것. 앞지르기는 금지되며 출발 순서에 따라서 대열을 유지하면서 차량의 상태를 점검한다. 스탠딩 스타트에서는 한 바퀴를 돈 다음 그리드에 순서대로 멈춰 서고, 롤링 스타트에서는 포메이션 랩 마지막에 레이스가 곧바로 시작된

디. 레이스 컨트롤의 지시에 따라서 한 바퀴 이상을 돌 수도 있다.

폴 투 윈(pole to win) 폴 포지션에서 레이스를 시작해서 우승을 거두는 것.

프라이비터(privateer) 자동차 회사와 직접 관련 없이 경기에 참가한 선수나 팀을 뜻한다. 자동차 회사가 직접 만들었거나 지분의 일부를 가진 워크스 팀과 반대되는 개념이다.

플라잉 랩(flying lap) 드라이버가 최대한 빠른 기록을 내기 위해서 전력을 다해서 달리는 랩. 주로 예선에서 많이 쓰이는 용어다.

플라잉 스타트(flying start) 레이스의 부정 출발. 스탠딩 스타트에서는 출발 신호가 나오기 전에 차량이 움직이면 부정 출발로 간주되며, 롤링 스타트에서는 대열을 지어 달리던 차량이 규정에서 정한 시작 지점 이전에 다른 차량을 앞지르면 부정 출발이 된다.

플랩(flap) 비행기에서는 이착륙 때 느린 속도에서 많은 양력을 만들어내기 위해서 날개 끝 부분에 가동식으로 만들어 놓은 장치를 뜻하나, 모터스포츠에서는 반대로 더 많은 다운포스를 만들어내기 위해서 주 날개 뒤쪽에 더 큰 각도로 장착하는 날개를 뜻한다.

플랫 스폿(flat spot) 브레이크가 잠겨서 타이어가 지면 위에서 미끄러졌을 때 미끄러진 부분의 접지면이 깎여나가 평평해진 것. 타이어에 플랫 스폿이 있으면 접지면을 옆으로 볼 때 마치 동그라미가 잘려나간 것 같은 모양이 되며, 이 부분이 땅에 닿으면 서스펜션에 진동을 일으켜서 조향에 문제가 생기고 심한 경우에는 서스펜션이 파손될 수 있다.

피트 레인, 피트 로드(pit lane, pit load) 피트에서 차량이 주행할 수 있는 도로.

피트 보드(pit board) 피트 월에서 팀이 드라이버에 제시하는 보드로 현재 랩 수, 순위와 같은 정보를 제공하며 피트인과 같은 지시 사항을 내보내기도 한다.

피트 스타트(pit start) 레이스에서 경주 차량이 고장, 포메이션 랩 출발 실패와 같은 이유로 코스 안에서 레이스를 시작하지 못하고 피트에서 시작하는 것. 피트 스타트를 하는 차량은 피트 출구에서 기다리고 있다가 레이스가 시작되고 모든 차량의 대열이 피트 출구를 지난 다음에야 피트아웃해서 레이스에 합류할 수 있다.

피트아웃(pit-out) 피트에 있던 차량이 트랙으로 나가는 것.

피트인(pit-in) 트랙에서 주행하던 차량이 피트로 들어오는 것.

ㅎ

핫 랩(hot lap) '플라잉 랩'을 달리 이르는 말.

핫 로드(hot rod) 주로 미국에서 유행한 개조 차량으로 오래된 소형 차량에 직선 구간의 속도를 위해서 큰 출력 엔진을 얹어 개조하는 방식이 주종을 이룬다. 볼거리를 위해서 차량 바깥으로 엔진이 튀어나오도록 개조하기도 한다.

핫 트랙(hot track) 트랙에서 경기 차량이 주행하고 있는 상태를 뜻한다. 핫 트랙 상황에서는 경기 차량을 제외하고는 오피셜을 포함한 누구도 트랙에 들어갈 수 없으며 사고나 위험을 처리하기 위한 인력만이 레이스 컨트롤의 철저한 통제에 따라서 트랙 또는 트랙 주변에 들어갈 수 있다.

핸디캡(handicap) 성적이 좋은 차량의 무게를 늘려서 불이익을 줌으로써 경기에서 선수 사이의 격차를 완화하는 것. 경기에서 핸디캡을 규정할 경우 보통은 직전 경기의 성적에 따라서 핸디캡이 결정된다. 곧, 규정에서 정한 순위 이상에 들면 순위에 따라서 핸디캡 무게가 부과되며, 그 다음 경기에서 규정된 순위에 들지 못하면 순위에 따라서 핸디캡 무게가 줄어든다. 핸디캡을 받은 차량은 무게추를 붙여서 무게를 맞춰야 한다.

헤어핀(hairpin) 트랙에서 U자 모양을 이루고 있는 180도 곡선 구간. 마치 머리핀 모양을 닮았다고 해서 '헤어핀' 이라고 부른다.

휠 뱅잉(wheel banging) 레이스 중 두 대의 차량이 서로 접전을 벌이다가 살짝 부딪쳤지만 사고 상황으로까지는 이어지지 않은 것.

휠 스핀(wheel spin) 타이어에 갑자기 많은 구동력을 주었을 때 그립을 잃고 타이어가 지면 위에서 미끄러져 돌아가는 것.

휠투휠(wheel-to-wheel) 두 대의 차량이 서로의 휠이 거의 닿을 정도라는 뜻으로 레이스에서 벌어지는 접전.

히트(heat) 하나의 대회에서 같은 등급의 레이스가 두 번 또는 그보다 많이 열릴 때 각 레이스를 부르는 단위.

힐앤토(heel-and-toe) 오른발 앞쪽 끝으로는 브레이크를 밟고 뒤꿈치로는 액셀레이터 페달을 밟으면서 기어를 낮은 단계로 내리는 방법으로, 속도를 늦추면서도 엔진 회전수가 떨어지지 않게 해서 다음 가속을 빠르게 하는 주행 기술.

호몰로게이션(homologation) 이 용어 모음의 '공인(homologation)' 참조.

A~Z

B팀(B-team) 같은 소유주가 같은 챔피언십 또는 시리즈에 팀을 두 개 가지고 있는 경우, 주로 젊은 드라이버들에게 경험을 쌓게 할 목적으로 운영하는 팀을 가리키는 말. 공식적으로는 소유주가 다르지만 F1에서는 스쿠데리아 토로 로소를 레드 불의 B팀으로 보고 있다('Toro Rosso'는 이탈리아어로 'Red Bull'을 뜻한다).

DNA 'did not attended'의 약자로 경기에 아예 참가하지 않았다는 것을 뜻한다. 경기에는 참가했으나 레이스에 나가지 못한 DNS와는 다른 뜻이다.

DNF 'did not finish'의 약자로 결승 레이스에서 완주하지 못하고 포기했음을 뜻한다.

DNQ 'did not qualified'의 약자로 예선에 참가하지 못했거나, 참가했더라도 예선 통과 기준을 넘지 못하고 탈락했음을 뜻한다.

DNS 'did not start'의 약자로 결승 레이스에 참가 자격이 있었지만 레이스를 시작하지 못했음을 뜻한다. 아예 경기에 참가하지 않은 DNA와는 다른 뜻이다.

DQ, DSQ 'disqualified'의 약자로 실격 당했음을 뜻한다.

G포스(G-force) G는 '중력(gravitational)'을 뜻하지만, G포스는 중력가속도를 뜻하기보다는 관성이나 원심력 때문에 받게 되는 힘을 뜻한다. G포스의 단위는 G를 쓰며, 1G는 G포스를 받는 물체의 무게만큼 가해지는 힘을 뜻한다. 포뮬러 1에서는 드라이버는 코너링 때 최대 5~6G까지 받게 되며 이를 버티기 위해서는 강한 체력과 근력을 필요로 한다.

HANS 'head and neck support device'의 약자로, 사고를 당했을 때 드라이버를 보호하는 장치다. 어깨 위에 이 장치를 뒤집어 쓴 다음 여기에 고정되어 있는 두 개의 끈을 헬멧의 양쪽 관자놀이에 연결한다. 사고를 당했을 때 머리의 관성 때문에 목에 큰 부하가 걸려서 목이 앞으로 꺾이면 치명적인 두개골 골절을 일으킬 수 있는데 이 힘을 충격에 훨씬 강한 이마에 가도록 하는 것이 원리다. 미국에서는 HANS 장치를 반대했던 나스카의 영웅 데일 언하트가 2001년 사고에 따른 두개골 골절로 사망한 뒤, 10월부터 나스카 경기에 이를 의무화하였고 포뮬러 1에서는 2003년부터 의무화 되었다.

NC 'not classified'의 약자로 레이스를 끝까지 마쳤으나 순위에 들어가지 못했을 때. 예를 들어 포뮬러 1에서는 우승자가 돈 랩 수의 90%에 이르지 못하고 체커 깃발을 받은 드라이버는 순위에 포함시키지 않는다.

T카(T-car) '스페어 카'를 달리 이르는 말. T는 'test' 또는 'temporary'를 뜻한다.